KB142545

기후금융 입문

기후금융 입문

초판 1쇄 인쇄일 | 2022년 4월 15일
초판 1쇄 발행일 | 2022년 4월 20일

지은이 | 양춘승 외
펴낸이 | 김진성
펴낸곳 | heute

편   집 | 박부연
디자인 | 장재승
관자리 | 정보해

출판등록 | 2005년 2월 21일 제2016-000006
주   소 | 경기도 수원시 장안구 팔달로237번길 37, 303호(영화동)
대표전화 | 02) 323-4421
팩   스 | 02) 323-7753
홈페이지 | www.heute.co.kr
전자우편 | kjs9653@hotmail.com

ⓒ 양춘승 외
값 30,000원
ISBN 978 - 89 - 93132 - 80 - 9 93320

기후금융, 어떻게 준비할 것인가?

기후금융 입문

양춘승 외 지음

호이테북스

CONTENTS

기후금융,
어떻게 준비할 것인가?

양춘승(한국사회책임투자포럼 상임이사)

기후변화는 이제 가장 긴급한 인류의 위기로 등장하고 있다. 기후변화를 증명하는 여러 지표들은 인류가 그동안 경험하지 못한 기록을 매년 갈아치우고 있다. 기후변화에 관한 정부 간 패널Intergovernmental Panel on Climate Change; IPCC 등의 보고에 따르면, 북극의 빙하는 10년마다 13.1%가 줄어들고 있으며, 지표상의 얼음은 매년 4,280억㎥가 사라지고 있다고 한다. 해수면은 매년 3.7㎜씩 상승하고 있으며, 이 추세가 지속된다면 2100년에는 지금보다 약 30㎝가 높아질 것이다. 또한 빙하가 녹은 물이 바다로 흘러들면 바닷물의 염도와 온도에 영향을 미쳐 해수의 밀도가 낮아지고, 이것이 해양의 열염순환Thermohaline Circulation에 영향을 미쳐 폭우, 폭설, 태풍, 가뭄, 산불, 혹서 같은 이상기후 발생을 촉진하게 된다. 하절기 북극의 얼음 면적은 지난 1,000년 동안 가장 많이 좁아졌고, 해수면은 지난 3,000년 사이 어느 시기보다 더 빨리 상승하고 있으며, 해수 산성화 수준은 26,000년 이래 가장 높은 수준을 기록하고 있다. 산업혁명 이전 대비 지구 평균 기온이 고작 1.1℃ 상승했을 뿐인데 이러한 미증유의 변화가 일어나고 있는 것이다. [1]

이러한 기후변화는 경제, 사회, 생태계 등 지구에서 살아가는 모든 생명체의 삶에 엄청난 위협이 되고 있다. 세계기상기구World Meteorological Organization; WMO에 따르면, 1970년부터 2019년까지 50년간 모두 11,072회의 이상기후로 인해 3.6조 달러의 경제적 손실을 입었고, 206만 명이 생명을 잃었다고 한다. 1970년대 연평균 711회였던 이상기후가 2000년대가 되면서 연평균 3,636회로 늘었다고 한다. [2] 또다른 연구에서는 13,115개 도시를 조사한 결과, 1983년에서 2016년 사이 이상고온에 노출된 도시 인구가 200% 가까이 증가하여 17억 인구가 위협을 받고 있다고 밝히고 있다. [3] 인공위성 자료를 분석한 한 연구에서는 2000년에서 2018년 사이 발생한 913건의 대규모 홍수로 인해 223만㎢에 달하는 지역의 2억 5,500만~2억 9,000만 명이 피해를 입었다고 추산하고 있다. [4]

기후변화는 생태계에도 심각한 영향을 미치고 있다. William W. L. Cheung 등(2021)은 해수 온도의 돌발적인 상승으로 약 6%의 어획고가 감소하고, 방글라데시의 경우 단 한 번의 수온 상승으로 백만 명의 수산업 종사자가 실직할 것이라고 추정하고 있다. [5] 또한 Erin L. Meyer-Gutbrod 등(2021)은 북대서양 긴수염고래의 개체 수 감소 원인을 분석한 결과, 수온 상승으로 고래가 먹이활동의 무대를 따뜻한 대서양의 메인 만에서 찬 북부 내륙의 세인트로렌스 만으로 옮긴 탓에 새끼 고래의 치사율이 올라가고 선박과 어구에 의한 위험에 더 많이 노출되고 있다

고 주장한다.[6)]

산호초의 경우는 더욱 심각하다. 국제산호초감시네트워크Global Coral Reef Monitoring Network; GCRMN의 최근 보고서에 따르면, 산호초는 해저 면적의 0.2%를 차지할 뿐이지만 해양 생물종 25% 이상의 삶의 터전이자 수억 인구의 식량과 경제적 안정을 책임지고 있으며, 산호초가 제공하는 생태 서비스의 가치는 연간 2.7조 달러에 달하는 것으로 평가되고 있다. 그런데 2009년부터 2018년 사이 해수면 온도 상승으로 14%의 산호초가 사라졌고, 해수면 온도가 계속 올라가면 더 많은 산호초가 사라질 것이라고 경고하고 있다.[7)] 이 밖에도 수온 상승으로 플랑크톤이 10년마다 35㎞ 정도 시원한 극지 방향으로 이동하면 해양 어족의 먹이사슬 변화와 생태계의 교란을 초래할 것이라는 연구도 있으며,[8)] 1995년부터 2016년 사이 북극 얼음 면적이 줄어들어 북극곰의 근친교배가 이루어지면서 종다양성의 3~10%가 사라졌다는 연구도 나오고 있다.[9)]

기후변화는 인간의 건강에도 여러 가지 영향을 끼치고 있다. 이상고온 현상에 노출되면 열사병, 탈수증, 호흡기 질환, 심혈관과 뇌혈관 질환이 증가한다고 한다. 기후변화로 대기오염이 발생하면 천식과 기타 호흡기 질환이 늘어나고, 석탄 화력이나 산불이 만들어내는 미세먼지는 폐암과 만성폐색성폐질환을 유발한다. 세계보건기구World Health Organization; WHO에 따르면 초미세먼지PM 2.5나 오존O_3 등 대기오염으로 인한 조기 사망자의 수가 2015년 기준 연간 약 879만 명에 달하여 같은 해 흡연으로 인한 사망자 수 720만 명보다 약 160만 명이 많다고 한다. [10)] 폭우, 폭설, 가뭄, 혹서 같은 이상기후는 수인성 질환이나 우울

증 혹은 외상후스트레스장애 같은 정신질환의 원인이 되기도 한다. 게다가 기온이 올라가면 모기 같은 곤충이나 조류 같은 동물을 매개로 한 말라리아와 조류독감 같은 전염병도 증가한다고 한다.[11] 지금 우리가 겪고 있는 코로나19도 기후변화가 그 원인의 하나가 아닌가 생각한다.

사회적으로도 기후변화는 심각한 영향을 미치고 있다. 해수면 상승으로 태평양의 도서국가인 투발루는 일부가 바닷물에 잠긴 상태이며, 방글라데시는 오는 2050년까지 국토의 17%가 침수되고 약 2,000만 명의 환경난민이 발생할 것이라고 한다. 서아프리카에서는 사하라 사막이 1967년부터 남쪽의 사헬 지역으로 100㎞를 이동해 내려온 결과, 초원과 농토가 초토화되면서 약 20만 명의 사람들과 수백만 마리의 가축이 굶어 죽었고, 이후 가뭄과 함께 강우량의 40%가 감소하면서 수단 목초지에 아랍계 유목민의 진입을 막자 다르푸르 분쟁이 일어나 약 200만 명의 난민이 발생했다.[12]

또한 기후변화는 위에서 살펴본 건강뿐 아니라 인프라, 수송시스템, 에너지, 식량, 수자원 공급 등 다양한 측면에서 우리 삶에 영향을 끼치고 있다. 예를 들어, 태풍이나 폭우로 인해 교량이나 도로가 유실되면 학교나 병원에 갈 수 없고, 호수가 바닥을 드러내면 수상 교통수단을 포기해야 하며, 장기적으로 강우 패턴이 바뀌면 식량 생산과 먹는 물 공급에 변화가 생길 수밖에 없다. 문제는 이러한 변화들이 모든 면에서 취약한 지역과 가난한 사람들에게 더 심각한 영향을 미친다는 점이다. 기후정의라는 개념이 등장하는 이유다.

이처럼 기후변화에 의한 작용은 인간만이 아니라 지구상에 살아가는 모든 생명체에 영향을 미친다는 점에서 총체적이고, 취약 계층에 더

심한 영향을 미친다는 점에서 불공평하며, 한번 변화된 기후는 원상복구가 되지 않는다는 점에서 비가역적이다. 따라서 기후문제는 해결할 수 있는 것이 아니라 온도 상승이 더 이상 진전되지 않도록 안정화하는 한편, 이미 변화된 기후에 어떻게 잘 적응하는지가 핵심이다. 2015년 파리기후협정에서 산업혁명 이전 대비 지구 온도 상승을 1.5~2℃ 이하로 안정화하고, 비교적 책임이 적은 개발도상국의 기후변화 적응을 위한 비용을 분담한다는 목표에 전 세계가 합의한 것도 바로 이러한 점을 인식한 결과다.

결론적으로 기후변화의 원인인 화석연료의 사용을 없애는 저탄소경제로의 패러다임 전환은 불가피하다. 이러한 인식의 결과, 많은 나라와 기업이 2050 탄소중립을 선언하고 있다. 이는 2050년이 되면 지구 온난화의 주범인 이산화탄소 순배출을 영Zero으로 줄이겠다는 국제적 약속이다.

이러한 목표의 달성은 저절로 이루어지는 것이 아니다. 비용과 자원을 투입해야 하는 일이다. 유럽연합EU의 경우 탄소중립을 위해 향후 10년간 최소 1조 유로를 동원하기로 했으며,[13] 미국도 2050 탄소중립을 위해 2030년까지 2.5조 달러가 필요하다고 한다.[14] 2060년 탄소중립을 약속한 중국은 발전 부문에서만 6.4조 달러의 투자가 필요하고,[15] 우리나라도 2025년까지 250조 원의 재정투입을 계획하고 있다.[16] 국제에너지기구International Energy Agency; IEA는 저탄소경제로의 전환을 위해 2016~2050년 사이에 에너지 분야에만 연평균 약 3.5조 달러의 투자가 필요할 것으로 추정하고 있으며,[17] 지구환경금융Global Environment Facility; GEF은 대지, 해양, 삼림 보존을 위해 연간 4,000~6,000억 달러, 재생에너지와 에너지 효율 향상 프로젝트를 위해 연간 3,500억 달러의 추가자본 투입이 각각 필요하다고 추산하고 있다. [18]

기후변화는 이러한 투자기회뿐 아니라 새로운 금융리스크도 동시에 제공하고 있다. 기후변화로 인한 새로운 리스크는 저탄소경제로 이행하는 과정에서 생기는 '이행리스크Transition Risk'와 이상기후로 인해 생기는 '물리적 리스크Physical Risk'로 구분되는데, 모두 지구온난화와 기후변화로 인해 생겨난 새로운 리스크다. 영국 이코노미스트 인텔리전스 유닛EIU은 기후변화리스크에 노출된 전 세계 자산 규모가 21세기 말까지 4.2조 달러에서 최악의 경우 13.8조 달러에 달한다고 추산하고 있다. [19]

기후금융이 등장하는 지점은 바로 여기에 있다. 기후금융의 역할은 이중적이다. 하나는 현재 우리가 겪고 있는 기후위기를 극복하고 저탄소경제로의 이행을 잘 지원하는 것이고, 다른 하나는 기후변화가 가져온 새로운 리스크를 관리하고 새로운 기회를 포착하는 것이다. 기후금융을 정착시키고 발전시키려는 노력은 이미 국제적으로 진행되고 있다. 2017년 금융안정화위원회 산하[20] '기후변화 관련 재무정보 공개에 관한 태스크포스Task Force on Climate-related Financial Disclosures; TCFD'는 기업과 금융기관의 재정건전성 강화를 위해 'TCFD 권고안 Recommendations of the TCFD'을 발표하고 각국 정부와 금융기관이 기후변화리스크를 과학적이고 전략적인 방식으로 접근할 것을 촉구했으며,[21] 2021년 12월 15일 기준 전 세계 105개 중앙은행과 금융감독기관이 회원사로 참여하고 국제결제은행BIS 등 16개 기관이 옵저버로 참여하는 NGFSNetwork of Central Banks and Supervisors for Greening Financial System는 2019년 4월 금융기관의 재정건전성 평가 시 재무적 성과와 연계된 기후변화의 위험과 기회 관리를 담은 '녹색금융 가이드라인A call for action: Climate change as a source of financial risk'을 발간했다.[22)]

이번에 이 책을 저술한 이유도 바로 이러한 세계적 흐름을 포착하고 기후금융이 우리나라에서도 잘 징착되기를 바라기 때문이다. 그런데 이 분야가 학문적으로 완성된 것이 아니라 아직 진화하고 있기 때문에 필진과 내용을 결정하는 데 어려움이 있었다. 그럼에도 불구하고 나름 각 분야의 전문가들이 힘을 합쳐 우선 개론적으로나마 기후금융의 내용을 정리하기로 했다. 앞으로 새로운 내용이 추가되고 매년 보완될 것으로 기대한다.

이 책의 내용과 저자는 다음과 같다.

- **1장. 기후변화의 이해:** 유제철(한국환경산업기술원 원장)
- **2장. 기후변화와 금융:** 양춘승(한국사회책임투자포럼 상임이사)
- **3장. 기후금융의 배경과 동향:** 임대웅(BNZ파트너스 대표)
- **4장. 녹색경제활동 분류체계:** 신승국, 이근우(법무법인 화우 변호사)
- **5장. 기후변화 관련 재무공시:** 장지인(전 중앙대 부총장), 정영일(법무법인 지평/ESG센터 경영연구 그룹장), 정준희(대구대 교수)
- **6장. 탄소회계: PCAF를 중심으로:** 장지인, 정영일, 정준희
- **7장. 기후 관련 금융리스크 관리:** 허규만(금융감독원, 경영학 박사), 표동진(창원대 교수)
- **8장. 그린뉴딜과 2050 탄소중립:** 김이배(덕성여대 교수), 정광화(강원

대 교수)

· **9장. 우리나라 기후금융 정책:** 김이배, 정광화
· **10장. 국내 금융기관의 기후금융 현황:** 김이배, 정광화

　여러 저자가 참여하다 보니 어느 정도 중복을 피할 수 없었음을 양해해주기 바란다. 국내 최초의 기후금융에 대한 종합적 접근이니 부족함이 많지만 앞으로 계속 보완하면서 기후금융이 필요 없는 그날까지 내용을 채워나갈 것을 필진을 대표하여 약속드린다.

1장

기후변화의 이해

유제철

1

기후변화란
무엇인가?

1_ 기후의 개념과 영향 요인

지구는 다른 천체와 마찬가지로 대기大氣에 둘러싸여 있다. 대기 중에서 일어나는 여러 가지 물리 현상, 즉 바람과 구름, 비, 눈, 더위와 추위 등을 통틀어 기상氣象이라고 한다. 날씨Weather는 순간적이고 국지적인 다양한 기상 현상, 즉 기압, 기온, 습도, 바람, 풍향, 풍속, 강수량, 일조日照, 시정視程의 기상 요소를 종합한 대기의 상태다. 우리는 매일매일, 시시각각 변하는 날씨 속에서 살아간다. 수개월부터 수천 년 혹은 수백만 년의 시간 범위에 걸쳐 기온, 강수량, 습도, 적설, 풍향, 풍속 등 관련 수량의 평균 혹은 변동성을 통계적으로 표현한 것을 기후 Climate라고 한다. [1] 세계기상기구는 이 변수들의 평균 산출 기간을 30년으로 권장한다. 종합하면 기후란 30년 이상의 기간 동안 특정 지역에서 매년 되풀이되는 날씨를 평균한 것이라고 하겠다.

기후는 지구를 둘러싼 다양한 요소들의 영향을 받는다. 그중에서 가장 중요한 것이 태양이다. 지구는 스스로 열을 내지 못하고 태양으로부터 에너지를 받는다. 수소 81.76%, 헬륨 18.17%, 기타 가스 0.07%로 구성된 태양은 초당 약 400만 톤 정도의 수소 원자가 결합하여 헬륨을 만드는 과정에서 막대한 에너지를 생산하고, 파장을 가진 입자 형태로 에너지를 방출한다. 이를 태양복사에너지라고 하는데, 초속 30만㎞의 속도로 이동하여 약 8분 19초 후에 지구에 도달한다.[2] 지구가 태양복사에너지를 많이 받으면 더워지고 적게 받으면 추워진다.

그런데 태양이 발산하는 에너지의 양이 항상 일정한 것은 아니다. 대략 11년 주기로 변한다.[3] 약 65억 년의 나이를 가진 태양에서는 표면의 자기장 활동에 의해 잠재된 에너지가 일시에 강한 전파와 많은 양의 고에너지 입자를 방출하는 흑점 폭발 현상이 발생하는데, 이러한 태양의 활동도가 변하는 주기가 약 11년이기 때문이다. 태양의 폭발이 일어날 때 표면에 보이는 흑점이 많으면 지구에 도달하는 태양복사에너지도 따라서 커지기 마련이고, 이것이 기후에 영향을 줄 수 있다.

유럽은 14세기 들어 소빙기the Little Ice Age의 한랭한 기후조건에 직면했고, 1550~1850년까지 추위가 극에 달했다. 1620년에서 1720년 사이의 기온은 이 기간을 포함한 400년간의 평균 기온보다 1.3℃ 낮았고, 영국의 템스강과 네덜란드의 운하가 결빙되었다. 아이슬란드와 그린란드 사이의 넓은 덴마크해협은 1580년대 여름에 여러 차례 바다 위를 떠다닌 얼음으로 완전히 차단되었고, 1570년에서 1697년 사이에는 대폭풍과 해안 범람도 빈발했다. 이 소빙기가 태양의 흑점활동이 적었던 시기와 관련이 있다. 4) 1650~1700년경 태양의 흑점이 현저히 적었던 기간을 흑점의 극소기라 하는데, 기후와 태양 흑점의 연관성을 입증한 영국의 천문학자 에드워드 월터 마운더Edward Walter Maunder와 그의 부인 애니 러셀 마운더Annie Russell Maunder의 이름을 따서 '마운더 극소기Maunder Minimum'라고 부른다. 5) 1940~1970년 사이의 지구냉각 현상도 흑점주기가 잘 표현해준다고 한다. 장기적으로 태양은 생성된 이후 점차 성장하면서 활동량과 에너지 발생량이 증가하고 있다고 알려져 있다. 6)

지구가 받는 태양복사에너지의 양은 태양 주변을 도는 지구의 공전궤도와 자전축의 변화, 세차운동에 의해서도 달라진다. 지구의 태양공전궤도는 원형이 아닌 타원형이고, 이 궤도가 얼마나 찌그러져 있는지를 나타내는 것이 이심률Eccentricity인데, 대략 10만 년을 주기로 커졌다가 줄어들기를 반복한다. 원형에 가까운 궤도에서 타원형 궤도로 바뀜에 따라 태양과 지구 사이의 거리가 달라져 지구가 받는 태양에너지의 양이 20~30%까지 차이가 날 수도 있다. 지구의 자전축은 수직이 아니라 평균 23.5° 기울어져 있다. 22.1° 내지 24.5° 사이에서 기울기가 왔다 갔다 하는데, 그 주기가 약 41,000년이다. 자전축의 기울기로 인해 지구에 도달하는 태양에너지의 양이 위도와 계절에 따라 달라져서 해류나 대류의 흐름 등 지구환경 매체를 변화시키고, 이것이 기후에 영향을 미친다. 지구는 자전축을 따라 돌면서 미세하게 흔들리는 세차운동을 하고, 약 26,000년의 주기로 변하면서 기후를 변화시킨다. 7)

지구공전궤도의 변화 등은 세르비아의 천체물리학자 밀루틴 밀란코비치1879~1958가 최초로 제안했다. 지구공전궤도 이심률E과 자전축

경사T의 변화, 세차운동P에 의해 지구에 도달하는 태양에너지가 달라져서 지구의 기후가 영향을 받는다는 이론이다[그림 1-1]. 고기후 연구를 통해 구한 지난 백만 년 동안의 빙하시대와 실제 태양에너지의 변화는 밀접한 관계를 보인다. [8]

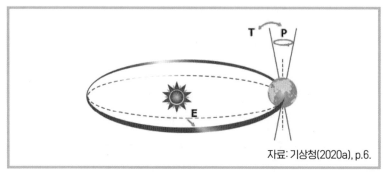

자료: 기상청(2020a), p.6.

[그림 1-1] 빙하기 순환을 주도하는 지구궤도의 변화

한편, 지구도 우주 공간으로 에너지를 방출한다. 지구에 도달한 태양복사에너지의 31%는 대기의 산란과 지표면에서의 반사로 인해 우주로 바로 빠져나간다. 나머지가 지표와 대기에 흡수되지만 최종적으로는 모두 우주 공간으로 빠져나감으로써 지표와 대기가 흡수한 복사에너지의 양과 지구가 방출하는 복사에너지의 양이 같아 지구의 연평균 기온이 거의 일정하게 유지된다. [9] 지구가 받은 에너지가 전부 우주로 방출되면 지구의 연평균 온도는 대략 -19℃ 정도가 될 것이라고 한다. [10] 그러나 지난 20세기 지구는 평균 13.9℃ 정도를 유지했다. [11] 지구를 둘러싸고 있는 대기 때문이다. 그렇다면 지금의 대기는 어떻게 형성되었을까?

우라늄 등 지구 암석의 방사성 동위원소 양으로 측정한 지구의 나이는 45억 4,000만 년이다. 여러 가지 가스와 먼지가 응집된 것에서 시작했다고 알려진 지구의 태초 가스 물질인 수소, 이산화탄소, 암모니아 NH_3, 메탄 등과 물H_2O이 서로 반응한 끝에 최초의 원시세포 구조들이 형성되고, 자가증식과 진화를 통해 시아노박테리아와 같은 원시 박테리아와 그 후예인 식물이 만들어졌다. 그리고 이들 생명체의 활동으로 물에서 산소가 분리되고, 식물이 탄소동화작용을 통해 대기 중 이산화탄소에 붙어 있던 탄소를 이용하고 산소를 배출하면서 대기 중에 엄청나게 많았던 이산화탄소가 거의 사라지고 산소가 대기 중 두 번째로 많은 양을 차지하게 되었다. [12] 대기권Atmosphere 안에 있는 전체 기체의 약 75%가 지표면에서 약 12km 상공에 이르는 구간인 대류권에 집중되어 있는데, 대류권의 건조공기는 장구한 세월 동안 지구의 생명체와 지구 구성 물질이 상호작용을 해온 결과 99%가 질소N_2, 78%와 산소O_2, 21%다. 질소는 생명체의 단백질 합성에 필요하고, 산소는 생명체의 호흡에 필요하다. 다음으로 아르곤Ar이 0.93%, 이산화탄소CO_2, 메탄CH_4, 아산화질소N_2O 등의 순으로 농도가 낮아진다. 그 밖에 헬륨He, 오존O_3, 일산화탄소CO, 이산화질소NO_2, 수소H_2 등의 기체와 수증기도 대기의 주요 성분이다.

그런데 대기 중에는 가스 상태로 장기간 체류하면서 대기의 온도를 높이는 물질이 있다. 온실의 유리처럼 작용하여 대기에 열을 가둠으로써 지구의 온도를 높게 유지하는 온실효과Greenhouse Effect를 가져온다고 하여 온실가스Greenhouse Gas라 한다. 온실가스는 지구에 들어오는 짧은 파장의 태양복사는 거의 통과시켜 지표면까지 도달하게 하는 반면, 지구로부터 나가려는 긴 파장의 지구복사는 흡수하거나 다시 지표면으로 열을 방출하여 지표면과 하층 대기의 온도를 높인다. [13] 지구의 평균 온도가 -19℃가 아니라 생명체가 살기에 적절한 지금의 온도를 유지하는 이유다.

온실가스 효과는 1827년 프랑스의 수학자 푸리에Jean Baiste Joseph Fourier가 처음 제기했다. 1850년대에는 영국의 물리학자 틴달James Tyndall이 이산화탄소, 메탄, 수증기, 그리고 이외의 다른 원소 몇 가지의 온실효과를 밝혀냈다. 대기의 99%를 차지하는 질소와 산소가 열과는 아무런 관계가 없다는 것도 알아냈다. [14]

1997년 일본 교토에서 개최된 기후변화에 관한 유엔기후변화협약 United Nations Framework Convention on Climate Change; UNFCCC의 제3차 당사국총회에서 이산화탄소CO_2, 메탄CH_4, 아산화질소N_2O, 염화불화탄소CFCs, 수소불화탄소HFCs, 과불화탄소PFCs, 육불화황SF_6을 온실가스로 규정했다. 2011년 남아공 더반에서 개최된 제17차 당사국총회에서는 여기에 삼불화질소NF_3를 추가했다. [15] 대기 중 온실가스 농도가 높아지면 지구 평균 기온도 당연히 높아진다.

대기권 외에도 강과 호수, 바다로 구성된 수권Hydrosphere, 지표나 해양 중 눈과 얼음으로 덮여 결빙 상태에 있는 빙권Cryosphere, 토양과 암석 등으로 구성된 지권Lithosphere 또는 육지 표면Land Surface, 지구상의 생물 전체가 생활하고 있는 권역인 생물권Biosphere 등이 끊임없이 상호작용을 하면서 기상과 기후에 영향을 준다. 해양은 대기에 열과 수증기를 공급하고, 대기는 해양에 운동에너지를 준다. 지권 또는 육지 표면은 식생과 토양을 통해 대기로 에너지를 방출하고, 생물권은 탄소순환 등으로 대기의 조성에 영향을 미친다. 빙권은 지구 표면의 알베도Albedo를 변화시켜 지구의 복사수지에 영향을 미친다.[16] 표면이나 물체에 입사入射된 일사日射 대비 반사된 일사의 비율%이 알베도인데, 지구 표면에 흡수되는 태양에너지의 양을 결정하는 역할을 하기 때문에 지구의 에너지 균형에 중요한 역할을 한다. 눈 덮인 표면은 알베도가 높고 식생으로 덮인 표면과 해양은 알베도가 낮다.[17] 대기권 등 5개 권역 간의 상호작용으로 이루어진 광역적인 지구시스템이 기후시스템Climate System이다[그림 1-2].

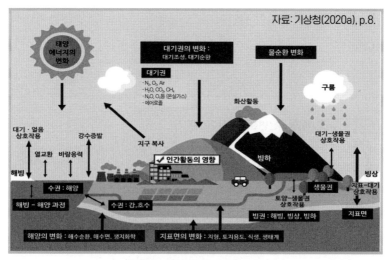

[그림 1-2] 지구의 기후시스템

대규모 화산활동도 기후에 영향을 미친다. 많은 양의 화산재가 방출되면 그 일부가 지표면에서 10~50㎞ 상공의 성층권에 도달한 후 수년간 머무르면서 태양에너지를 반사하여 지표에 도달하는 태양에너지를 감소시킨다. 1991년에 폭발한 필리핀의 피나투보 화산이 분출한 2,000만 톤의 이산화황이 성층권을 통해 지구를 순환하면서 1~3년 동안 지구 평균 기온을 0.2~0.5℃ 낮췄다고 한다. 18)

2_ 지구 기후의 자연적 변화

기후는 앞에서 살펴본 다양한 요인의 영향으로 변화를 거듭한다. 기후변화Climate Change를 UNFCCC 제1조는 '대기의 조성을 변경시키는 인간활동에 직·간접적인 원인이 있고, 상당한 기간 동안 관측된 자연적 기후변동Climate Variability에도 원인이 있는 기후변화'로 정의한다.

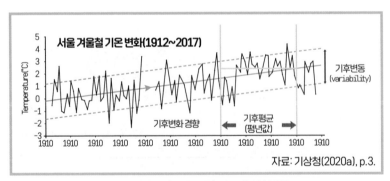

[그림 1-3] 기후변화, 기후평균 및 기후변동

46억 년 가까운 지구 역사상 자연적 요인에 의한 기후변화가 여러 차례 있었다. 첫 번째는 약 10억 년 전 광합성 식물이 확산하면서 대기 중 이산화탄소 농도가 낮아져 장기간의 빙하기가 도래한 것이다. 두 번째는 수억 년 전 화산 폭발, 대륙 이동, 지표 이동 등 지각운동이 활발하게 일어나 땅속 이산화탄소가 분출하면서 강력한 온실효과가 나타나 지구 평균 온도가 지금보다 5℃ 정도 높았던 사례다. 세 번째 기후변화기는 약 1억 년 전부터 지각운동이 잠잠해지고 분출되는 이산화탄소가 감소하면서 지구가 추워지기 시작했는데, 이에 더하여 6,500만 년 전 대형 운석이 지구에 충돌한 후 발생한 먼지가 태양광선을 차단해 또다시 빙하기가 도래했던 시기다. 기후적응 능력이 낮은 공룡과 암몬조개가 멸종하고 조류와 포유류가 육상을 지배하게 되었다. 네 번째는 수백만 년 전부터 단기의 빙하기와 온난기가 수만 년 주기로 반복된 시기다. 밀란코비치가 제안한 지구공전궤도와 지구 자전 경사의 변화, 세차운동 등에 따른 기후변화로 설명이 가능하다.

가장 최근의 빙하기는 18,000년 전으로, 이후 6,000년 전까지는 지금보다 더 따뜻했다. 다섯 번째는 1000년경 이후에 나타난 소규모 빙하기와 온난기의 반복이다. 기온 변동 폭이 1.5℃ 정도에 불과했음에도 인류 문명이 큰 영향을 받았다. 1100년에 기온이 최고에 이르렀던 중세 간빙기에는 영국 남부에서도 포도가 재배되고, 바이킹도 얼음이 없는 바다를 건너 북아메리카에 진출할 수 있었다. 14세기 이후 유럽의 마운더 극소기 소빙기에는 지구 곳곳의 온대지방에서도 혹한의 겨울이 자주 나타났고, 유럽의 일부 지역에서는 한랭한 여름 기후로 작물 재배에 실패하여 극심한 기아와 빈곤을 경험하기도 했다. 전 기간에서 지구 평균 온도의 자연적 변화 폭은 대략 1~6℃ 안팎이었다.[19]

현재 지구의 기후는 네 번째 기후변화기의 마지막 빙하기 이후 비교적 온난한 시기에 있다. 지구의 평균 온도가 가장 높았던 때는 6,000

년 전으로, 현재보다 약 2~3℃ 높았을 것으로 추정된다. 지난 천 년간의 기후는 1961년에서 1990년까지의 30년 평균 기온보다 대략 0~0.5℃ 낮은 분포를 가지고 온난기와 한랭기를 반복했다. 하지만 이러한 기온 변화는 자연적 요인에 의한 것이어서 시간이 지남에 따라 지구 자체의 기후시스템을 통해 다시 평형을 이루어왔다. 지구를 생명체로 보는 이유다.[20]

2

현재 진행 중인
지구온난화

1_ 점점 뜨거워지고 있는 지구

지구가 아주 빠른 속도로 더워지고 있다. 이산화탄소, 메탄 등 인위적으로 배출된 온실가스로 인해 전 지구 평균 지표 온도Global Mean Surface Temperature: GMST가 상승하는 지구온난화Global Warming가 일어나고 있는 것이다. [21] 영국에서 증기기관이 발명되고 산업혁명이 시작된 것이 18세기 후반인데, 일반적으로 1750년 이전을 산업화 이전Preindustrial 시대, 이후를 산업화Industrial 시대로 구분한다. 지구온난화는 산업화 이전 시대의 지구 평균 기온에 비해 기온이 얼마나 올랐는지로 표현하는데, 현대적 관측 자료가 존재하는 1850~1900년의 평균 기온인 약 13.7℃를 기준으로 삼는다.

지구온난화는 2017년에 대략 1℃0.8~1.2℃였다. [22] 가장 더웠던 해는 지구 온도를 높이는 엘니뇨가 예외적으로 강했던 2016년, 14.8℃였다. 2021년 세계기상기구에 따르면 2020년 전 지구 평균 기온은 14.9℃로 1.2(±0.1)℃의 온난화를 보였다. 냉각효과를 갖는 라니냐 현상과 코로나19 팬데믹이 기승을 부린 2020년이 2016년보다 더 더웠던 것이다. 2011~2020년의 10년은 산업혁명 이후 가장 더웠던 10년이고, 이 중 2015년부터 2020년까지 6년이 가장 더웠으며, 2016년, 2019년, 2020년은 가장 더운 3년으로 기록되었다.

현재 GMST는 10년에 0.2℃씩 상승 중이며, 2030년에서 2052년 사이 1.5℃에 도달할 가능성이 높다. 많은 지역에서 GMST의 상승 폭보다 더 큰 온난화가 나타나고 있고, 특히 북극에서의 온난화는 2~3배 더 크게 진행되고 있다. 기후시스템에 내재해 있는 되먹임 현상Feedback 때문이다. 눈과 얼음이 녹으면서 빙권이 반사하는 태양에너지의 양이 줄어드는 반면, 빙하가 녹은 자리에 드러난 토양이나 바다가 태양에너지를 흡수함으로써 기온이 더 올라가는 양의 되먹임 현상이 발생하고 있기 때문이다.[23]

지구온난화는 이처럼 자명한 현실이며, 1950년대 이후 관측된 변화의 대부분은 수십 년에서 수천 년 내 전례가 없던 것이다.[24] 그리고 온난화는 현재 진행형으로 해가 갈수록 상승 중이다.

온난화로 지구에 축적된 초과 열에너지의 90%가량을 바다가 흡수하기 때문에 바다의 온도 또한 상승하고 있다. 바다 표면과 가까운 해수를 일반적으로 표층수라고 하는데, 1968~2018년의 50년간 전 지구 표층 수온은 약 0.5℃ 상승했다. 같은 기간 우리나라 연근해의 연평균 표층 수온 상승은 1.23℃로, 세계 평균보다 2배 이상 높은 수준이다.[25]

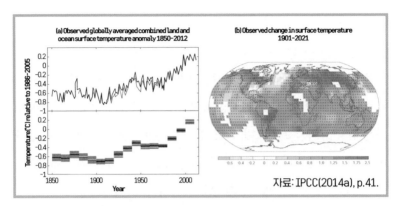

[그림 1-4] 관측된 전 지구 평균 육지-해양 표면 온도 편차
1850-2012년(a) 및 관측된 표면 온도변화 1901-2012년(b)

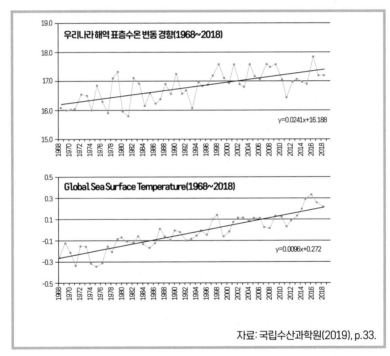

[그림 1-5] 1968-2018년까지 최근 51년간 우리나라 주변(상) 및
전 지구 평균(하)의 연평균 표층 수온 장기변동 경향

2_ 지구온난화 원인물질의 증가

현재 진행 중인 급격한 온난화는 대기 중 온실가스 농도가 높아진 것이 가장 큰 원인이다. IPCC(2014a)에 따르면 인간이 기후시스템에 명백한 영향을 미치고 있으며, 최근 배출된 인위적 온실가스의 양은 관측 이래 최고 수준이다. 온실가스 중 가장 많고 대표적인 것이 이산화탄소다. 대기가 희박하여 이산화탄소가 거의 없는 화성의 온도는 -50℃, 대기 중 이산화탄소 농도가 98%에 달하는 금성의 표면온도는 420℃에 달한다고 한다.[26] 관측 단위는 ppmpart per million, 100만분의 1이며, 대기 중 체류 시간은 100~300년이다. 기후변화를 일으키는 물질들의 영향력을 단위면적당 에너지 변화율로 표현W/㎡한 것이 복사강제력Radiative Forcing인데, 모든 온실가스의 전 지구 복사강제력은 산업화 이전 시기와 비교하여 2011년에 3.0W/㎡다. 이 중 이산화탄소의 전 지구 복사강제력은 1.68W/㎡로 56%에 이른다.[27]

극지, 그린란드, 고산 빙하 속에 포집된 공기 중 농도를 분석한 바에 따르면 과거 수십만 년간의 대기 중 이산화탄소 농도는 275~285ppm0.025~0.0285%이었다.[28] 그런데 미국 캘리포니아 주립대 스크립스해양연구소Scripps Institution of Oceanography의 킬링Charles David Keeling 박사가 하와이의 고산지대인 마우나 로아Mauna Loa 관측소에서 1958년에 측정한 농도는 315ppm이었고, 2008년에는 385ppm, 2013년 5월에는 400ppm에 도달했으며, 2021년 7월 8일의 농도는 417.57ppm이었다.[29] 지구 대기의 이산화탄소 농도를 나타낸 그래프를 킬링 곡선Keeling Curve이라고 하는데, 1958년부터 이산화탄소 농도의 변동이 계절적 변동을 넘어 매년 증가함을 알 수 있다[그림 1-6].

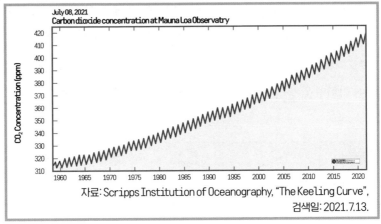

July 08, 2021
Carbon dioxide concentration at Mauna Loa Observatry

자료: Scripps Institution of Oceanography, "The Keeling Curve",
검색일: 2021.7.13.

[그림 1-6] 킬링 곡선

세계기상기구가 발표한 2019년 전 지구 평균 이산화탄소 농도는
410.5±0.2ppm이다.[30] 이는 산업화 이전 농도에서 약 47%가 증가한
것으로, 지난 80만 년 동안 단 한 번도 300ppm을 넘은 적이 없었고, 빙
하기에는 180ppm까지도 떨어졌었기 때문에 150%가 증가했다고 봐도
무방할 것이다.[31]

그렇다면 탄소와 산소가 결합한 화합물인 이산화탄소CO_2의 대기 중
농도가 계속해서 증가하는 이유는 무엇일까? 수억 년 이상 땅속에 묻
혀 있던 엄청난 양의 탄소를 인류가 캐내서 태웠기 때문이다. 탄소는
생명체를 이루는 기본 구성 요소로서 인체의 18.5%를 차지한다. 에너
지원인 포도당은 탄소와 산소, 수소의 화합물이다. 탄소는 지구시스템
내에서 형태를 바꾸면서 끊임없이 순환한다. 이산화탄소가 식물의 광

합성 작용에 의해 대기권에서 생물권으로 흡수되어 탄소로 바뀐 상태로 잎, 뿌리, 흙에 저장되고, 이것이 동식물의 호흡을 통해 생물권에서 대기권으로 방출된다. 대기 중 이산화탄소는 물에 녹아 수권으로 흡수되며, 물에 녹은 탄소가 산호나 조개껍데기를 구성하면서 생물권으로 들어가기도 하고 바로 지권으로 옮겨가기도 한다. 해양 생물체가 퇴적되어 석회암을 생성하면 탄소는 생물권에서 지권으로 이동한다. 32)

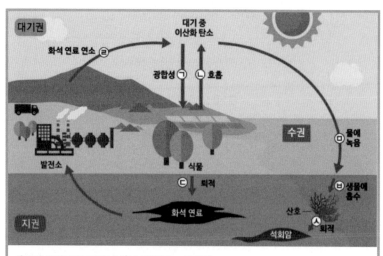

ⓘ 광합성으로 이산화탄소 흡수: 대기권 → 생물권
ⓛ 호흡으로 이산화탄소 방출: 생물권 → 대기권
ⓒ 동식물의 유해가 땅속에 묻혀 화석연료가 됨: 생물권 → 지권
ⓔ 화석연료의 연소로 이산화탄소 방출: 지권 → 대기권
ⓜ 이산화탄소가 물에 녹음: 대기권 → 수권
ⓗ 물에 녹은 탄소가 산호, 조개껍데기 구성: 수권 → 생물권
ⓢ 물에 녹은 탄소나 해양 생물체가 퇴적되어 석회암 생성: 수권 → 지권, 생물권 → 지권

자료: 기상청(2020a), p.10.

[그림 1-7] 탄소순환

수억 년에서 수백만 년 전 지구에 서식했던 동식물의 사체가 혐기성으로 분해되고, 지질학적인 기간에 걸쳐 흙과 섞여 침전되면서 엄청난 열과 지표의 압력으로 지하에서 화석화되었는데, 이 과정에서 생물체 속에 있던 탄소가 지권으로 이동했다. 화석화한 생물체는 고체인 석탄, 액체인 석유, 기체인 천연가스의 형태로 남는데, 이것이 화석연료다. 석탄은 수목이 두껍게 쌓여 만들어진 층이 압력을 받아 탄화하여 생긴 가연성 퇴적암으로, 탄화 정도에 따라 이탄, 토탄, 갈탄, 역청탄, 무연탄으로 구분된다. 화력발전이나 보일러, 난방 연료 등으로 사용되고 철의 정련과 다양한 화학제품 제조에도 쓰인다. 석유는 탄소와 수소로 이루어진 유기화합물인 탄화수소의 혼합물로서 정제하지 않은 원유에서 휘발유, 경유, 등유, 중유 등을 제조한다. 천연가스는 유전과 탄광 지역의 땅에서 분출되는 가스상 물질로서 도시가스, 차량 연료 등으로 사용된다. 모든 화석연료가 단위무게당 에너지 발생량이 많은 훌륭한 연료이다. 하지만 태우면 그 속의 탄소가 공기 중 산소와 결합하여 이산화탄소가 된다. 이때 지권에서 대기권으로 탄소가 이동하며, 1톤의 탄소가 약 3.7톤의 이산화탄소로 전환된다. [33]

19세기 이후부터 인류는 땅속에 묻혀 있던 화석연료를 본격적으로 캐서 쓰기 시작했다. 1769년에 제임스 와트가 획기적으로 개량한 증기기관의 연료로 사용된 석탄은 산업혁명의 단초를 제공했고, 이후 내연기관을 비롯하여 내연기관을 이용한 자동차와 항공 등 교통수단의 발명은 화석연료에서 추출한 휘발유와 경유의 사용량을 엄청나게 증대시켰다. 전기 생산을 위한 발전용과 석유화학공업의 원료용으로도 인류는 대량의 화석연료를 쓰고 있다. 에너지 생산을 위한 화석연료 연소 외에도 시멘트 생산 등 산업공정과 수송, 가정, 건물, 농업, 산림 훼손을 비롯한 기타 토지이용 등을 비롯 동식물의 호흡 과정, 유기물의 부패, 화산활동 등 자연활동에서도 이산화탄소는 배출된다. 1959~2018년의 50년 동안 전체 이산화탄소 배출량의 82%가 화석연료에서 비롯되었고, 18%가 토지이용 변화에 의한 것으로 추정된다. [34]

　1750~2011년 동안의 인위적 이산화탄소 누적 배출량은 2,040± 310GtCO$_2$이며, 그 절반 정도가 지난 40년 동안 집중적으로 배출되었다. 기가G는 10억을 의미한다. 배출된 이산화탄소의 60%는 식물의 광합성 작용과 해양 및 토양 등 흡수원에 의해 대기에서 제거되거나 자연적 탄소순환 저장고에 저장되었지만 나머지 약 40%는 대기 중에 남아 농도를 높이고 있다. 화석연료 연소와 산업공정, 산림 및 기타 토지이용에 의한 인위적 이산화탄소 배출량은 1970년 189억 톤메탄 등을 포함한 전체 온실가스 배출량 270억 톤의 72%, 1990년에는 285억 톤총 온실가스 배출량 380억 톤의 75%이었다. 이산화탄소 배출량은 2000년에서 2010년에 걸쳐 절대적으로 크게 증가하여 2010년에 372.4억 톤총 온실가스 490억 톤의 76%이었다. 세계 경제 성장과 인구 증가가 화석연료 연소에 의한 이산화탄소 배출 증가를 주도한 동인이다. [35] 화석연료와 토지이용 변화에 의한 2019년 이산화탄소 배출량은 443억 톤총 온실가스 591억 톤이었다. [36] 식물과 대기, 해양과 대기 등에서 자연스럽고 안정적으로 유지되던 탄소 교환이 인간의 간섭으로 인해 교란됨으로써 대기 중 이산화탄소가 폭발적으로 늘어 심각한 지구온난화를 일으키고 있는 것이다.

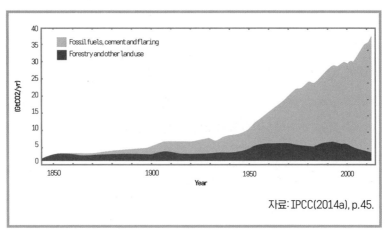

자료: IPCC(2014a), p.45.

[그림 1-8] 전 지구의 인위적 이산화탄소 배출량

　이산화탄소 다음으로 중요한 온실가스는 메탄인데, ppb part per billion, 10억분의 1 수준으로 대기 중에 존재한다. 가축 사육, 쌀농사, 발효, 음식물 쓰레기, 화석연료, 습지, 바다 등 다양한 인위적 또는 자연적 배출원이 있다. 복사강제력은 0.97W/㎡로 전 지구 온실가스 복사강제력의 32%를 차지한다.[37] 남극과 북극의 얼음 속 기포를 분석한 결과, 현재의 대기 중 메탄 농도는 지난 65만 년 가운데 최고치다. 산업화 이전의 농도는 700ppb로 간주할 수 있는데, WMO(2021)에 따르면 2019년 전 지구 메탄 농도는 1,877±2ppb로, 268% 증가했다. 최근 10년간 매년 8ppb 수준으로 증가했으며, 2019년에는 2018년에 비해 10ppb 증가했다.

　1000년부터 1800년 사이 북반구와 남반구의 메탄 농도 차이는 약 24~58ppb였으나 1984년부터 2012년까지는 그 차이 값이 135ppb에 이른다. 북반구의 인위적 혹은 자연적 배출량이 증가했기 때문이다. 메탄은 다른 온실가스에 비해 체류 시간이 12년으로 짧아 정책적으로 배

출량을 줄이면 온실효과를 줄이는 데 가장 빠른 효과를 볼 수 있다. [38]

한편, 대기 중에 방출된 특정 온실가스 1kg이 이산화탄소 1kg과 비교하여 100년 동안 가져오는 상대적 온난화 효과를 지구온난화지수Global Warming Potential; GWP라고 하는데, 메탄의 100년 지구온난화지수GWP100는 28이다. 이산화탄소와 같은 양일 때 온실효과가 28배라는 의미다. 지구 온실가스 배출량은 각 온실가스의 온난화지수를 고려하여 이산화탄소 배출량으로 환산한 양이다. 온난화지수를 고려하여 이산화탄소 배출량으로 환산한 전 지구 메탄 배출량은 1970년 51.3억 톤, 1990년에 68.4억 톤, 2010년에 78.4억 톤으로 계속 늘었고, [39] 2019년 배출량은 98억 톤토지이용 변화로 인한 배출 제외이다. [40]

1750년 기준 2011년 복사강제력 0.17W/㎡로 전체 온실가스 중 5%를 차지한 아산화질소는 인위적 온실가스 중 세 번째로 많다. 자연적 기원은 해양과 토양 등이고, 인위적 기원은 화석연료, 생태소각, 농업비료, 산업공정 등인데, 두 기원의 배출 비율은 거의 같다. 아산화질소의 GWP100은 265다. 산업화 이전 270ppb 수준으로 존재했으며, 2019년 전 지구 농도는 332.0±0.1ppb다. [41] 1970년 이산화탄소 환산 배출량은 21.3억 톤이었는데 1990년 28.1억 톤, 2010년 30.4억 톤으로 꾸준히 증가했으며, [42] 2019년은 28억 톤토지이용 변화로 인한 배출 제외이었다. 토지이용 변화에 따라 배출된 메탄과 아산화질소는 5억 톤이다. [43]

수소불화탄소는 냉장고나 에어컨의 냉매 등에 들어 있는 성분으로서 주로 인공적으로 만들어 산업공정의 부산물로 쓰인다. 오존층을 파괴하는 프레온 가스로 널리 알려진 염화불화탄소의 대체물질로 개발되었다. 과불화탄소도 염화불화탄소의 대체물질로 개발되어 전자

제품, 도금산업, 반도체 세척용, 소화기 등에 사용된다.[44] 육불화황은 주로 전기의 절연체 등으로 사용되며, 적은 양이지만 마그네슘과 알루미늄산업, 반도체산업에서도 사용되어 배출된다. 이들 불소화가스는 대기 중에 ppt part per trillion, 1조분의 1 수준으로 존재하여 측정 자체가 쉽지 않을 정도로 낮다.[45]

그러나 수소불화탄소의 GWP100은 최대 12,400, 과불화탄소는 11,100, 육불화황은 23,500으로 온실효과가 매우 강하다. 특히 육불화황은 대기 중에 배출되면 약 850년 불확도 범위 580~1400년 동안 머무르며 기후변화에 영향을 줄 잠재력이 높다. 육불화황의 농도도 꾸준히 상승 중이며, 2019년 전 지구 농도는 10.1ppt다.[46]

한편, 냉장고의 냉매, 발포제, 충전제로 주로 사용되었으나 1989년부터 몬트리올 의정서로 제한하고 있는 염화불화탄소의 대기 중 농도는 지속적으로 감소하고 있다.

[표 1-1] 지구온난화지수

구분	20년 지구온난화지수 (GWP20)	100년 지구온난화지수 (GWP100)
이산화탄소	1	1
메탄	84	28
아산화질소	264	265
수소불화탄소(HFC-23)	10,800	12,400
과불화탄소(PFC-116)	8,210	11,100
육불화황	17,500	23,500

자료: IPCC(2013), pp.731-738을 바탕으로 저자 작성.

3_ 지금까지의 지구온난화 영향

지구의 눈과 얼음이 녹고 있다. 육지의 약 10%는 빙하氷河 또는 빙상氷床으로 덮여 있다. 빙하란 압축된 눈이 오랜 기간 쌓이고 다져져 육지를 덮고 있는 얼음층을 말하며, 극지나 고산지대에서 만들어진다. 빙상은 상당한 두께의 얼음으로 덮인 면적이 5만㎢가 넘으며 지형에 따라 막히거나 제약되지 않고 광대하게 모든 방향으로 퍼져나가는 빙원이다. 대륙의 넓은 지역을 덮은 빙하라고 볼 수 있으며, 남극대륙과 그린란드에 있다. 바닷물이 얼어 바다에 떠 있는 얼음은 해빙海氷이라 한다. 한편, 대륙과 이어져 바다에 떠 있는 거대한 얼음 덩어리가 빙붕氷棚이다. 대륙의 빙하나 빙상이 중력에 의해 낮은 곳으로 흘러들어 바다를 만나지만 밀도 때문에 가라앉지 않고 평평하게 얼어붙은 것으로, 얼음이 빙붕의 말단부로 계속 이동하면서 수십 년 동안 점차 성장한다. 이후에도 내륙으로부터 빙하가 계속 공급되지만 바다와 맞닿아 있는 부분에서는 얼음이 계속 떨어져 나가 일정한 크기를 유지한다. 남극대륙, 그린란드, 캐나다, 러시아 북극해에서 발견되며, 그 두께는 보통 100m에서 1,000m다.[47]

북극과 남극은 온난화에 특히 민감하여 지구상의 다른 어느 지역보다 극적인 변화를 겪고 있다. 우선 지난 20년 동안 북반구 빙상의 질량이 감소했다. 그린란드 빙상의 얼음 질량 손실률이 1992~2011년에 상당히 증가했고, 특히 2001~2011년의 질량 손실은 이전보다 컸다.[48] 1980년대 초반 이후 북반구 대부분 지역에서 온도가 상승하여 영구동토층의 면적과 두께가 감소했다. 영구동토란 온도가 최소 2년 연속 0℃

이하인 지면, 즉 토양 혹은 암석, 토양에 함유된 얼음과 유기물질을 말한다.[49] 알래스카에서는 수백 년 동안 얼어붙은 툰드라 대지에 뿌리박고 서 있던 나무와 집들이 지반 붕괴로 기울거나 쓰러졌다.[50] 적설량도 줄어 북반구의 적설 면적은 1967~2012년의 3월과 4월에 10년당 1.6%, 6월에 10년당 11.7% 감소했다.[51]

북극의 해빙은 태양 고도의 변화에 따라 매년 녹고 얼기를 반복하는 계절 변동이 뚜렷하다. 태양이 비추지 않는 겨울 동안 해빙은 지속적으로 증가하여 3월에 최대가 되었다가 태양이 뜨기 시작하는 봄부터 녹기 시작한다. 여름 동안 감소한 해빙은 9월에 최저 면적에 도달한 후 다시 증가하기 시작한다. 북극 해빙의 연평균 면적은 위성 관측이 시작된 1979년 이후 계속해서 줄고 있다. 특히 9월의 북극 해빙 면적은 지난 40년간 매년 약 82,400㎢의 속도로 줄어들고 있으며, 현재 추세대로라면 2050년 이후 여름철에는 완전히 사라질 수도 있을 것으로 전망된다.[52] 2020년 북극 해빙 면적은 9월 15일 374만㎢로 관측 이후 2012년 341만㎢에 이어 두 번째로 작았다.[53]

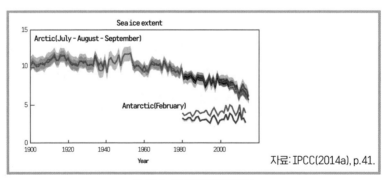

자료: IPCC(2014a), p.41.

[그림 1-9] 해양빙 면적 변화

자료: NASA GLOBAL CLIMATE CHANGE, "Arctic Sea Ice Minimum",
검색일: 2021.6.23.

[그림 1-10] 1979년(좌)과 2020년(우) 북극 해빙 위성사진

빙권의 감소는 남극에서도 일어나고 있다. IPCC(2014a)에 따르면 2001년 한 해 동안 남극에서 1,470억 톤의 얼음이 사라졌는데, 이는 10년 전 얼음 손실량 300억 톤에 비해 5배나 증가한 수치다. 남극에서도 서남극은 빙상과 빙붕이 해류와 직접 맞닿아 있어 따뜻한 해류의 영향으로 얼음이 녹고 빙붕이 떨어져 나오고 있다. 서남극에 위치한 남극반도의 라르센 B 빙붕이 1995년 1월 11,512㎢에서 2002년 2월 6,634㎢로 줄었다가 한 달 뒤 3,464㎢로, 2015년에는 20년 전의 7분의 1 수준인 1,600㎢로 급감했다.[54]

2017년에는 라르센 C 빙붕의 일부가 떨어져 나왔는데, 길이 150㎞, 너비 46㎞ 정도로 당시로는 세계 최대의 빙산이었으며,[55] 2021년 5월에는 남극의 론 빙붕에서 길이 170㎞, 폭 25㎞, 면적 4,320㎢로 제주도의 약 2.3배에 달하는 세계 최대의 빙산이 떨어져 나와 기록을 경신했다.[56] 대륙의 빙하가 바다로 흘러드는 것을 늦춰주는 빙붕의 유실은 지구온난화로 인해 현재도 가속되고 있다. 북극과 남극뿐만 아니라 히말라야나 킬리만자로, 알프스, 안데스 등 지구촌 곳곳의 빙하도 빠른

자료: NASA Goddard Media Studio, "48 years of Alaska Glaciers", 검색일: 2021.7.13.

[그림 1-11] 1972년(좌)과 2019년(우) 알래스카의 Alsek 빙하 위성사진

속도로 녹아 없어지고 있다.

빙권이 감소하면 양의 되먹임 현상이 발생하여 자연이 스스로 온난화를 부추기게 된다. 또한 고위도 지역과 고지대의 영구동토층이 녹으면서 일대 지반이 약해져 붕괴가 잇따라 동토층에 매장된 다량의 메탄이 대기 중으로 분출되면 다시 온난화가 가속될 수 있고, 동시에 정체불명의 고대 세균 및 바이러스의 출현으로 예상치 못한 국면을 맞을 가능성도 높아진다. [57] 빙권의 감소는 특히 바다에 직접적인 영향을 미친다. 대륙의 얼음과 해빙이 녹아 바닷물의 양을 증가시킨다. 지구온난화는 해수의 온도를 높여 그 부피를 키운다. 해수면 상승의 30%가 얼음이 녹아서이고, 70%는 해수의 열팽창 때문이다. [58]

이에 따라 전 세계 평균 해수면은 1993년 이후 매년 3.31±0.3㎜ 상승했고, 2020년에도 계속해서 올라갔다. [59] 2006~2015년의 10년 동안 상승 속도는 3.6㎜/년으로 더 가파르다. [60] 군소 도서지역, 저지대 해안지역, 삼각주 지역과 같이 바다에 인접한 곳의 인간계와 갯벌생태계가

백사장과 연안 침식, 염수의 지하수 침투, 태풍과 홍수, 해일 등으로 큰 위험에 노출될 가능성이 높아졌다. 해수면 상승과 백사장 침식 거리의 비율은 1 : 100이라고 한다. 1㎝의 해수면 상승이 1m 정도의 연안선 후퇴를 가져오는 것이다.[61]

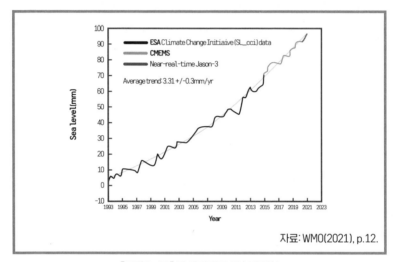

자료: WMO(2021), p.12.

[그림 1-12] 전 세계 평균 해수면 변화

해수의 온도 상승도 문제다. 수온이 오르면 석회질의 탄산칼슘을 갖고 있는 홍조류인 산호말이 과도하게 번식하여 바다의 바위 면에 달라붙기 시작하고, 이로 인해 다시마나 미역 같은 해조류가 달라붙을 장소가 부족해진다. 또한 바닷물 속에 녹아 있는 탄산칼슘은 해저 생물이나 해저의 바닥, 바위 등에 고체 상태로 하얗게 달라붙어 흰색으로 보이는 백화 현상을 가져오는데, 이로 인해 기존에 살던 해조류가 죽게 된다. 바닷속 산소와 영양물질을 만들고 바다 동물의 직접적인 먹잇감

이 되는 해조류가 사라지면서 바닷속이 황폐화하는 것이다. [62]

해수 온도 상승은 바다의 이산화탄소 흡수를 저해한다. 지구 표면의 약 70%를 차지하는 해양은 2009~2018년의 10년 동안 인위적으로 배출된 이산화탄소의 23%를 흡수했다. 이산화탄소가 물에 녹기 때문이다. 바닷물이 따뜻해지면 이산화탄소의 흡수력이 떨어질 뿐만 아니라 오히려 이미 녹아 있는 이산화탄소를 대기 중으로 방출하게 된다. 온난화를 부추기는 것이다.

산호초는 특히 해수 온난화에 취약하다. 지난 수십 년간 일어난 광범위한 산호초의 백화 현상과 높은 사망률은 더운 바다와 해양 열섬 Oceanic Hot Spots의 발생과 연계되어 있다. 또한 많은 해양생물에서 질병도 증가하고 있다. 해양식물과 무척추동물, 척추동물이 대량 사망하는 경우가 자주 발생하고 있는데, 이는 해양 생물종에만 국한되지 않는다. 콜레라와 같은 인간의 질병들도 해양에서 자연 상태로 활동하면서 잠복하고 있다. 더워지는 바다는 이들을 다시 전염병 상태로 변화시키는 뇌관이 될 수도 있다. [63] 해수 온도가 높아지면 물속에 녹아 있는 산소가 줄어 수중 생명체가 살아가기 어려운 연안 해역이 나타날 가능성 또한 높아진다.

한편, 대기 중 이산화탄소 증가로 바다가 흡수하는 이산화탄소가 늘면 해양의 산성도가 높아지고 해양의 화학적 특성이 변한다. 1980년대 후반 이래 매 10년간 0.017~0.027pH의 비율로 전 지구 평균 표면 해수의 수소이온 농도는 확연히 감소했다. [64] 산성화는 최소 지난 6,500만 년 동안 전례가 없는 수준으로, 조류부터 어류까지 광범위한 생물군의 생존, 석회화, 성장, 발달, 풍부도에서 위험 요소로 규명되었고, [65] 홍합,

갑각류, 산호와 같은 해양 생물의 석회형성 능력 감소와 해양 생물의 성장 및 생식 능력 약화를 가져왔다.[66]

온난화는 특히 기후시스템에 영향을 미쳐 기존의 기온과 강수 패턴 등을 벗어난 기상이변과 이상기후를 빈번히 초래한다. 먼저 많은 지역에서 강수량이 변한다. 해양에서의 증발량이 늘어 대기가 더 많은 수증기를 머금기 때문에 전 지구 표면과 대류권 공기의 습도가 1970년대 이후 증가했다.[67] 이에 따라 지구 전체의 평균 강수량도 늘어났다. 우리나라도 최근 연평균 강수량, 특히 여름철 강수량이 뚜렷하게 증가하고 있으며, 최근 30년 동안 극한 강우 발생이 3.1~15% 증가하여 가능최대강수량Probable Maximum Precipitation이 증가했다.[68]

그러나 이는 평균적으로 그렇다는 것이고, 지역과 계절에 따라 강수량 변화가 심해진다. 강수 패턴이 변화하고 호우 빈도가 증가하는 지역이 더욱 많아진다. 특히 북아메리카와 유럽에서 호우 빈도와 강도가 증가했다.[69] 온난화로 육지에서의 증발량이 증가하면 이미 건조한 지역의 토지 수분 함량이 더욱 낮아져 물 부족 국가의 물 기근이 더욱 심화할 수 있다. 우리나라도 강수량이 늘고 있다고 하지만 가뭄 빈도와 강도 또한 증가하고 있으며, 가뭄의 지역적 편차도 크다. 특히 2014년 한강 권역을 중심으로 발생한 가뭄은 재현기간이 100년으로 역사상 가장 극심했던 가뭄 중 하나로 평가되고 있다.[70] 설상가상으로 히말라야, 알프스, 킬리만자로, 안데스 등 고산지대에 형성된 만년설과 빙하가 온난화로 인해 매년 축소됨에 따라 저지대에 공급되던 물의 양이 줄어들고 있다. 결국 지구 곳곳에서 홍수, 가뭄과 물 부족 피해가 과거에 비해 훨씬 커질 가능성이 높아지고 있다.

이처럼 기상과 관련된 모든 것에 온난화가 영향을 미쳐 기상이변과 극한기후 현상, 자연재해가 곳곳에서 나타나고 있다. 1950년 이래 극한기상과 극한고온 현상의 강도와 빈도가 늘고, 극한저온 현상은 줄었다. 유럽, 아시아, 오스트레일리아의 대부분 지역에서 폭염 빈도가 증가하고, 북미에서는 극한고온 현상으로 인한 발병률과 사망률이 증가하고 있다.[71]

2020년 전 세계 곳곳에서 이상기후가 나타났다. 프랑스는 7월 평균 기온이 과거 대비 +0.9℃, 7월 30일 일 최고기온 41.9℃로 1900년 관측 이후 역대 1위를 기록했다. 홍콩의 7월 평균 기온은 +1.5℃로 가장 더운 7월을 기록했고, 6~8월의 평균 기온 29.6℃는 기록상 가장 높았다. 일본의 하마마츠 시는 8월 17일 41.1℃까지 올라 일본 기상청 관측 사상 최고기온을 기록했다. 이라크의 바그다드는 7월 관측 사상 최고치인 51.8℃를 찍었고, 북극에 인접한 러시아 베르호얀스크 지역은 6월 20일에 1885년 관측 이후 최고인 38℃까지 올랐으며, 이 때문에 6월 북극 해빙 면적은 1979년 관측 이래 최저 3위를 기록했다.[72] 미국 캘리포니아주 데스밸리의 8월 16일 최고기온 54.4℃, 9월 6일 로스앤젤레스의 49.4℃는 둘 다 역대 최고였다. 폭염과 함께 마른번개, 가뭄, 고온 건조한 바람의 복합적인 요인으로 미 서부에서 산불이 급속도로 확산하여 미국 역사상 최악의 산불로 기록되었다. 캘리포니아, 네바다, 뉴멕시코, 유타, 워싱턴, 오리건, 콜로라도 등에서도 지역별로 크고 작은 8,000여 건의 산불이 발생했다.[73]

폭염과 함께 집중호우의 피해도 컸다. 6월 2~30일 중국 남부와 중부, 동부 지역의 폭우로 81명이 사망하거나 실종되고 약 1,400만 명의 이재민이 발생했으며, 7월에도 계속된 폭우로 산시, 안후이, 후베이성 등에서 사망 및 실종 142명, 이재민 4,552만 3,000여 명이 발생했다. 21세기 중국에서 발생한 홍수 중 최악의 규모로, 이처럼 심각한 장기 폭우는 1940년 이후 처음이었다. 일본은 7월 4~12일 규슈 구마모토 현과 가고시마 현에서 500㎜가 넘는 폭우와 산사태로 69명 사망, 13명 실종 등의 인명피해가 발생했다.[74]

한편, 2020년 1월 이집트 알렉산드리아에서는 100년 만에, 카이로에서는 110년 만에 눈이 내렸다. 중국 북동부 지역에는 4월 후반에 때아닌 폭설이 내렸다. 19일부터 기온이 크게 내려가기 시작했고, 하루 사이에 20℃가 하강하는 지역도 있었다. 내몽골 후룬베이얼과 헤이룽장성 치치하얼 등의 적설량 15~31㎝는 1983년 이래 37년 만의 4월 최대 폭설이었다.[75]

대서양에서 31개의 열대 폭풍이 발생하여 13개는 허리케인으로, 6개는 대형 허리케인으로 발달했다. 이전 최고기록은 2005년의 28개였다.

자료: 이투데이, "호주 집중호우", 검색일: 2021.7.5;
이데일리, "중국 홍수 이재민", 검색일: 2021.6.20.

[그림 1-13] 2020년 호주(좌)와 중국(우)의 이상기후(집중호우) 피해 사례

해수면 온도의 상승이 허리케인의 활동성을 증가시켜 더욱 강한 바람과 많은 강수, 급속한 성장 속도와 느린 이동 속도, 발생 지역의 확대 등의 특성을 유도한 것으로 보인다.[76]

한국도 예외는 아니었다. 2020년 1월은 1907년 기상 관측이 시작된 이래 가장 따뜻한 1월이었고, 지리산 북방산개구리의 첫 산란일이 2019년보다 27일 빠른, 관측 이래 첫 1월 산란이었다. 기상 관측 이후 가장 늦은 서울 봄눈, 때 이른 6월의 폭염, 1973년 이후 처음으로 6월보다 낮은 7월 기온, 8월 중순 이후 폭염과 열대야의 지속 등 월별 기온 변동 폭도 매우 컸다. 중부지방의 장마 기간은 54일로 1973년 이후 가장 길었고, 장마철 전국 강수량 693.4㎜는 1973년 이후 2위의 기록이었다. 가장 많은 장마철 강수량은 2006년의 699.1㎜였다.[77] 이러한 이상 기후와 재난 역시 현재 진행형이고, 앞으로도 매년 새로운 기록들이 쏟아질 것이다.

4_ 지구온난화의 미래 영향

인간활동에 기인한 온난화는 수백 년에서 수천 년간 지속될 것이고, 해수면 상승과 같은 기후시스템의 장기적인 변화와 그 영향도 계속될 것이다.[78] 온난화가 현재 속도로 지속된다면 2030년에서 2052년 사이에 1.5℃ 온난화에 도달할 가능성이 높다.[79] 1℃ 온난화만으로도 빈번한 이상기후가 발생하고 있다. 0.5℃ 더 상승한다면 현재까지와는 다른 차원의 극심한 자연재해가 더욱 자주 발생할 것이다. 5일 최다강수량으로 산출한 호우, 특히 열대저기압과 관련된 호우의 빈도와 강도가 크게 증가하고, 일부 지역에서는 최다 무강수일로 표시한 가뭄으로 인한 위험이 커질 것이다. 지역에 따라서는 홍수와 가뭄 피해가 동시에 발생하여 수자원 관리의 부담이 커질 것이다. 해수면은 남극 빙상의 불안정성, 그린란드 빙상의 되돌릴 수 없는 손실 등으로 인해 앞으로 수백 년에서 수천 년에 걸쳐 수 미터까지 계속해서 상승할 것이다. [80)] 기온이 올라 대기가 수증기를 추가로 얻게 되면 더 강도 높은 폭풍우가 발생할 것이다. 바다가 더 많은 에너지를 축적하면 태풍과 해일 등의 횟수가 증가하고 강도도 높아질 것이며, 높아진 해수면은 피해를 가중시킬 것이다.

이러한 현상은 물 수급에 영향을 미쳐 사하라 인근 아프리카, 동남아시아, 중남미 지역에서 옥수수, 쌀, 밀, 잠재적 기타 곡물 수확량의 감소를 가져올 것이다. 이산화탄소 농도에 영향을 받는 쌀과 밀의 질적 저하도 예상되며, 특히 사헬Sahel, 아프리카 남부, 지중해, 중부 유럽, 아마존에서 식량 가용성이 감소할 것이다. 사회적 소외계층과 취약계층, 일부 토착민, 농업이나 어업에 생계를 의존하는 지역 공동체가 부정적 영향을 받을 것이고, 온난화가 심화할수록 빈곤층과 사회적 소외계층이 증가하여 아프리카와 아시아에서 더 많은 사람들이 빈곤에 노출되고 취약해질 것이다.

또한 에너지와 식량, 수자원 부문에 걸친 위험이 공간적으로나 시간적으로 중첩되어 나타날 것이다. 즉, 여러 위험이 동시에 같은 공간에서 발생하면서 기존의 재해, 노출과 취약성을 악화하고 새로운 재해, 노출, 취약성을 가져올 것이다. 도시 열섬 현상은 도시 폭염의 영향을 증대시키고, 열과 관련된 질병의 유병률과 사망률을 높일 것이며, 말라리아와 뎅기열 같은 일부 매개체 감염 질병의 위험도 올라갈 것이다.[81]

저지대 연안지역의 침수로 고지대 내륙지역으로 인구가 이동할 것이고, 연안 침수를 막기 위한 댐과 제방의 설치는 비용 증가로 이어진다. 가뭄에 시달리는 농촌지역 주민들이 도시로 이동할 가능성도 크며, 경작 문제로 인구가 이동할 경우 식량 수급 문제도 우려된다. 위생 조건이 나쁜 저소득 국가에서는 질병 확산에 취약한 조건이 형성될 수 있으며, 식량과 식수 사정 악화로 영양실조와 비위생적인 식수에 노출되는 인구가 증가할 것이다. 온난화의 피해는 저소득 국가들에 압도적으로 많이 나타날 것이며, 기후변화에 가장 취약한 나라는 농업에 대한 의존성이 큰 국가일 것이다.

국가 내에서도 에너지 소비량이 많은 고소득 계층보다 빈곤층이 기후변화의 피해를 더 크게 입을 것이다. 빈곤층은 기후변화에 취약한 지역에 살고 있을 뿐만 아니라 태풍, 폭우, 폭설, 해일 등에 대응할 수 있는 능력도 부족하다. 기후변화가 초래할 수 있는 전염병, 폭염 등 환경보건 문제, 에너지 문제, 식량 문제 등 사회·경제적 변화에 대한 대응에서도 상대적으로 취약하다.

해수면 상승과 연안지역 범람으로 염수가 지하수 공급 체계로 침투할 수도 있고, 연안지역의 폐수 처리 체계에도 영향을 미칠 수 있다. 염수와 말라리아모기의 내륙 침투는 주민 건강에 위협이 될 수도 있다.[82]

3

기후변화의
완화와 적응

1_ 온난화 속도 조절을 위한 온실가스 배출량 줄이기

지구 기후는 장기적으로 빙하기와 온난기를 반복해왔기 때문에 안정적이라고 할 수는 없다. 항상 변해왔고 인류는 그 변화에 적응하면서 문명을 발전시켜 왔다. 그러나 지금의 문제는 인간활동에 의한 기후변화가 빠른 속도로, 그리고 큰 폭으로 일어나고 있다는 것이다. 기후변화 문제의 특성 중 하나는 일단 기후체계가 변형되었을 경우 다시 원상태로 되돌릴 수 없는 불가역성이다. 지구 평균 온도가 일정 수준으로 올라가면 다시 내릴 방법이 없다.

지역의 기후체계도 마찬가지다. 만일 우리나라의 기후가 현재의 온대기후에서 아열대기후로 변할 경우 이것을 다시 온대기후로 되돌릴 방법이 없다. 물론 막대한 비용을 들인다면 기후변화로 인한 피해를 일부 복구하거나 복원할 수는 있겠지만, 그것도 복잡한 기후 메커니즘을 생각할 때 한계가 있다. 따라서 일단 변화된 기후체계는 장기간 지속될 수밖에 없는 불가역적인 변화가 될 것이다.[83] 그러므로 돌이킬 수 없는 지경에 이르기 전에 당장 온실가스 배출을 줄이고, 배출된 온실가스는 최대한 흡수하거나 포집 처리하여 기후변화의 속도를 줄이거나 멈춰야 한다. 동시에 이미 진행된 기후변화에도 적응해나가야 한다.

다행히 국제사회가 이 같은 문제에 대한 인식을 함께하여 2015년 12월 12일, 프랑스 파리에서 196개국 대표가 모인 가운데 기후변화에 대한 새로운 국제질서에 합의했다. 이른바 파리협정Paris Agreement이다. 1992년 5월 9일 채택되고 1994년 3월 21일 발효된 UNFCCC의 목표는 '인간이 기후체계에 위험한 영향을 미치지 않을 수준으로 대기 중의 온실가스 농도를 안정화'하는 것이다. 이러한 목표 아래 오랜 협상을 거쳐 마침내 제21차 당사국총회에서 파리협정이 채택된 것이다.

협정은 기후변화 위협에 대한 국제적 대응을 강화하기 위해 지구온난화를 2℃ 훨씬 아래로 유지하고, 나아가 1.5℃까지 제한하는 노력을 기울일 것을 규정한다. 2℃ 이하 온난화를 유지하려면 가능한 한 빨리 전 세계가 온실가스 배출량 최고치Global Peaking에 도달하고 그 후 배출량을 급속히 감축해야 하며, 21세기 후반에는 인위적으로 발생한 온실가스 배출량만큼을 흡수하여 배출과 흡수 사이에 균형을 달성해야 한다고 명시하고 있다. 물론 현재 일어나고 있는 기후변화의 부정적 영향에 대한 적응 능력 강화, 당사국의 기후회복력Climate Resilience과 저탄소 발전 촉진, 기후 재원 마련 등을 통한 대응 강화도 규정하고 있다. 그렇다면 왜 2℃가 목표일까? 인간이 감당할 수 있는 한계점 이상으로 온도가 오르는 것을 피하기 위해서다.

[표 1-2] 파리협정의 주요 조항별 내용

조항	주요 내용
2조(목표)	산업화 이전 대비 온도 상승을 2℃ 이하로 유지하고 더 나아가 1.5℃까지 억제하기 위하여 노력
3조(총칙)	진전원칙으로 각 분야에 대한 국가결정기여(Nationally Determined Contribution; NDC) 제출
4조(감축)	• 세계적으로 조속하게 배출정점 달성 • 5년마다 NDC 제출 의무, 이행은 국내에 맡김
5조(REDD+)	산림을 포함하여 온실가스 흡수원과 저장고 보전
6조(국제 탄소시장)	당사국들이 자발적으로 연계하여 온실가스 배출 감축량을 국제적으로 거래하는 것을 허용
7조(적응)	기후복원력을 높이고 기후변화에 대한 취약성을 감소시키기 위하여 적응 능력 배양
8조(손실과 피해)	기후변화로 발생한 손실과 피해 문제의 중요성
9조(재원)	선진국은 선도적으로 개발도상국을 위한 재원을 조성 및 제공하고 다른 국가는 자발적으로 참여
10조(기술)	감축과 적응을 위해 기술을 개발하고 개발한 기술을 이전하는 행위의 중요성 강조
11조(역량배양)	개발도상국의 역량을 배양하기 위해 노력
13조(투명성)	감축·적응 행동 및 지원에 대해 투명성 강화
14조(글로벌 이행점검)	5년 단위로 세계적으로 이행을 점검
15조(이행·준수 메커니즘)	당사국이 파리협정을 이행하고 준수하도록 하기 위한 위원회를 설립하고 운영

자료: 환경부(2016), p.54

지구온난화를 1.5℃ 미만으로 제한하려면 인간활동에 기인한 전 지구 이산화탄소 순 배출량을 2030년까지 2010년 대비 최소 45%까지 줄이고, 2050년까지 이산화탄소의 배출량과 흡수량이 같은 순 제로Net Zero를 달성해야 한다. [84] 한국을 비롯한 전 세계 많은 국가가 2050년 탄소중립을 선언한 이유다.

탄소중립을 하려면 우선 경제활동에서 발생하는 이산화탄소를 줄여야 한다. 효율이 높은 재생에너지를 개발하여 보급함으로써 화석연료를 태우는 발전방식을 대체하는 것이 그중 하나다. 무궁무진한 재생에너지원 중 으뜸은 태양이다. 2007년 세계 1차 에너지 소비량의 1,800배에 해당하는 에너지가 태양에서 지구로 온다. 태양광을 흡수하여 기전력을 발생시키는 광전효과Photo-voltaic Effect를 이용하여 태양광에너지를 직접 전기에너지로 변환하는 태양광 발전, 태양으로부터 입사되는 햇빛을 다수의 거울 등의 반사체로 한 점에 집광시켜 얻은 열로 증기를 발생시켜 터빈을 돌리는 태양열 발전 등을 통해 에너지를 얻을 수 있다. [85]

바람의 힘을 회전력으로 전환하여 전력을 발생시키는 풍력 발전, 지구가 생성될 때 있었던 열로 인한 고온지열 지대에 물을 주입하여 증기를 생산하고 이것으로 터빈을 돌리는 지열 발전, 조석과 조류, 해수 수온 밀도차 등 여러 가지 형태로 해양이 가진 에너지원을 활용하는 해양에너지 발전이 있다. 물의 위치에너지와 운동에너지를 이용하여 전기를 얻는 수력 발전, 동식물 또는 바이오매스와 같은 파생 자원을 직접 또는 생화학적·물리적 변환을 통해 연료나 전기·열에너지로 이용하는 바이오 발전, 에너지 함량이 높은 폐기물의 열분해 또는 고형화 등 가공 처리를 통해 생산활동에 재이용할 수 있는 폐기물 발전 등도 있다. [86]

우주 질량의 약 75%를 차지할 정도로 무궁무진한 수소hydrogen; H는 화석연료를 대체하는 중요한 에너지원이다. 지구에서는 공기보다 가벼워 대기권에는 극소량만 있지만 지각권에는 물H_2O 분자나 유기화합물과 같이 화합물을 이룬 상태로 존재하므로 고갈될 우려가 전혀 없다. 수소는 탄소와 함께 화석연료인 석탄, 석유, 천연가스의 중요한 구성 성분이므로 화석연료에서 수소를 분리하여 저장하고 활용할 수 있다. 또한 지구상에 풍부하게 존재하는 물로부터도 얼마든지 수소를 분리할 수 있다. 천연가스인 메탄CH_4을 고온·고압에서 스팀H_2O으로 분해$CH_4+2H_2O \rightarrow CO_2+4H_2$하거나 석유화학의 정제 과정에서 나프타의 분해를 통해 수소를 추출할 수 있는데, 이렇게 뽑은 수소를 그레이 수소Gray Hydrogen, 갈탄이나 석탄을 고온·고압에서 가스화하여 수소가 주성분인 합성가스를 만드는 방식으로 추출한 것을 브라운 수소Brown Hydrogen라 한다. 이산화탄소 포집 설비를 이용하여 이산화탄소 배출을 줄이면서 화석연료에서 추출한 수소가 블루 수소Blue Hydrogen다. 순수 재생에너지만을 사용하여 물에서 수소를 분리하면 온실가스가 전혀 배출되지 않는다. 이렇게 추출한 수소를 그린 수소Green Hydrogen라 하며, 이것이 최상의 솔루션이다.[87]

수소를 산소와 반응시키는 장치인 수소 연료전지Fuel Cell를 이용하면 전기에너지가 만들어진다. 수소가 공급되는 한 재충전 없이 계속해서 전기를 생산할 수 있고, 발전 과정에서 발생하는 열을 이용할 수도 있다. 수소에너지는 수소자동차와 같은 모든 엔진이나 연료 분야에 사용 가능하며, 같은 질량의 가솔린보다 3배 많은 에너지를 방출하여 트럭, 선박, 기차, 항공기 같은 대형 운송수단에도 적합하다. 수소에너지의 최종 생성물이 에너지와 물이기 때문에 미래의 궁극적인 청정에너지로 각광받고 있다.

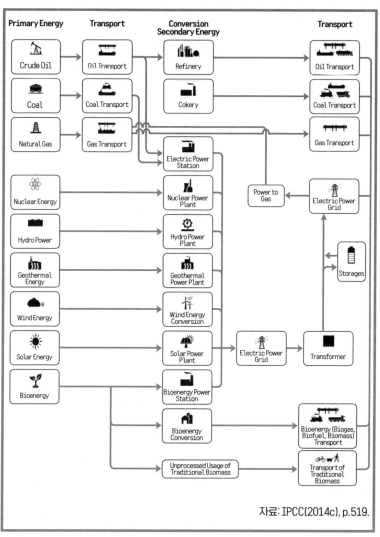

자료: IPCC(2014c), p.519.

[그림 1-14] 에너지의 공급 경로

에너지의 공급 외에 수요 관리도 해야 한다. 산업 현장에서 사용하는 에너지의 효율을 지속적으로 높여야 한다. 보일러, 용광로, 건조기, 전동기, 펌프 등의 설비에서 소비되는 에너지의 효율 개선이 우선적으로 필요하다. 인공지능이나 사물인터넷, 빅데이터 등 4차 산업혁명 기술을 활용한 공장과 스마트 산업단지를 통해 자원을 효율적으로 분배하고 에너지 효율을 극대화하여 제품의 생산성을 높임으로써 온실가스 배출을 획기적으로 줄여야 한다.[88]

생활 속 에너지 수요도 줄여야 한다. 기존 전력망에 정보통신기술을 접목하여 전력 공급자와 소비자가 실시간으로 정보를 교환해 에너지 효율을 최적화하는 차세대 전력망 구축을 서두르고, 전력시스템과 전기 기기의 디지털화와 지능화로 전력 이용 효율을 극대화해야 한다.

건물도 생활 속 에너지 절약과 밀접한 관련이 있다. 건축물은 냉난방, 급탕, 환기, 조명 등의 설비시스템을 가동하는 데 많은 에너지가 필요하다. 특히 난방과 냉방을 위한 에너지 사용량은 건축물의 외피 구성, 크기, 배치 등과 같은 건축물 설계와 밀접한 관계가 있다. 설계 단계부터 단열과 기밀 성능을 강화하고 자연채광 효율을 높이는 등 에너지 절약 요소를 도입하여 건축물의 에너지 요구량을 최소화해야 한다.[89] 조명 기기와 사무용 기기, 가전제품의 에너지 효율도 지속적으로 높여나가야 한다. 4차 산업혁명 기술을 활용하여 건물 내 각종 에너지 이용 정보를 실시간 수집하고 자동 제어하여 최적의 에너지 운영 조건을 유도하는 건물 에너지관리시스템을 확산시켜야 한다.[90] 이렇게 하여 절감한 최소한의 건축물에너지도 태양광, 지열, 풍력 등 재생에너지로 조달하는 제로에너지 건물을 지향해야 한다.

수송과 교통 부문에서의 온실가스 감축도 필수적이다. 2020년 전 세계 에너지 사용량의 25.5%, 전 세계 이산화탄소 배출량의 21.1%를 수송과 교통이 차지했다. [91] 저효율 교통수단을 규제하는 수요 관리를 통해 교통량 발생을 억제하는 한편, 철도와 지하철, 버스 등 단위 수송 중 온실가스 배출 비중이 낮은 대중교통에 인센티브를 주어야 한다. 혼잡통행료 징수, 대중교통 요금 보조, 에코드라이빙 지원, 승용차 부제 운행, 편리한 환승시설 운영, 도로 운송 중심의 물류체계를 철도와 해운으로 전환 등 그 수단은 매우 다양하다. 기술적으로는 전기차와 수소연료전지 차량처럼 운행 중 온실가스 배출이 없는 교통수단의 개발과 보급을 확대해야 한다. 정보통신기술을 접목하여 교통 운영 및 관리의 효율성을 극대화하는 지능형 교통시스템을 구축함으로써 교통 혼잡과 온실가스 배출을 줄이는 한편, 안전성도 높여야 한다.

철강, 시멘트, 석유화학 등의 산업은 원료인 석탄, 석회석, 나프타를 가열하는 과정에서 온실가스가 다량 배출된다. 따라서 수소화, 바이오매스 활용 등 기존의 공정 배출 구조와 전혀 다른 화학반응을 활용한 새로운 시스템 도입이 필요하다. 철강 고로 공정에서 유연탄 대신 수소를 이용하여 철광석을 환원한다든지, 시멘트 소성 공정 투입 원료인 석회석 사용을 줄이기 위해 비산재, 슬래그, 포졸란 등 혼합재의 사용 비율을 높이거나 완제품인 폐콘크리트 골재를 재활용하여 시멘트 생산량 자체를 줄이는 방법 등이 그것이다. [92]

발전소, 철강산업, 시멘트 제조 등에서 다량 배출되는 이산화탄소를 흡수제, 분리막, 순산소 연소 등을 통해 포집하여 땅속이나 바닷속에 저장하거나 생물학적, 화학적으로 전환하는 것도 온실가스를 줄이는 방안이다. 세계적으로 관련 연구가 활발하다. 폐기물 매립지, 화학 공장, 반도체, 냉매, 스프레이, 변압기 등에서 나오는 온실가스도 메탄 회수 기술, 엔진·화학공정에서 발생하는 아산화질소 제거 기술, 불소계 가스 회수 및 처리, 대체재 기술 등으로 줄여나가야 한다.[93]

농경지와 시설하우스, 축사, 양식장에도 정보통신기술과 자동화기술을 접목하여 에너지와 비료, 물 사용을 최소화하고 생산성을 향상시켜야 한다. 논에서 메탄가스 배출을 줄이는 논물 관리, 소의 장내 발효를 개선하는 저메탄 사료의 보급, 가축분뇨 에너지화, 전기 어선, 수소 어선 등 에너지 절감형 어선 개발 등 농축수산 분야의 온실가스를 줄이기 위한 저탄소 농업기술 개발,[94] 흙 대신 영양소가 용해된 물을 이용하여 식물을 생장시키는 실내형 수경농업 확대 등도 필요하다.

탄소중립을 위해서는 자연의 이산화탄소 흡수력을 높여야 한다. 식물은 생장 기간 동안 탄소를 고정하여 토양에 저장한다. 기존 산림을 보다 울성하게 하고 식생이 없는 지역에 조림을 하는 것은 매우 효과적인 온난화 방지 방안이다. 연안습지도 중요한 탄소 흡수원이다. 염생식물이 광합성을 통해 탄소를 흡수하기도 하고, 육상과 해양 등 인접 생태계에서 옮겨온 퇴적물 중의 탄소가 연안생태계에 저장된다. 해양 생태계는 육상생태계보다 온실가스 흡수 속도가 최대 50배 빠르고, 물에 잠겨 있는 혐기적 조건으로 유기체의 분해 속도가 느리므로 식물에 고정된 탄소가 오랜 기간 분해되지 않은 채 남아 있게 된다.[95] 갯벌 등 해안 서식지 보호와 복원이 필요한 이유다.

2_ 이미 현실화한 기후변화에 적응하기

지구온난화로 인한 이상기후와 위험은 미래의 문제가 아니라 이미 실재하는 상황이다. 지금 당장 대기 중에 배출되는 온실가스를 줄인 다 해도 현재의 온난화 현상은 한동안 계속될 것이다. 이산화탄소가 매우 안정적인 분자 구조를 갖고 있어서 과거에 배출된 것이 오랜 기간 대기 중에 남아 온난화 효과를 낼 것이기 때문이다. 따라서 앞으로 발생할 가능성이 있는 기후변화와 그것이 가져올 문제들을 예측하고 탄력성 있게 대비해야 한다. 기후변동 폭이 커져 임계치를 넘는 재난 상황이 발생할 경우 입게 될 피해를 최소화하기 위한 기반을 미리 마련해야 하는 것이다.

45억 년이 넘는 지구 생물 진화의 역사에서 볼 때 끊임없이 변화하는 기후와 환경에 잘 적응하는 생물종만이 살아남아 종 차원의 번영을 유지했다. 인류 문명도 결국 끊임없이 변해가는 지구의 기후와 환경에 적응하기 위한 노력과 함께 발전되어 왔다고 할 수 있다.[96] 기후변화에 적응한다는 것은 이미 발생했거나 발생할 것으로 예상되는 기후의 자극과 그로 인한 효과 또는 영향에 대응하여 생태적·사회적·경제적 체제를 조정하는 것을 말한다. 또한 기후변화와 관련된 잠재적인 피해를 완화하기 위해 또는 이와 관련된 기회로부터 이득을 얻기 위해 과정, 관행, 구조에 변화를 주는 것이다.[97]

적응은 개인이나 시장이 변화하는 기후에 반응하면서 자생적으로 이루어질 수도 있다. 작물 종의 변경이나 파종 시기의 조정, 취약한 건물의 감가상각, 냉난방 능력 보강, 극단적인 기후에 대비, 곤충 물림 조심 등이 있을 것이다. 그러나 지금과 같은 급격한 온난화가 이루어지는 상황에서는 보다 과학적인 관점에서 적응이 필요한 분야와 기술, 경제성 등에 대한 분석을 토대로 적응 대책을 수립하고 추진해야 한다. 적응을 위한 필수 전제는 미래의 기후변화가 어떻게 진행될 것인지를 정확히 예측하는 것이며, 이를 위해서는 기후 모델링 기술, 기후변화 관측 및 감시 기술, 기후변화 예측기술 등을 활용해야 한다. 그리고 기후변화 영향 감시, 기후변화 취약성 평가, 자연재해 예방 및 대응 등을 통해 적정한 적응 수단을 강구해야 한다.[98]

적응의 방법은 지역사회, 국가, 산업, 조직 등이 처한 특성에 따라 다양한 형태를 띤다. 모든 상황에 맞는 단일한 적응 해법은 없다. 홍수 방어시설 설치, 태풍 조기경보시스템 구축, 극심한 가뭄에 잘 견디는 작물 품종의 개발과 보급, 통신시스템·기업 운영 및 정부 정책의 새로운 설계 등 매우 다양한 방법이 존재한다.[99]

적응 능력 강화를 위해서는 사회기반시설 구축이 필요한 경우가 많다. 네덜란드의 경우 국토의 2/3가 해수면보다 낮기 때문에 막대한 비용을 들여 바다 모래를 활용해 해안의 모래 둔덕을 더 넓게 쌓고, 북해 쪽 해안 방조제도 대폭 보강하는 한편, 라인강의 홍수를 막기 위한 시설도 추가로 설치할 계획이다.[100] 덴마크의 수도 코펜하겐은 북해와 발트해가 연결되는 해안에 위치하여 해수면 상승, 폭염, 폭우와 같은 극한 기상에 취약하다. 코펜하겐 시는 2011년에 기후적응계획을 수립했다. 우수와 오수 분리를 포함한 배수시스템과 도로를 전면 재구성하여 폭우 시 도로가 강처럼 기능하면서 빗물을 배수지와 저류지로 빼낸다.

일본 도쿄는 대부분 지역이 3개 주요 하천 홍수위보다 낮은 지대에 위치하고 있다. 매년 많은 비가 내리고 폭풍우나 지진과 쓰나미 등 자연재해에 취약하다. 기후변화로 대형 홍수가 더 자주 발생할 것으로 예상됨에 따라 도쿄 시는 슈퍼 제방Super Levee이라는 개념을 개발했다. 하천 범람과 유출, 지진에 충분히 견딜 수 있도록 매우 견고하고 폭이 넓은 둑이다. 높이 10m, 폭 300m에 이르는 슈퍼 제방은 상부에 다기능 구조물을 통합한 개발이 가능하며, 기존 제방과 달리 하천에 쉽게 접근할 수 있고 도시 수생태계와의 재연결이 가능하다. 도쿄의 아라 강을 따라 건설된 슈퍼 제방에는 공원과 고층 건물이 조성되어 있다. 101)

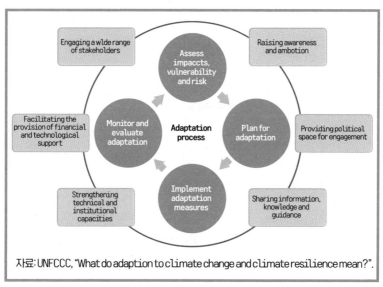

[그림 1-15] UN 기후변화체제에서의 기후변화 적응 사이클

해수면 상승이나 홍수 피해를 예방하기 위해서는 얕은 바닷가와 강변을 매립한 곳에 건물을 짓지 말고, 넓은 습지를 보전하여 갑작스러

운 홍수에 대비해야 한다. 집중호우, 침수, 강풍 등으로부터 안전을 확보하기 위해 강변이나 연안지역에 완충지대를 조성하거나 연안도시의 취약성을 파악하여 도시계획에 반영해야 한다. 심한 가뭄에 대비하여 물 절약과 재활용, 지하수 충전, 해수 담수화와 같은 대체 수자원이 필요하고, 기후변화에 따른 건강 피해 예방을 위해 병원균을 매개하는 곤충과 미생물의 번식을 막는 노력은 물론, 가축 사육 환경을 개선하여 가축 전염병 발생을 예방하는 것도 필요하다. 여름철 기온 상승으로 식품 위생 관리가 어려워져 식중독 환자 발생이 증가할 것이며, 폭염과 열대야가 장기간 지속되면 열 스트레스가 증가하고 노인과 환자 등 취약계층이 적응에 어려움을 겪을 것이므로 이것도 대비해야 한다. [102]

3_ 기후변화 시대 금융의 역할

지구온난화의 속도를 늦추고 추가적인 온난화를 막기 위해 탄소중립을 달성하며 이미 현실이 된 기후변화에 적응하는 데 필요한 것은 과연 무엇일까? 태양광, 지열, 수열 등을 이용하는 재생에너지로, 전통적인 화석연료를 완전히 대체하기 위해서는 끊임없는 기술개발 투자를 통해 충분한 경제성을 확보해야 한다. 다양한 방법으로 수소 생산이 가능하다 하더라도 온실가스를 배출하지 않으면서 경제적으로 수소를 추출·이송·저장하는 데에는 아직도 많은 연구가 필요하다. 산업공정의 에너지 효율을 높이고 수송과 건물 등 부문에서의 온실가스 감축, 이산화탄소 흡수원 확충·포집·저장 등을 통해 온실가스 배출을 멈추려면 다른 쪽의 자원 투입을 제한하고 이 분야에 대한 투자를 늘려야 한다. 기후변화 적응을 위해 대규모 사회간접자본 투자와 새로운 경제·사회 시스템의 구축 및 전환이 이루어져야 하며, 이 역시 투자가 뒷받침되어야 한다. 세계적으로 많은 국가들이 금융을 통해 이 같은 분야에 대한 투자를 늘리고 있다. 기후금융 또는 녹색금융의 도도한 물결이다.

지구온난화와 기후변화가 인류의 생존을 더 이상 담보하기 어려운 지경으로 급박하게 흘러가고 있는 상황에서 우리 인류에게는 더 이상 머뭇거릴 시간이 없다. 전 세계적으로 환경Environment, 사회Social, 지배구조Governance와 같은 비재무적 요인을 투자 측면에서 중요하게 고려하는 움직임이 주류로 떠오르는 이유도 지구온난화를 중단시키기 위한 금융의 역할이 없이는 탄소중립과 적응을 통한 지속가능한 삶을 보장할 수 없다는 절박함이 담겨 있기 때문일 것이다. 탄소중립의 새로운 여정은 이미 시작되었고, 앞으로도 거스를 수 없는 흐름으로 계속될 것이며, 반드시 그렇게 되기를 기대해본다.

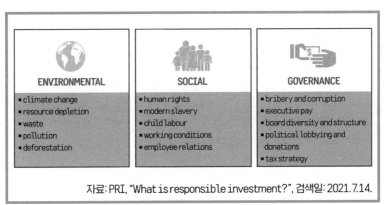

자료: PRI, "What is responsible investment?", 검색일: 2021.7.14.

[그림 1-16] ESG 이슈의 예시

참고 문헌

[국내 문헌]
- 관계부처합동(2020), 「제3차 국가 기후변화 적응대책 2021~2025」, pp.1-212.
- 관계부처합동(2021), 「2020년 이상기후 보고서」, pp.1-212.
- 국립기상과학원(2020), 「2019 지구대기감시 보고서」, pp.1-359.
- 국립기상과학원(2021), 「2020 지구대기감시 보고서」, pp.1-411.
- 국립수산과학원(2019), 「수산분야 기후변화 평가 백서」, p.33.
- 기상청(2020a), 「기후변화과학 용어 설명집」, pp.1-79.
- 기상청(2020b), 「'지구온난화 1.5℃' 해설서」, pp.1-37.
- 기상청(2020c), 「정책결정자를 위한 요약서 한국 기후변화 평가 보고서 2020 - 기후변화 과학
  적 근거」, pp.1-33.
- 대한민국정부(2020), 「대한민국 2050 탄소중립 전략」, pp.1-118.
- 산업통상자원부, 한국에너지공단(2020), 「2020 신·재생에너지 백서」, pp.1-915.
- 이한성(2011), 「이한성이 생각하는 라이프」, 정우디피씨. pp.1-301.
- 전의찬 외(2016), 「기후변화 27인의 전문가가 답하다」, 지오북, pp.1-502.
- 정회성, 정회석(2016), 「신기후체제에 대비한 기후변화의 이해」, 환경과문명, pp.1-422.
- 최재천, 최용상 엮음(2011), 「기후변화와 한반도 생태계의 현황과 전망 - 기후변화 교과서」, 도
  요새, pp.1-632.
- 환경부(2016), 「파리협정 길라잡이」, p.54.

[국외 문헌]
- IEA(2021), Net Zero by 2050, pp.1-222.
- C40 Cities Climate Leadership Group(2016), Climate Change Adaptation in
  Delta Cities, pp.1-25.
- IPCC(2013), CLIMATE CHANGE 2013 The Physical Science Basis, pp.1-1522.
- IPCC(2014a), Climate Change 2014 Synthesis Report, pp.1-151.
- IPCC(2014b), Climate Change 2014 Impacts, Adaptation, and Vulnerability, p.3.
- IPCC(2014c), Climate Change 2014 Mitigation of Climate Change, p.519.
- IPCC(2018), Global warming of 1.5℃, pp.1-616.
- UNEP(2020), Emissions Gap Report 2020, pp.1-101.
- WMO(2021), State of the Global Climate, pp.1-52.

[온라인 자료]
- 네이버 지식백과, "수소 생산 방식", https://terms.naver.com/entry.naver?docId=62

33836&cid=43667&categoryId=43667, 검색일: 2021.7.5.

- 네이버 지식백과, "수소 에너지", https://terms.naver.com/entry.naver?docId=5741
352&cid=60217&categoryId=60217, 검색일: 2021.7.5.
- 네이버 지식백과, "수소", https://terms.naver.com/entry.naver?docId=5663136&c
id=62802&categoryId=62802, 검색일: 2021.7.5.
- 네이버 캐스트, "지구과학산책 기후", https://terms.naver.com/entry.naver?docId=3
580715&cid=58947&categoryId=58981, 검색일: 2021.7.8.
- 산림청, "기후대", https://www.forest.go.kr/kfsweb/kfi/kfs/mwd/
selectMtstWordDictionary.do?pageIndex=1&pageUnit=10&wrdSn=1197&sear
chWord=&searchType=&wrdType=0&searchWrd=%ea%b8%b0%ed%9b%84%e
b%8c%80&mn=NKFS_04_07_01&orgId=, 검색일: 2021.7.13.
- 연합뉴스, "세계 최대 빙산 남극서 떨어져나왔다", https://www.yna.co.kr/view/
AKR20210520166000009, 검색일: 2021.7.13.
- 나무위키, "지구온난화", https://namu.wiki/w/%EC%A7%80%EA%B5%AC%20
%EC%98%A8%EB%82%9C%ED%99%94, 검색일: 2021.6.20.
- 위키백과, "태양", https://ko.wikipedia.org/wiki/%ED%83%9C%EC%96%91, 검색
일: 2021.7.8.
- 위키백과, "태양복사", https://ko.wikipedia.org/wiki/%ED%83%9C%EC%96%91
%EB%B3%B5%EC%82%AC, 검색일: 2021.7.8.
- 이데일리, "중국 홍수 이재민", https://www.edaily.co.kr/news/read?newsId=021254
46625837472&mediaCodeNo=257&OutLnkChk=Y, 검색일: 2021.6.20.
- 이투데이, "호주 집중호우", https://www.etoday.co.kr/news/view/2006474, 검색일:
2021.7.5.
- 주간조선, "남극서 분리된 세계 최대 빙산 A-76의 운명", http://m.weekly.chosun.com/
client/news/viw.asp?ctcd=C08&nNewsNumb=002660100020, 검색일: 2021.7.13.
- 중앙일보, "북극해 최대 얼음대륙붕 두동강", https://news.joins.com/article/231723,
검색일: 2021.7.8.
- NASA GLOBAL CLIMATE CHANGE, "Arctic Sea Ice Minimum", https://climate.
nasa.gov/vital-signs/arctic-sea-ice/, 검색일: 2021.6.23.
- NASA Goddard Media Studio, "48 years of Alaska Glaciers", https://svs.gsfc.
nasa.gov/13492, 검색일: 2021.7.13.
- PRI, "What is responsible investment?", https://www.unpri.org/an-
introduction-to-responsible-investment/what-is-responsible-
investment/4780.article, 검색일: 2021.7.14.
- SCRIPPS INSTITUTION OF OCEANOGRAPHY, "The Keeling Curve", https://

keelingcurve.ucsd.edu/, 검색일: 2021.7.13.

· UNFCCC, "What do adaption to climate change and climate resilience mean?", https://unfccc.int/topics/adaptation-and-resilience/the-big-picture/ what-do-adaptation-to-climate-change-and-climate-resilience-mean, 검색 일: 2021.7.5.

2장

기후변화와 금융

양춘승

1

기후금융의 정의

　최근 금융업계에 재무적 수익 극대화만을 추구해온 전통적인 금융을 대체하는 다양한 금융들이 등장하고 있다. 책임투자, 지속가능금융, ESG 금융, 녹색금융, 기후금융, 임팩트금융 등이 모두 그 예다. 새로이 등장한 이들 금융은 재무적 수익 이외의 특정한 목적을 추구한다는 점에서 서로 유사하며, 각자 추구하는 목적이 중첩되기도 하기 때문에 서로 혼용하는 경우가 많다. 그러나 이 책에서는 기후변화라는 특정한 문제 해결을 위한 금융, 즉 기후금융을 다루기 때문에 이들 여러 용어에 대한 개념을 확실히 정리할 필요가 있다.

　유엔환경계획UN Environment Programme; UNEP에 의하면, 지속가능금융은 '의사결정을 할 때, 재무적 성과만이 아니라 환경·사회·지배구조ESG 등 비재무적 요소를 감안하는 포괄적인 접근'을 지향하고, 녹색금융은 '환경적 요인에 주력하는 금융'을 지향하며, 기후금융은 '기후변

화 완화온실가스 감축와 기후변화 적응'에 주력하는 금융이라고 구분하고 있다[그림 2-1]. [1)

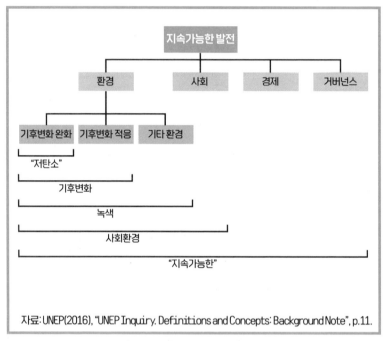

자료: UNEP(2016), "UNEP Inquiry. Definitions and Concepts: Background Note", p.11.

[그림 2-1] 지속가능금융 개념도

UNFCCC 금융상설위원회Standing Committee on Finance는 기후금융을 '온실가스 배출을 줄이고, 온실가스 흡수를 늘리며, 기후변화의 부정적인 영향으로 인한 사회와 생태계의 취약성은 줄이면서 그 회복탄력성을 유지하고 증대하는 것을 목적으로 하는 금융'이라고 정의하고 있다. [2) 그리고 Investopedia는 기후금융을 넓은 의미로는 '기후변화 해결 노력을 도와주는 금융의 역할'이고, 좁은 의미로는 '파리기후협정 같

은 국제협약에 따라 개도국의 기후문제 해결을 위해 선진국이 제공하는 자금 이전'이라고 정의하고 있다. 3)

또한 Simon Thompson(2021)은 녹색금융을 '자연환경을 보호하고 지속가능한 저탄소 세상으로의 전환을 지원하며, 금융과 투자에 영향을 미치는 기후 관련 위험과 여타의 환경적 위험을 관리하기 위한 모든 금융 이니셔티브, 절차, 상품, 그리고 서비스'라고 정의하고 있다. 4)

아울러 Nannette Lindenberg(2014)는 녹색금융을 구성하는 3가지 요소를 첫째로 환경 상품과 서비스, 환경과 기후에 대한 피해의 예방 및 최소화, 보상을 위한 투자 자금 조달준비 비용과 자본 비용 포함, 둘째로 환경과 기후로 인한 피해 완화와 적응을 위한 공공 정책에 대한 자금 조달, 셋째로 녹색채권 같은 녹색투자를 취급하는 금융시스템특정한 법적 경제적 제도적 프레임워크 포함으로 제시한 후 기후금융은 온실가스 감축과 기후변화 적응에 초점을 맞춘 녹색금융의 한 측면이라고 구분 짓고 있다. 5)

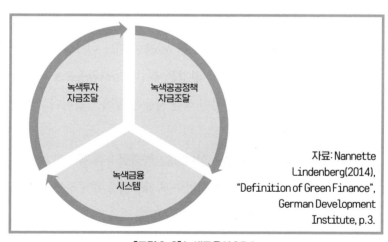

자료: Nannette Lindenberg(2014), "Definition of Green Finance", German Development Institute, p.3.

[그림 2-2] 녹색금융의 3요소

개념상으로 기후금융은 기후변화 문제 해결을 위한 금융이며, 녹색금융은 기후변화만이 아니라 환경오염, 수자원, 폐기물 등 모든 환경문제 해결을 목적으로 하는 금융이라고 구분할 수 있다. 그런데 실무적 측면에서 보면 이러한 구분이 오히려 혼란을 가져올 수 있다. 왜냐하면 기후변화의 원인과 그로 인한 영향이 너무 광범해서 오염, 수자원, 생물종다양성, 폐기물 등 거의 모든 환경문제와 직간접적으로 연결되어 있기 때문이다. 예를 들어, 먹는 물이 부족한 나라에서 맑은 물 공급을 위한 지하수 개발 프로젝트에 자금을 제공한다고 하자. 이는 녹색금융일까, 기후금융일까? 물 부족 해결을 위한 것이니 녹색금융이라고 볼 수 있지만 기후변화로 인한 가뭄이 원인이라면 기후변화 적응을 돕는 기후금융이라고 보아야 한다.

금융 정책을 다룰 때에도 기후금융과 녹색금융의 엄격한 구분은 오히려 정책의 복잡성과 모호성을 키워 정책효과를 낮추는 결과를 초래할 수 있다. 예를 들어, 미세먼지 저감을 위해 석탄화력 발전의 연료를 천연가스로 교체하는 프로젝트에 융자를 제공할 경우, 녹색금융 이자율이 연 4%이고 기후금융 이자율이 연 3%라면 어느 이자율을 적용할 것인가? 미세먼지 문제는 일반적 환경문제이니 녹색금융으로 분류할 수 있으나 온실가스 배출의 주범인 석탄 사용을 줄이는 것이니 기후금융으로 볼 수 있기 때문이다.

이처럼 기후금융은 가장 넓은 의미로는 녹색금융과 동일하게 '기후문제만이 아니라 전체적으로 환경적 지속가능성을 추구하는 금융'으로, 넓은 의미로는 '온실가스 감축과 기후변화 적응을 위한 금융'으로, 그리고 좁은 의미로는 '기후변화 관련 국제협상의 결과로 개도국의 기후문제 해결을 위해 선진국이 개도국에 제공하는 금융'으로 각각 정의할 수 있다. 그러나 기후금융의 개괄적 내용을 서술하고 있는 이 책에서는 가장 넓은 의미에서 기후금융을 기본으로 하고, 문맥에 따라 넓은 의미의 기후금융과 좁은 의미의 기후금융도 혼용되고 있음을 밝혀둔다.

2

기후금융의 당위성
- 새로운 위험과 기회

　그렇다면 왜 오늘날 기후금융이 필요한가? 그것은 바로 기후변화가 기업과 금융의 재무적 성과에 영향을 미치는 새로운 위험과 기회를 제공하고 있으며, 이에 대해 금융이 어떻게 대응하는가에 따라 기후위기 해결과 더불어 금융시스템의 안정성과 금융산업의 생존 여부가 결정되기 때문이다.

1_ 기후변화로 인한 새로운 위험

　산업혁명 이후 화석연료의 사용이 늘어나면서 대기 중에 축적된 온실가스와 그로 인한 지구온난화가 지속되면서 금세기에 들어와 급속하게 진행 중인 기후변화로 인한 새로운 위험은 무엇이고, 이것은 금융에 어떤 영향을 미치는가?

기후변화 관련 재무정보 공개에 관한 태스크포스Task Force on Climate-related Financial Disclosures; TCFD 권고안에 따르면 기후변화로 인한 위험은 ① 저탄소경제로 이행하는 것과 관련된 위험전환위험과 ② 기후변화의 물리적 영향에 관한 위험물리적 위험으로 구분할 수 있다. 전환위험Transition Risk이란 저탄소경제로 전환하는 과정에 필요한 법과 제도, 기술, 시장 등의 변화에서 오는 위험을 의미하는 것으로, 정책과 법적 위험, 기술위험, 시장위험, 명성위험 등으로 구분한다. 물리적 위험Physical Risk은 홍수나 태풍처럼 날씨로 인한 일차적 위험을 의미하는 것으로, 일회성 이상기후로 인한 급성위험Acute Risk과 지구온난화가 진행된 결과로 나타나는 해수면 상승이나 지속적인 혹서 같은 만성위험Chronic Risk으로 구분한다. 6)

2_ 기후변화로 인한 새로운 기회

한편, 기후변화는 새로운 돈벌이 기회도 제공하고 있다. TCFD는 기후변화로 인한 경제적 기회를 다음 5가지로 요약하고 있다. 7)

첫째는 자원 효율성Resource Efficiency으로, 자원 효율성 향상을 통해 운영비를 절약하는 것이다. 이는 생산과 분배 공정, 빌딩, 기계/기기, 수송 등에서 에너지 효율, 수자원 관리, 물자 절약 등 자원 효율성을 향상시켜 운영비를 절감한 경우다. 단열과 건축자재 제품을 생산하는 Owens Corning은 1999년 에너지 비용 20% 절감을 공표하고 2,000

만 달러를 투자한 결과 2003년 연간 에너지 비용을 2억 6,000만 달러에서 2억 2,000만 달러로 줄이는 한편, 18%의 생산 증가를 가져왔다고 한다.[8] 고효율 난방, LED 전구, 산업용 모터, 빌딩 개조, 지열 발전, 물 관리 기술, 전기차 개발 등 새로운 기술 혁신 또한 이러한 범주에 속한다.

둘째는 새로운 에너지원으로, 재생에너지 확대에 필요한 새로운 투자기회를 포착하고 이를 통해 에너지 비용을 줄이는 것이다. 국제재생에너지기구International Renewable Energy Agency; IRENA, 2019에 따르면, 파리기후협정의 목표를 달성하기 위해 재생에너지를 포함한 에너지 전환 관련 투자에 2050년까지 약 110조 달러가 소요된다고 한다.[9] 분산형 청정에너지원, 비용 하락, 에너지 저장기술 개선 등 에너지 비용 절감의 기회는 점점 더 밝아지고 있다.

셋째는 저탄소 제품과 서비스로, 저탄소 상품과 서비스 개발을 통해 경쟁우위를 확보하는 것이다. 온실가스 배출이 적은 상품과 서비스를 제공하는 기업은 시장에서 경쟁 우위를 확보하고 소비자와 투자자의 지지를 얻을 것이며, 탄소발자국이 적은 소비재를 생산하는 기업이 그런 기회를 잡을 수 있을 것이다.

넷째는 새로운 시장으로, 녹색채권, 인프라, 녹색보험 등 저탄소경제로의 전환 과정에서 창출되는 새로운 시장을 선점하는 것이다. 새로운 시장이나 자산 유형에서 오는 기회를 선제적으로 찾아 나서면 활동 영역을 다양하게 넓히고 저탄소경제로의 전환에서 유리한 고지를 선점할 수 있다. 특히 저탄소 전환을 위해 노력하는 지역의 정부, 개발은행, 지역 기업, 지역사회 단체 등과 협력을 통해 새로운 시장에 접근한다면 좋은 기회를 얻을 수 있을 것이다. 녹색채권이나 에너지 인프라에 대한 투자도 좋은 기회를 제공할 것이다.

다섯째는 회복탄력성으로, 전환위험과 물리적 위험에 대응하는 능력을 포함하여 관련 위험과 기회를 잘 관리하고 기후변화에 대응하는 적응 능력을 지칭한다. 여기에는 효율 개선, 새로운 생산 공정 설계, 새로운 제품 개발 등이 포함된다. 이와 관련된 기회는 특히 장기 고정자산이나 대규모 공급 혹은 유통 네트워크를 보유한 조직, 가치사슬에서 유틸리티와 인프라 네트워크 혹은 자연자원에 결정적으로 의존하는 조직, 장기 금융과 투자가 필요한 조직 등에 특히 의미가 있다.

3_ 기후 관련 위험과 기회로 인한 재무적 영향

기후 관련 위험과 기회는 당연히 기업의 재무적 성과에 영향을 미친다. 먼저 기후 관련 위험이 미치는 영향을 보자. 물리적 위험이나 전환위험 같은 기후 관련 위험은 통상 경제에 심각한 변화를 가져오는 예측하지 못한 사건, 즉 경제적 충격Economic Shock의 형태로 표출된다. 경제적 충격은 수요 측면과 공급 측면으로 구분할 수 있다. 수요충격이란 총 수요Aggregate Demand를 구성하는 가계와 정부 지출, 그리고 기업투자와 국제무역에 영향을 주는 것이며, 공급충격은 노동, 물적 자본, 기술 등 경제의 총 생산 능력에 영향을 주는 것이다. 10)

실제로 에너지, 식량, 보험, 부동산 등 거의 모든 부문에서 탄소 가격, 농업 생산성 하락, 해수면 상승 등 새로이 등장한 위험들로 인한 경제적 피해가 현실화되고 있다. 기후변화를 부정했던 트럼프 정부의 공식 보고서조차도 기후변화로 인한 잠재적 피해가 금세기 말까지 현재 미국 총 GDP의 10%에 달할 것이라고 밝히고 있다.[11] 미국 지속가능회계기준위원회Sustainability Accounting Standards Board; SASB의 연구에 따르면 79개 지속가능산업구분체계Sustainable Industry Classification System; SICS™ 가운데 782개 산업이 기후 관련 위험으로 중대한 영향을 받는다고 한다.[12]

녹색금융시스템네트워크Network for Greening the Financial System; NGFS는 Batten(2018)을 인용하여 기후 관련 경제적 충격과 그 영향을 [표 2-1]과 같이 정리하고 있다.[13]

[표 2-1] 기후 관련 경제적 충격과 그 영향

측면	분야	물리적 위험		전환위험
		만성위험	급성위험	
수요	투자	미래 수요와 기후위험의 불확실성	기후위험에 대한 불확실성	기후 정책으로부터 배제
	소비	소비 패턴의 변화	주거용 재산에 대한 홍수 피해 위험 증대	기후 정책으로부터 배제
	무역	수송시스템과 경제활동의 변화로 인한 무역 패턴의 변화	이상기후로 인한 수입/수출 흐름의 중단	비대칭적 기후 정책으로 인한 왜곡
공급	노동 공급	혹서 등으로 인한 노동시간 단축, 이민으로 인한 노동 공급 충격	자연재해로 인한 노동시간 단축, 심한 경우 노동자 사망, 이민으로 인한 노동공급 충격	
	에너지, 식량, 기타	농업생산성 저하	식량 등의 부족	에너지 공급 위험
	자본 저량 (capital stock)	생산적 투자에서 적응자본으로의 자원 전환	이상기후로 인한 피해	생산적 투자에서 적응자본으로의 자원 전환
	기술	기술 혁신에서 적응자본으로의 자원 전환	기술 혁신에서 재건축과 교체로 자원 전환	혁신의 속도와 청정에너지 기술 채택의 불확실성

자료: NGFS(2019b), "Macroeconomic and Financial Stability: Implications of Climate Change". NGFS, "Technical Supplement to the First Comprehensive Report", July 2019. p.6과 Batten, S.(2018), "Staff Working Paper No. 706: Climate change and the macro-economy: a critical review", Bank of England, p.60에서 저자 취합.

한편, 기후변화로 인한 경제적 영향의 지속 기간은 위험의 종류에 따라 다르게 나타난다. 이상기후로 인한 급성위험은 즉각 경제적 피해를 입히고 단기 혹은 중기에 걸쳐 지속되는 반면, 지구온난화로 인한 만성위험은 장기에 걸쳐 지속된다. 또한 전환위험은 저탄소경제로 전환하는 시기에 달려 있다. 일찍부터 저탄소경제로 이행을 시작하면 전환 비용이 비교적 적고 또 장기에 걸쳐 분담할 수 있지만 너무 늦게 시작하면 전환 비용이 많고 단기에 감수해야 하는 문제가 있다. 이를 요약하면 [표 2-2]와 같다. 14)

[표 2-2] 기후위험의 경제적 영향과 지속 기간

위험의 종류		경제적 영향	지속 기간
물리적 위험	급성위험	수요와 공급 측면에 예기치 못한 충격	단기에서 중기
	만성위험	잠재생산력과 경제성장에 영향	중기에서 장기
전환위험		수요·공급 충격 혹은 경제성장 영향	단기에서 중기

자료: Batten, S.(2018), "Staff Working Paper No. 706: Climate change and the macro-economy: a critical review", Bank of England, p.7.

이처럼 기후 관련 위험과 기회는 기업의 재무적 성과에 영향을 미치지만 그 수준과 양태는 부문별, 산업별, 지역별, 조직별로 각기 다르게 나타난다. 기본적으로 기후 관련 이슈로 인한 재무적 영향은 각 조직이 노출된 기후 관련 위험 및 기회의 특성과 이들 위험을 관리하고 기회를 포착하는 경영진의 전략 및 결정에 따라 다르겠지만 대체로 다음 4가지 범주를 통해 결정된다.

1. 매출: 전환위험과 물리적 위험은 제품과 서비스에 대한 수요변화를 가

져와 매출액에 영향을 미친다.

2. 비용: 탄소가격 설정 같은 기후 관련 비용의 변화로 인한 비용구조가 변한다.

3. 자산과 부채: 정책, 기술, 시장 등의 변화가 가져오는 수요 공급의 변동으로 인해 자산과 부채의 가치가 변한다.

4. 자본과 금융: 기후 관련 위험과 기회로 인한 조직의 부채와 자기자본 구조가 변한다.[15]

이러한 변동은 기업의 손익계산서, 현금수지계산서, 재무제표 등에 반영되고, 이는 곧 기업과 거래하고 있는 금융의 재무적 성과에 영향을 미치게 된다.

4_ 기후변화와 금융위험

주목할 점은 기후변화로 인한 위험과 기회가 금융위험으로 전이될 수 있다는 점이다. 그러나 경제적 충격이 금융위험으로 바로 전이되는 것이 아니라 가계, 기업, 정부 등 경제 주체의 경제적 성과에 영향을 미치고 그 결과가 금융의 위험으로 나타나는 것이다.

물리적 위험을 보자. 이는 이상기후로 인한 경제적 비용과 금전적 손실급성위험, 그리고 기후 패턴의 변화로 인한 장기적 영향만성위험을 말한다. 1980년대 이래 자연재해로 입은 경제적 손해가 매년 1,400억 달러를 상회하고 있으며, 산업혁명 이전 대비 지구의 평균 온도가 2.5℃

오르면 세계 금융자산의 2%가 위험에 처할 것이라고 한다. [16]

홍수, 가뭄, 산불, 태풍, 해수면 상승 등의 물리적 위험으로 인해 보험과 은행 같은 금융기관이 직간접적 피해에 노출되어 있다. 세계적으로 약 100조 달러의 자산이 이상기후와 기후변화로 피해를 입을 가능성에 노출되어 있으며,[17] 2100년이 되면 미국에서만 8,820억 달러 가치가 있는 190만 채의 가옥이 물에 잠길 것이라고 한다. [18] 실제로 1992년 남부 플로리다를 강타한 허리케인 앤드류로 인해 총 155억 달러의 보험금이 지급되면서 최소 16개 보험사가 문을 닫았다. [19]

은행 또한 예외가 아니다. 담보대출, 부동산대출, 기업대출 등 은행의 모든 대출 영업이 이상기후와 기후변화로 인한 피해에 노출되어 있다. 태풍, 가뭄, 홍수, 산불 등의 재난으로 담보물의 가치가 하락하고 채무자의 상환 능력에 영향을 미쳐 부도율을 높일 수 있다. 이코노미스트 The Economist에 따르면, 기후변화의 물리적 위험으로 인한 경제적 손실이 적게는 4.2조 달러, 많게는 13.8조 달러에 달할 것이라고 한다. [20]

자연재해로 인한 재산 피해의 약 70%는 비보험 손실인데,[21] 이 경우 피해를 입은 지역의 가계, 기업, 정부의 지불 능력이 위험해질 수 있다. 더 큰 문제는 기후변화로 인한 자연재해의 발생 확률 분포가 정규분포 곡선이 아니라 긴 꼬리 모양의 분포곡선fat tailed distribution curve이라는 점이다. 이른바 '녹색 백조Green Swan'다. [22] 이는 발생 확률은 낮지만 일단 발생하면 그 피해가 막대하기 때문에 자칫하면 금융시스템 전체의 위기로 연결될 수 있다. 이처럼 물리적 위험은 가계나 기업에 경제적 영향을 미치게 되고, 그런 기업이나 가계와 거래하고 있는 금융의 리스크도 커지는 것이다.

전환위험도 그 피해가 막대하다. 이는 정책변화, 명성, 기술 혁신, 소비자의 변화, 사회적 인식의 변화 등 급격히 저탄소경제로 전환하는 과정에서 발생하는 불확실한 재무적 영향과 관련된 위험을 말한다. 만약 정부가 저탄소경제로의 전환을 과감하게 서두르면 현재 매장되어 있는 화석연료는 무용지물, 즉 좌초자산Stranded Assets이 될 것이다. 가령, 지구 온도 상승을 2℃ 이하로 안정시키려면 2010년부터 2050년까지 석탄 매장량의 80%, 가스 매장량의 50%, 석유 매장량의 3분의 1을 포기해야 한다고 한다. [23] NGFS는 전환위험으로 인한 비용이 에너지 부문에서만 1~4조 달러, 전체적으로는 20조 달러에 달할 것으로 추정하고 있다. [24]

DG Treasury 등(2017)에 따르면, 이러한 물리적 위험과 전환위험은 경제 주체의 재무적 성과에 영향을 미치고, 이들 영향은 5가지 방식으로 금융위험으로 전이된다. [25]

첫째는 신용위험Credit Risk이다. 기후위험은 대출자의 부채 상환 능력을 약화하고, 부도 가능성과 부도 시 손실률Loss Gven Default; LGD을 높이며, 담보자산의 가치를 떨어뜨려 신용위험을 증대시킨다.

둘째는 시장위험Market Risk이다. 급격한 전환 시나리오가 진행되면 금융자산의 수익성에 대한 투자자의 인식이 변하면서 좌초자산을 헐값에 팔아치워 금융위기를 가져올 위험이 있다. 시장위험을 평가하는 지표로는 발생 가능한 최대손실금액Value-at-Risk; VaR이 있다.

셋째는 유동성 위험Liquidity Risk이다. 신용위험과 시장위험의 영향으로 재무제표가 좋지 않은 은행과 비은행 금융기관이 단기간 유동성을 확보하지 못해 차환하지 못할 위험이다.

넷째는 운영위험Operational Risk이다. 이는 금융기관 자신이 기후변화로 인한 물리적 위험과 전환위험에 노출될 수 있다는 것이다. 예를 들면, 은행 점포나 데이터센터가 침수되어 운영 절차에 영향을 미치게 되는 위험이다.

다섯째는 보험위험Insurance Risk이다. 이는 보험과 재보험 업계에 해당하는 것으로, 허리케인 같은 이상기후로 예상보다 훨씬 많은 보험금을 지불해야 하거나 새로운 녹색기술 보험 상품의 보험료를 너무 낮게 책정하는 경우다.

5_ 기후변화와 금융시스템

기후변화로 인한 경제적 충격은 개별 금융기관의 수익성에만 영향을 미치는 것이 아니라 화폐 정책, 나아가 금융시스템의 안정성에도 커다란 위협이 되고 있다. NGFS는 이들 기후변화로 인한 위험을 일반적인 환경 관련 위험과 여러 측면으로 구분하면서, 기후 관련 위험이 글로벌 금융체계의 정상적 작동을 와해하고, 실물경제에 심각하고 부정적인 결과를 초래할 수 있는 체계적 위험Systemic Risk으로 작용할 잠재성이 크다고 경고하고 있다. 이들은 기후변화가 일반적 환경위험과 달리 금융체계 전반에 영향을 미치는 구조적 변화의 근원이 될 수 있는 이유를 다음과 같이 적시하고 있다. [26]

첫째, 기후변화가 미치는 영향의 규모와 범위가 정부, 기업, 가계 등 경제의 모든 주체와 부문, 그리고 지역에 영향을 미치고, 각 위험이 서로 연계되어 가속된다는 점이다.

둘째, 기후변화의 결과로 시계Time Horizon, 미래 경로 등은 불확실하지만 전환위험과 물리적 위험이 장래에 현실화할 것이 확실하다는 점이다.

셋째, 기후변화의 영향이 비가역적이고 그 과정을 되돌릴 기술이 없다는 점이다.

넷째, 장래에 미칠 영향의 크기와 성격이 즉각적인 행동에 따라 달라진다는 점이다.

나아가 기후변화는 정부의 화폐 정책에도 영향을 미치고, 금융시스템의 안정성을 해칠 수도 있다.[27] 기후변화가 가져오는 식량과 에너지의 공급충격은 물가 상승을 주도하여 인플레이션을 불러올 수 있는 반면, 농업 생산의 장기적 감소나 혹서로 인한 노동시간 단축 등의 충격은 경제의 생산 능력을 저해하고, 결국 물리적 인적 자본 저량Stock을 줄여 잠재적 총 공급의 감축으로 이어지면서 물가를 떨어뜨린다. 나아가 기후변화로 인한 가계 재산의 변동과 소비 패턴의 변화, 온실가스 감축 정책으로 인한 투자 정책의 변화 같은 수요충격도 거시적 입장에서 GDP와 물가에 영향을 미치게 된다. 결국 공급 부족으로 인한 물가 상승 요인과 경제성장 둔화로 인한 물가 하락 요인이 동시에 작용하기 때문에 화폐가치의 변동성이 커지고, 이는 곧 기업자산가치의 변동을 가져와 금융시스템에 대한 불안정성을 키울 가능성이 있는 것이다.

3

기후금융의
목적과 과제

기후금융의 목적은 UNFCCC 금융위원회가 밝히듯이 "온실가스 배출Emissions을 줄이고, 흡수원Sinks을 늘리며, 기후변화의 부정적 영향에 대한 인간과 생태계의 취약성은 줄이고 회복탄력성은 유지 확대하기" 위함이다.[28] 즉, 기후변화로 인한 새로운 위험과 기회를 잘 관리하여 파리기후협정에서 설정한 기후목표 달성과 저탄소경제로의 이행을 지원하면서 동시에 금융산업의 지속가능성을 확보하고, 나아가 글로벌 금융시스템의 안정성을 유지하는 것이다.

그러나 현실적으로 이 목표를 달성하기는 쉽지 않다. 그동안 화석연료에 의존하고 자원을 많이 사용했던 고탄소 단선경제High Carbon Linear Economy에서 저탄소 순환경제Low Carbon Circular Economy로 이행하기 위해서는 에너지, 토지이용, 도시, 인프라, 산업계 등 거의 모든 영역에서 빠른 변화가 요구되며, 이를 위해서는 막대한 자금이 필요하다. IPCC는 1.5℃ 시나리오에 소요되는 자금이 2016년부터 2050년까지 연간 9,000억 달러에 달할 것으로 보고 있다. [29] EU도 기후와 에너지 목표 달성을 위해 연간 1,800억 유로의 투자가 더 필요하다고 추정하며, [30] OECD는 2℃ 목표 달성을 위해 재생에너지, 에너지 효율 향상, 저배출 차량 부문에 2035년까지 연간 6,200억~7,200억 달러의 채권과 4.7조~5.6조 달러의 주식 발행이 필요할 것으로 보고 있다. [31]

이처럼 기후변화에 대한 금융의 대응이 시급함에도 불구하고 금융기관들은 아직도 기후변화를 부추기는 관행을 바꾸지 않고 있다. 글로벌 33대 은행이 2016년부터 2018년 사이에 1.7조 달러 이상을 화석연료 관련 산업에 금융을 제공했고, [32] 영국의 비영리기구인 인플루언스맵 InfluenceMap은 2016년부터 2018년 사이에 40조 달러를 운용하는 대형 투자자들이 석탄화력 지분을 20% 이상 늘렸다고 보고하고 있다. [33]

그렇다면 기후금융의 적극적인 추진을 방해하는 요인과 그 해결책은 무엇인가?

첫째는 단기주의Short-Termism다. UN기후변화특사인 마크 카니 Mark Carney의 표현을 빌리면, 바로 '시계의 비극Tradegy of the Horizon'이다. [34] 기후변화는 현시대를 넘어 미래 세대에 영향을 미치는 장기적 이슈인데 실제 의사결정을 내릴 때 기업, 정치인, 금융기관 등이 고려하는 시계가 짧게는 고작 2~3년이고 길어야 10년 정도에 불과하다. 게다가 주주들이 경영자에게 분기별로 실적을 입증하라고 요구하다 보니 기후변화 같은 장기적 문제 해결을 염두에 둘 여유가 없는 실정이다. 이러한 단기주의 관행을 타개하지 않으면 기후금융의 실현은 상당히 어려울 것이다.

둘째로 기업의 목적에 대한 재정립이 필요하다. 이제까지 우리는 기업의 목적이 주주를 위한 이윤 극대화이고, 따라서 환경이나 기타 이해관계자들의 편익은 부수적인 것으로 알고 있었다. 그러나 기업이 수탁자 책임을 주주 이익 극대화로만 해석하는 경우, 환경 피해 혹은 그로 인해 피해를 입은 이해관계자들, 그리고 그런 결정의 피해가 뒤늦게 나타나는 미래 이익의 손실 등은 무시되기 쉽다. 이윤 극대화만을 추구한 결과는 당장은 보이지 않지만 계속 축적되고 있다. 이렇게 축적된 위험들은 한계점을 지나면 폭발해 결국 엄청난 재무적 손실로 연결될 수 있다. 더구나 금융기관은 공공의 돈을 수탁받은 존재다. 따라서 금융기관은 주주의 이익이 아니라 공공의 이익에 봉사할 책무가 있다. 그러기 위해서는 기업의 목적을 주주 이익 극대화가 아니라 자연을 포함하여 이해관계자 모두의 편익을 극대화하는 것으로 재정립해야 할 것이다.

셋째로 외부효과Externalities에 대한 고려가 필수적이다. 외부효과란 누군가의 행위가 다른 사람에게 비용이나 편익을 발생시킬 만큼 영향을 미치지만 그것에 대해 보상을 지급하거나 지급받지 않는 것을 말한다. 여기에서 편익이 발생하면 긍정적 외부효과, 비용이 발생하면 부정적 외부효과라고 한다. 화석연료 남용과 지구온난화에 기인한 기후변화는 가장 규모가 크고 대표적인 부정적 외부효과다. 그런데 만약 금융기관이 주주 이익 극대화의 입장에서 의사결정을 한다면 기후변화가 가져오는 부정적 외부효과는 반영되지 않고 결국 오염, 생물종다양성 손실, 서식지 파괴 등 여러 환경문제를 악화하는 결과를 초래하게 된다.

따라서 기후금융의 과제는 이러한 방해 요인을 극복하고 기후변화로 인한 파국적 결과를 미리 예방하는 데 기여하며, 그 과정에서 금융의 수익성과 지속가능성을 확보하는 것이다. 그러기 위해서는 금융기관의 노력만으로는 부족하다. 정부와 금융감독기관의 역할이 절대적이다. 정부는 저탄소경제로의 전환과 탄소중립 같은 기후위기 해결에 나서는 확실한 정책 시그널을 주어야 하고, 금융감독기관은 기후위험으로부터 금융시스템이 안전하도록 확실한 감독 지침을 주어야 한다. 기후금융이 정부, 기업, 가계 등 모든 경제 주체에 필요한 이유다.

4

기후금융 주요 정책

1_ 기후금융 정책의 목적과 장벽

앞에서 보았듯이 기후금융의 목적은 기후변화로 인한 새로운 위험과 기회를 잘 관리하여 파리기후협정에서 설정한 기후목표 달성과 저탄소경제로의 전환을 지원하면서 동시에 금융산업의 지속가능성을 확보하고, 나아가 글로벌 금융시스템의 안정성을 유지하는 것이다. 그런데 이 목적을 달성하기 위해서는 막대한 투자가 필요하다. 최근 UN News의 보도에 따르면, 온실가스 감축과 저탄소경제로의 전환에 소요되는 자금은 연간 5,000억 내지 1조 달러, 개도국의 기후변화 적응에 소요되는 자금은 2030년까지 연간 1,400억~3,000억 달러에 달한다고 한다.[35] 문제는 이런 막대한 자금 수요를 공적 자금으로 채울 수 없다는 점이다. Zhang 등(2015)에 의하면, 녹색금융 수요는 연간 4,000억 달러에 달하지만 공적 금융으로는 15% 정도밖에 충당할 수 없다고 한다. [36) 나머지 85%의 갭은 민간금융에 의존해야 하는 것이다. 따라서 기후금융 정책의 초점은 기후문제 해결을 위해 바로 이 재무적 갭을 효과적으로 메꿀 민간자본을 동원하는 것이라고 하겠다.

그런데 이 민간자본의 동원을 가로막는 여러 장벽이 존재한다. UNDP(2011)는 온실가스 감축과 저탄소 전환을 위한 청정에너지 개발을 가로막는 5가지 주요 장벽을 [표 2-3]과 같이 제시하고 있다. [37)

[표 2-3] 청정에너지 개발의 공통적 주요 장벽

장벽	내용
1. 정보/행위 장벽(인식, 기능, 습관 등)	
지식 격차	소비자, 채권자, 개발자, 전력회사 등의 전문 지식 부족
신뢰성 우려	과거 기술에 대한 나쁜 언론 보도로 인해 새로운 기술에 대한 신뢰 부족
녹색 챔피언 부재	화석연료 업계에 비해 청정에너지를 옹호하는 능동적 옹호세력 부재
비싸다는 인식	초기 투자비용이 비싸다는 소비자의 인식
2. 제도적 장벽	
녹색 정책과 전략 역량 부족	위험과 기회의 평가, 이해관계자 관여 등에 대한 역량 미비
정책 시행과 집행력 부족	여러 부문에 걸친 정책 실행이나 기존 표준의 강제적 집행을 못 하는 정부, 인허가 관련 행정기관의 불투명한 지연
3. 기술적 장벽	
기술 역량 부재	청정기술을 설치하고 유지, 운영, 보수할 기술 역량 부재
인증제도 부재	국가 표준의 부재, 시설의 품질과 안전을 보증하고 인허가를 용이하게 하는 인정받은 운영자의 부재
4. 규제적 장벽	
과거의 에너지 정책/규제	기존의 화석연료와 원전을 선호하는 정책의 온존

정부 독점과 전력구매계약(PPA)	전력산업의 국가독점으로 민간 전력 생산자의 PPA 계약 불가능
차별적인 그리드 정책	청정에너지나 원거리 시설에 대해 차별적으로 높은 그리드 비용 부과
행정적 장벽	청정에너지 시설의 입지와 건축에 대한 과도한 제약
5. 재무적 장벽	
장려금 분할	건설 부문에서 개발자와 건설사가 초기 투자비용 지불 꺼림(운영사로부터 회수 가능성 의심)
높은 위험 관리 비용	높은 기술위험과 자금 회수 불확실성 때문에 위험 관리 상품(보험)이 상대적으로 높음
전통 연료에 대한 보조금	화석연료에 대한 전 세계 보조금 연간 5,000억 달러. 인위적으로 낮은 가격에 화석에너지가 판매
낮은 투자수익률(ROI)	재생에너지 투자수익률이 상대적으로 낮거나 불확실성이 더 큼
높은 초기 투자비용	청정에너지 기술은 초기 투자비용이 많고 회수 기간이 길며 자금 대출 조건이 너무 짧음
높은 거래비용	작은 규모가 많아 kW당 거래비용이 상대적으로 높은데 은행의 투자 지침은 대규모 프로젝트에 적합

2_ 기후금융 정책의 유형

기후금융 정책의 목적은 앞에서 언급한 여러 장벽을 극복하고 위험을 줄이는 정책이나 수익을 올리는 방안을 통해 여러 유형의 투자자들에게 매력적인 투자 여건을 만들어주는 것이다. 이는 곧 [그림 2-3]에서 보듯이, 상업적으로 수익성이 없는 점 C에 해당되는 사업을 수익성이 좋은 점 A로 바꾸는 정책이다. 이를 위해서는 첫째, 민간발전사업자 Independent Power Producers; IPPs에게 송배전망의 무상 사용을 보장하는 정책을 통해 해당 사업의 위험을 줄여 점 B로 옮긴 후, 둘째 발전차액지원제도Feed-in-Tariff, FIT 같은 정책을 통한 금전적 인센티브를 제공하여 투자 수익률을 올려 점 A로 이동시켜야 한다. 38)

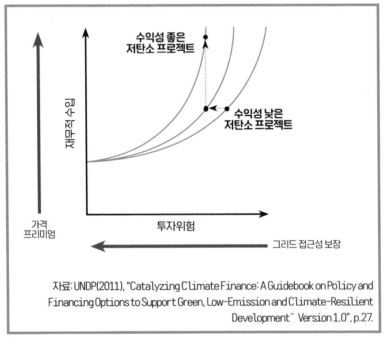

자료: UNDP(2011), "Catalyzing Climate Finance: A Guidebook on Policy and Financing Options to Support Green, Low-Emission and Climate-Resilient Development" Version 1.0", p.27.

[그림 2-3] 녹색투자를 위한 매력적인 투자 여건 조성

　이러한 기후금융 정책은 수요 정책, 공급 정책, 그리고 수요와 공급을 연결하는 정책 등으로 구분된다. 수요 정책은 녹색투자 수요를 잘 준비된 수익성 있는 프로젝트로 만들어 기후금융 수요를 창출하거나 확대하는 것으로, 세금 감면, 발전차액 지원Feed-in-Tariff, 탄소가격 설정Carbon Pricing 등이 있다. 공급 정책은 장려금이나 벌금을 통해 녹

색 프로젝트에 대한 금융 공급을 증대하는 것으로, 정책대출Targeted Lending, 녹색채권Green Bond, 녹색보험, 대출보증Loan Guarantee 등이 있다. 수요공급 연결 정책은 금융 수요와 공급이 잘 맞아떨어지도록 하는 것으로, 녹색금융 전용 금융기관을 설립하거나 구매자와 판매자 간의 정보 비대칭을 줄이기 위해 신뢰성 있는 정보를 제공하는 것이 있다.

Gallagher와 Xuan(2018)은 금융의 기능에 따라 기후금융 정책을 다음 7개의 유형으로 구분하고 있다.[39]

1. 규제와 지침: 재생에너지공급의무화제도Renewable Portfolio standards, 직접규제Command and Control, 녹색경제활동 분류체계Green Taxonomy, 환경사회표준지침, 정부 로드맵, 목표 설정 등

2. 시장 기반 인센티브: 배출권 거래제Cap-and-Trade, 탄소세, 발전차액 지원, 투자/제조 세액 공제, 취약성 감소 융자Vulnerability Reduction Credits 등

3. 금융상품: 정책대출, 녹색융자, 녹색채권, 기후회복채권Climate Resilience bonds, 대재난채권Catastrophe Bonds, 기후파생상품, 마이크로파이낸스Microfinance 등

4. 정보와 역량: 녹색주식지수, 인증제도, 평가제도Rating Systems, 정보공개, 녹색 표지제Labelling 등

5. 국내외 공적 금융기관: 국가개발은행, 수출입은행, 기후기금, 적응기금, 국내녹색투자은행, 녹색기후기금, 양자 간 기후변화 원조, 청정개발체제 등

6. 리스크 제거De-Risking: 대출 보증, 보험 제공, 민관합작투자사업

Public-Private Partnership 등

7. 기타: 적도원칙 같은 자발적 프로그램

3_ 기후금융 주요 정책의 현황

이미 여러 나라에서는 다양한 기후금융 정책을 채택하고 있다. 그 가운데 공통적으로 많이 채택하고 있는 몇 가지 정책을 소개하겠다.

1. 녹색경제활동 분류체계 Green Taxonomy**:** 그린워싱Green Washing을 방지하고 기후변화 문제 해결에 자금이 유입되도록 하기 위해 온실가스 감축과 기후변화 적응에 도움이 되는 경제활동의 분류체계를 지칭하는 것으로, 중국, 몽고, 방글라데시, EU 등이 도입했으며 우리나라도 최근 도입했다.

2. 정부 로드맵: 미국, EU, 영국, 중국, 일본, 한국 등을 포함한 세계 126개 국가가 탄소중립을 선언했거나 할 예정이고, 2030년대까지의 국가별 감축목표Nationally Determined Contributions; NDC를 UNFCCC에 제출하고 있다. 미국은 2005년 대비 50~52%, EU는 1990년 대비 최소 55%, 영국은 1990년 대비 78%, 일본은 2013년 대비 46%를 2030년 혹은 2035년까지 감축하기로 약속했다. 한국은 2017년 대비 24.4%를 감축하겠다는 계획을 제출했으나 혹독한 국제적 비판을 받고 나서 2030년까지 2018년 대비 40% 감축을 발표했다.

3. 재생에너지공급의무화제도RPS**:** 발전사업자가 총 발전량의 일정 비율

이상을 태양광·풍력 등 신재생에너지를 사용하여 생산하도록 한 제도로써 호주, EU, 일본, 중국, 미국, 영국, 한국 등이 채택하고 있다.

4. 탄소가격제(배출권거래제, 결과 기반 기후금융RBCF**, 탄소상쇄, 탄소세 등):** 현재 세계 60여 개 국가와 도시에서 다양한 형태의 탄소가격 제도가 시행 중이다.

5. 발전차액지원제도: 재생에너지 발전을 지원하는 제도로써 재생에너지에 미리 가격을 설정하거나 기준가격과의 차이만큼 프리미엄을 제공하는 것으로, 스페인, 독일, 이태리 등 유럽 국가들과 중국에서 채택했고, 우리나라도 부분적으로 채택하고 있다.

6. 재정 인센티브와 조세 정책: 기후문제로 인한 외부비용을 내부화하기 위한 재정 정책으로써 탄소세 도입, 탄소국경조정제도Carbon Border Adjustment Mechanism, 화석연료에 대한 보조금 폐지, 기후친화기술에 대한 감세/면세 정책 등을 포함한다. 예를 들어, 이란은 4인 가족당 연간 4,000달러에 달하는 화석연료 보조금을 폐지하고 대신 가난한 가정에 현금을 지원하는 정책으로 바꾸고 있다.[40]

7. 정책대출: 은행으로 하여금 여신의 일부를 정책 우선순위에 제공하도록 하는 정책으로써 기후금융 정책의 입장에서는 녹색대출이라고도 볼 수 있다. 인도와 중국을 비롯하여 여러 나라에서 채택하고 있다.

8. 녹색채권: 기후채권 이니셔티브Climate Bond Initiative; CBI에 따르면, 2005년 이래 세계 지속가능 관련 채권 발행액은 1.7조 달러이며, 그중 미결제 기후채권은 2020년 말 현재 9,132억 달러에 달하고 있다. 중국을 선두로 프랑스, 미국, 한국, 영국, 캐나다 등이 뒤를 잇고 있다.[41]

9. 기후정보 공개: 기업의 기후 경영정보 공개는 2003년 CDP의 민간 이

니셔티브로 시작되어 2020년 현재 운용자산 110조 달러에 달하는 590개 투자사가 서명했으며 1만여 개 기업, 도시, 지역이 기후정보를 공개하고 있다.[42] 이어 2017년 금융안정위원회의 기후관련재무정보공개특별팀Financial Stability Board's Task Force on Climate-related Financial Disclosures; TCFD은 기후관련재무정보공개 권유안을 제시하여 현재 EU를 비롯해 세계 여러 나라에서 이를 채택하고 있다.

10. 녹색금융표지제: EU를 중심으로 환경문제 대응을 위해 소요되는 투자에 민간 자금의 유입을 유도하고 동시에 금융의 '그린워싱Green Washing'을 방지하기 위해 금융상품에 '녹색' 표지를 부여하는 방안이 연구되고 있다. 채권, 대부, 투자 등 세 분야에 녹색표지제도가 도입될 것으로 예상되고 있다.

11. 녹색투자은행: 기후 대응을 목적으로 영국에서 처음 설립된 특수은행으로서 녹색 인프라 프로젝트에 20~30년에 걸친 장기간 자금을 공여하는 역할을 수행했다. 2013년 설립되어 2017년 Macquarie그룹에 팔릴 때까지 7억 7,000만 파운드의 자금을 유치하여 30개 프로젝트에 투자하면서 10%의 투자수익률을 기록했다. 그 가운데 3,600만 파운드를 해상풍력에 투자하여 20.3TWh의 전력을 생산했고, 480만 톤의 이산화탄소 배출을 절감했다.[43] 현재 미국, 독일, 중국, 인도 등에서 유사한 특수은행을 운영하고 있다.

12. 기후펀드: 재생에너지, 기후 적응, 삼림 보존 등을 위해 특수한 기후펀드를 조성하는 나라도 많이 생기고 있다. 브라질, 에티오피아, 방글라데시, 인도네시아 등을 포함하여 우리나라도 유사한 펀드가 등장하고 있다.

13. 리스크 제거 정책: 기후금융의 위험을 줄여주기 위해 정부가 대출받은

자를 대신하여 변제할 것을 약속하는 대출 보증 제도나 기후 관련 보험을 마련하는 나라도 많이 등장하고 있다.

3장

기후금융의
배경과 동향

임대웅

1

기후금융과
금융안정성

1_ 기후변화의 경제적 영향

영국의 상원의원이자 런던정경대학교 교수인 니콜라스 스턴 경은 2006년 '스턴보고서'로 알려져 있는 '기후변화의 경제학에 대한 스턴보고서(2006)'를 발표했다.[1] 스턴 경은 기후변화의 영향, 경제적 위험과 비용을 다양한 경제학 기법을 통해 분석했다. 그는 이 분석을 통해 기후변화는 온실가스의 경제적 외부성을 고려하지 않는 세상에서 가장 큰 시장실패라고 주장했다. 기후변화가 시작되면 돌이키기 어려우며, 막대한 비용이 투입되어야 하므로 기후변화는 경제성장과 발전에 치명적 영향을 미칠 수 있다는 것이다. 따라서 탄소배출권 거래제도나 탄소세를 통해 온실가스 배출에 가격을 부여해야 문제가 해결될 수 있다고 강조했다. 특히 온실가스를 2050년까지 1990년 수준으로 최소

80%를 줄여야 한다고 호소했다.

스턴 경은 기후변화와 경제 정책, 경제시스템을 연계하기 위해 노력했다. 2009년에는 기후변화를 경제적 발전 및 번영과 연계하기 위한 글로벌 딜을 제안했다. [2], [3] 그는 이 책에서 뉴올리언스의 허리케인, 뭄바이의 폭풍, 영국과 모잠비크의 홍수와 황폐화, 호주의 가뭄과 산불, 플로리다와 방글라데시의 해수면 상승 등 기후변화로 인한 물리적 피해가 이제 생태계는 물론 인간의 경제와 일상생활에 심각한 영향을 미친다는 것을 사례로 제시했다. 그리고 인류의 발전과 번영은 향후 30년간 인류가 어떻게 살고, 어떻게 투자하고, 어떤 에너지와 교통수단을 사용하고, 어떻게 숲을 보호할 것인가에 달려 있음을 강조했다.

이 과정에서 그는 '글로벌 딜'이 필요하며, 이것을 기후변화를 기반으로 경제의 미래를 평가하고 기후변화 문제를 관리하면서도 성장과 가난의 문제 해결을 위한 발전 전략으로 정의했다. 즉, 기후변화의 문제가 경제(성장)와 사람(가난)의 문제라는 인식을 엿볼 수 있다. 그는 아직 인류가 이 문제를 해결할 수 있는 역량과 창의성이 있으며, 정치 지도자들이 새로운 글로벌 전략을 촉진할 수 있도록 유도해나갈 필요가 있다고 강조했다.

기후변화는 경제학, 윤리학, 정치 등에 미치는 영향이 크므로 시급하게 '새로운 에너지-산업 혁명'을 이끌어내야 할 것이다. 이를 위해서는 역동적 변화와 전환을 위한 정책이 필요하며, 동시에 윤리와 도덕, 정치철학에 대한 포괄적 대응이 필요하다. 지구의 평균 온도 상승을 산업혁명 이전 대비 2℃ 이내, 더 나아가 1.5℃로 막기 위해서는 국제사회의 협력이 중요하며, 동시에 사람의 단기, 중기, 장기적 형평성이 중요할 것이다.

기후변화의 경제적 영향을 분석하는 시도는 매우 다양하게 나타나고 있다. 많은 조사와 연구의 대부분은 기후변화의 물리적 피해로 인한 경제적 손실에 대한 내용이다. 그러나 최근 수년간 기후변화의 경제적 영향에 대한 분석은 기후 시나리오를 기반으로 미래의 영향까지 분석하는 방식으로 진화하고 있다. 이를 통해 현재의 의사결정이 기후변화로 인한 미래의 거시적 경제 영향을 넘어 미시적 재무 영향까지도 고려할 수 있게 하기 때문이다.

전 세계 중앙은행들과 금융감독기관들의 금융시스템인 녹색금융네트워크Network for Greening the Financial System; NGFS는 2020년에 기후변화의 시나리오에 따른 경제적 영향을 발표했다. [4] NGFS는 전 세계 경제학자들의 연구를 취합하여 금융제도에 반영하는 작업을 시도했는데, 이 기관에 따르면 기후변화에 대응하지 않을 경우 물리적 리스크의 영향은 누적GDP의 -7~25% 수준으로, 전환리스크Transition Risks의 영향은 -2~9% 수준으로 예측했다.

NGFS는 우리가 기후변화와 관련하여 아무런 조치를 취하지 않을 경우 지구는 뜨거운 세계가 될 것이며, 이 경우 물리적 피해로 인해 누적 GDP는 2030년 약 7% 감소하고, 2100년에는 약 25%가 감소할 것으로 예측했다. 실제로 기후변화로 인한 전 세계의 물리적 피해는 이미 1년에 400조 원을 넘어섰으며, 이러한 피해가 계속될 경우 기후변화는 국채 등급에 영향을 줄 수 있는 수준으로 구체화되고 있다.

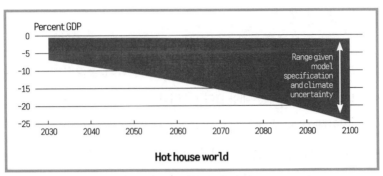

[그림 3-1] 기후변화의 물리적 리스크에 따른 누적GDP 영향

실제로 세계 3대 신용평가회사인 무디스의 경우 기후변화를 국가의 신용등급 변화에 반영하고 있다. 무디스는 2021년 각 국가의 ESG 등급을 발표했다. 우리나라의 ESG 신용영향점수는 1등급으로 평가되었는데, 전세계에서 독일, 스위스, 덴마크, 스웨덴 등 단 11개 국가만이 1등급을 받았다. 미국과 영국이 2등급, 일본과 중국이 3등급으로 평가되었다.

[표 3-1] 무디스의 국가 ESG 신용영향점수 등급

구분	국가
1등급	한국, 덴마크, 독일 등 11개국
2등급	미국, 영국, 호주 등 30개국
3등급	일본, 중국, 러시아 등 38개국
4등급	베트남, 남아공 등 45개국
5등급	라오스, 베네수엘라 등 20개국

한편, NGFS는 저탄소경제·사회로의 전환 과정에서 발생하는 리스크의 영향을 -2~9% 수준으로 예측했는데, 이를 전환리스크 또는 이행리스크라고 부른다. NGFS는 저탄소로의 전환 과정 진행이 체계적인

지 비체계적인지 여하에 따라 관련 리스크의 특성도 다르게 나타난다고 언급했다. 전환 과정이 체계적으로 이루어지는 경우, 전환리스크로 인한 누적GDP의 손실은 약 2%지만, 2100년에는 4% 수준에서 막아낼 수 있을 것으로 예측했다. 반면 전환 과정이 체계적이지 못하면 2030년 누적GDP 손실은 1%를 살짝 상회하는 수준으로 낮지만, 2100년에는 약 9% 수준의 누적GDP 손실이 발생할 것으로 예측했다.

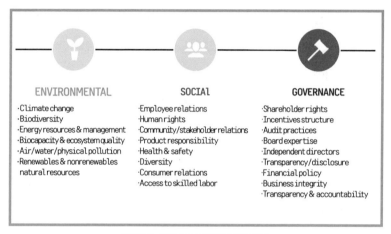

[그림 3-2] 무디스의 ESG 평가체계

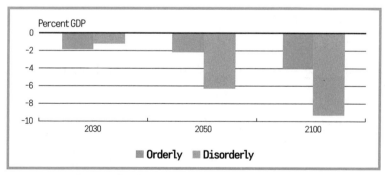

[그림 3-3] 기후변화의 전환리스크에 따른 누적GDP 영향

2_ 기후변화와 금융안정성

기후변화의 영향이 경제적·재무적으로 분석과 예측이 가능해지면서 국제적인 금융제도에서도 기후변화를 금융안정성Financial Stability의 이슈로 보는 노력이 시작되었다. 2019년 10월 국제통화기금IMF은 기후변화를 억제하는 재정 정책을 발표하며 각국의 재무장관에게 탄소세 인상을 요구했다. 지금까지 각국의 온실가스 감축계획으로는 파리기후협정의 2℃ 목표를 달성할 수 없으며, 보다 강화된 정책을 시행해야 한다고 강조했다. 특히 현재 탄소세를 도입 중인 50개국의 탄소세를 1톤당 2달러에서 2030년까지 75달러 선으로 인상할 것을 촉구했는데, IMF의 제안대로 탄소세를 도입할 경우 석탄, 천연가스, 휘발유 및 전기의 가격이 급격히 상승할 것으로 전망된다. 5)

국제통화기금의 탄소세 정책 발표 이후, 2020년 1월 국제결제은행 BIS은 한 발 더 나아가 기존의 정책만으로는 기후변화 대응에 부족하다며 중앙은행의 과감한 개입을 촉구했다. 2007년 이후 불확실한 금융리스크를 지칭하는 블랙스완Black Wwan과 비교해 기후변화로 인한 금융위기를 '그린스완Green Swan'이라고 정의했다. 블랙스완은 어떤 리스크가 발생할지 모르는 특징이 있는 반면, 그린스완은 기후변화가 반드시 발생할 리스크지만 언제 어떤 규모로 터질지 모른다는 데 그 차이가 있다.

국제결제은행도 기후변화의 리스크를 전환리스크와 물리적 리스크로 구분했다. 이 리스크는 직간접적인 방식으로 실물경제인 국가나 업종, 기업, 가계에 영향을 미친다. 이는 다시 금융리스크인 신용, 시장,

The cost to curb climate change
To limit warming to 2°C or less, countries need to introduce
a carbon tax now that rises to $75 per ton of CO2 in 2030.

SNAPSHOP OF POLICIE IN 2030 CONSISTENT WITH WARMING PATHWAY

Pre-
Indurstrial
Average

Temperature
Increase to
Date

Temperature Goal of
the Paris Agreement

Carbon Tax
at $75/ton
(1)

Carbon Tax
at $50/$25
per ton for
advanced/
developing
(2)

Paris Pledges
(3)

No
mitigation
action (4)

0   0.5   1   1.5   2   2.5   3   3.5   4

Global Mean Temperature increase by 2100 (degrees Celsius)

(1) Assumes the explicit carbon-price level of US$40-80/t CO2 by 2020 and
US$50-100/CO2 by 2030 (Stiglitz and Stern, 2017).
(2) Fiscal Monitor (October, 2019).
(3) UNEP(2018).
(4) Nordhaus (2018), and Intergovernmental Panel on Climate Change (2014).

[그림 3-4] 국제통화기금의 기후변화 정책(IMF, 2019)

유동성, 보험, 운영 리스크로 이어지고, 금융 부문의 취약성은 다시 실물경제에 영향을 미치게 된다.

국제결제은행은 기후변화 2℃ 시나리오에서는 노동력, 생산시설, 상환 능력 등 전반적인 경제시스템의 피해가 예상되므로 탄소세뿐만 아니라 중앙은행의 지속가능금융 정책과 새로운 기후변화 재무리스크 식별 방법론을 구상할 것을 요구했다.[6]

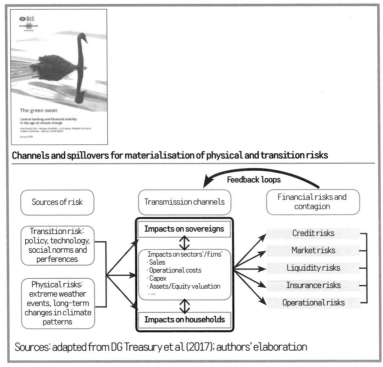

[그림 3-5] 국제결제은행의 그린스완(BIS, 2020)

2

글로벌 제도화 동향

1_ UNEP FI와 케임브리지대학교의 BASEL III 개선 제안

이를 가장 먼저 이슈화한 곳은 UNEP FIFinance Initiative와 케임브리지대학교였다. 이들은 은행산업 혁신을 위해 지속가능성 이슈가 금융 안정성 차원에서 검토될 필요가 있으며, 은행 제도의 근간을 이루고 있는 BASEL III에서도 Pillar 1신용·운영 리스크상 환경리스크 관리, Pillar 2내부 자본 적절성 평가, 감독 평가, Pillar 3정보 공개의 개선이 필요하다는 주장을 피력했다.7)

Pillar 1과 관련해서는 BASEL II의 510항에 이미 부동산 담보물의 가치와 관련하여 토양오염 등 환경채무 관련 리스크를 고려하도록 하고 있다.8) 우리나라 「은행업감독업무시행세칙」 [별표 3]의 '제3장 신용리스크 내부등급법' 중 '제3절 신용위험가중자산의 산출'에서도 "은행은

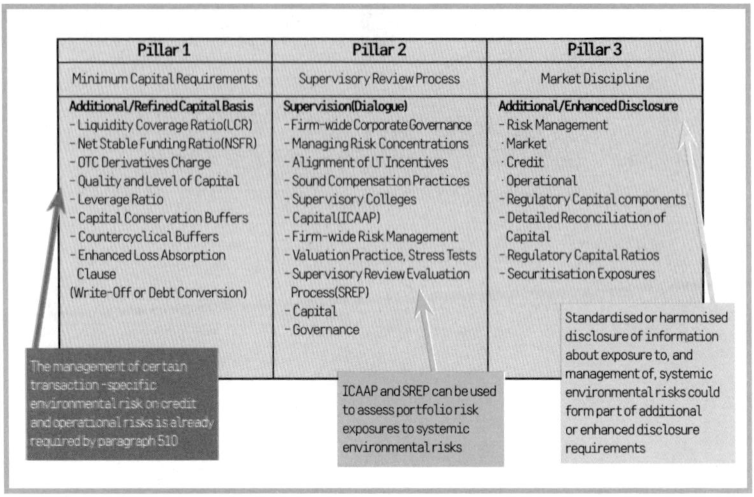

Pillar 1 — Minimum Capital Requirements

Additional/Refined Capital Basis
- Liquidity Coverage Ratio(LCR)
- Net Stable Funding Ratio(NSFR)
- OTC Derivatives Charge
- Quality and Level of Capital
- Leverage Ratio
- Capital Conservation Buffers
- Countercyclical Buffers
- Enhanced Loss Absorption Clause (Write-Off or Debt Conversion)

The management of certain transaction-specific environmental risk on credit and operational risks is already required by paragraph 510

Pillar 2 — Supervisory Review Process

Supervision(Dialogue)
- Firm-wide Corporate Governance
- Managing Risk Concentrations
- Alignment of LT Incentives
- Sound Compensation Practices
- Supervisory Colleges
- Capital(ICAAP)
- Firm-wide Risk Management
- Valuation Practice, Stress Tests
- Supervisory Review Evaluation Process(SREP)
  - Capital
  - Governance

ICAAP and SREP can be used to assess portfolio risk exposures to systemic environmental risks

Pillar 3 — Market Discipline

Additional/Enhanced Disclosure
- Risk Management
  - Market
  · Credit
  · Operational
- Regulatory Capital components
- Detailed Reconciliation of Capital
- Regulatory Capital Ratios
- Securitisation Exposures

Standardised or harmonised disclosure of information about exposure to, and management of, systemic environmental risks could form part of additional or enhanced disclosure requirements

[그림 3-6] BASEL III의 금융안정성과 지속가능성 이슈(UNEP FI, 2015)

담보로 인정되는 상업용 부동산, 주거용 주택에 대한 세금 등 선순위 발생이 가능한 경우와 환경문제로 인한 부담 등을 모니터링할 것"이라 며 관련 내용을 담고 있다. 그러나 이는 담보물의 토양오염에 대한 내용을 중심으로 다루고 있어 향후 기후변화와 관련된 내용을 보완할 필요가 있다.

UNEP FI와 케임브리지대학교는 Pillar 2와 관련하여 향후 ICAAP(Internal Capital Adequacy Assessment Process)와 SREP(Supervisory Review Evaluation Process)에서 체계적 환경리스크에 대한 포트폴리오 리스크 노출을 평가할 수 있어야 한다는 점을 강조했으며, Pillar 3에서는 향후 체계적 환경리스크의 노출과 관리에 대한 표준화된 정보 공개를 추가하거나 강화된 정보 공개 요건의 한 부분으로 형성하도록 하는 방안을 제시했다.

2_ 영국 중앙은행의 기후변화 관련 금융안정성 논의 제안

이후 영국 중앙은행Bank of England은 기후변화가 실물경제와 금융시스템에 치명적인 영향을 미친다는 점에 주목하고 중앙은행의 역할에 대해 강조하기 시작했다.[9] 특히 전 세계 재보험사들이 보유하고 있는 실제 기후변화의 물리적 피해에 따른 경제적 손실과 금융시스템에 미치는 사례 및 영향을 근거로 제시하며 금융안정성 차원에서 기후변화를 통찰해야 한다는 근본적인 사고의 전환을 마련하게 되었다.

당시 영국 중앙은행의 총재였던 마크 카니는 기후변화가 사회에 경제적 피해를 입히며, 이 과정에서 보험사와 은행들의 손실이 불가피하므로 거시 금융안정성을 책임지고 있는 중앙은행과 미시건전성 감독을 책임지고 있는 금융감독기관들의 역할이 중요하다고 강조했다. 그는 국제결제은행 글로벌 금융시스템 위원회의 위원장이자 금융안정위원회Financial Stability Board; FSB의 총재로서 기후변화와 글로벌 금융제도의 연계성을 지속적으로 강조해나가고 있다.

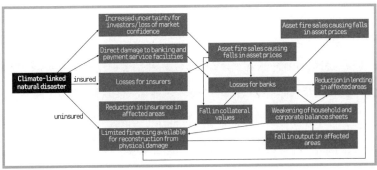

[그림 3-7] 기후변화가 실물경제와 금융시스템에 미치는 영향(Bank of England, 2016)

3_ G20 재무장관·중앙은행총재 회의

마크 카니 총재는 G20 재무장관·중앙은행총재 회의에서도 기후변화의 중요성을 강조했다. 이 과정에서 미국 캘리포니아 보험감독국 등도 산불로 인한 실물경제의 피해와 보험사의 파산문제를 언급하며 기후변화와 금융안정성의 연계성에 대한 논의를 지지했다. 때마침 중국판 그린뉴딜인 '생태적 문명화Ecological Civilization' 계획을 추진하고 있던 중국도 중국인민은행을 통해 영국 중앙은행과 협력하며 기후금융의 논의를 전 세계로 확장시키는 데 기여했다.

특히 G20에서는 기후변화가 거시경제적 영향 및 미시재무적 영향을 미치고 있음에도 불구하고 관련 공시가 부족하다는 문제에 주목했다. 이에 2015년 금융안정위원회에 요청하여 기후변화 관련 재무정보 공개에 관한 태스크포스Task Force on Climate-related Financial Disclosures; TCFD를 발족했다. 이를 통해 파리기후협정에 따른 기후변화 관련 기업의 재무 및 회계 관련 공시기준을 수립하도록 했다. 기업이 미래 기후변화의 재무적 영향을 추정하고 공개하도록 함으로써 금융제도와 금융기관이 기후변화에 대해 합리적인 판단을 할 수 있도록 유도하고자 한 것이다.

한편, 2016년에는 중국 상해에서 G20 재무장관·중앙은행총재 회의가 개최되었는데, 이때 영국 중앙은행과 중국인민은행이 공동의장이 되어 녹색금융스터디그룹을 발족했다. 현재는 녹색에서 ESG 전반을 다루는 지속가능금융스터디그룹으로 확장되었다. 이는 G7에도 영향을 미쳤으며, 특히 세계 금융허브를 주도하고 있는 G7 국가의 도시들은 지속가능금융허브로서의 위상과 역할을 강화하는 계기가 되기도 했다. 현재는 개도국들도 참여하는 FC4SFinancial Centers for Sustainability 네트워크로 발전했다.

4_ 금융안정위원회의 TCFD 권고안 발표

2017년 6월 금융안정위원회는 TCFD 권고안을 발표했다. 10) 이 권고안은 기업이 기후변화로 인한 전환·물리적 리스크와 새로운 기회를 어떻게 전략계획과 리스크 관리에 반영하고 있으며, 이로 인해 예상되는 손익계산서와 대차대조표 등 재무제표상의 재무영향을 공개하도록 하는 권고안이다. 특히 과거의 기후변화 영향이 아닌 미래 기후 시나리오 기반의 재무적 영향을 예측하도록 하고 있어 미래지향적 방식으로 접근하는 것이 특징이다.

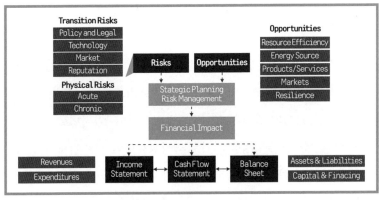

[그림 3-8] 금융안정위원회의 TCFD 권고안 개념도

[표 3-2] TCFD 권고사항의 핵심 요소별 세부 요구 사항

구분	세부 요구 사항
거버넌스	• 기후변화와 관련된 리스크 및 기회에 대한 조직의 거버넌스 공개 • 이사회가 기후변화와 관련 이슈에 대해 보고하는 프로세스 및 빈도 • 조직성과·목표 설정, 이행성과 모니터링, 주요 자본지출, 인수매각, 리스크 관리 정책, 연간 예산 및 사업계획 검토 시 기후변화 고려 • 이때 조직이 경영진(C레벨 수준)에게 기후변화와 관련된 책임을 부여
전략	• 기후변화와 관련된 리스크 및 기회 정보가 조직의 비즈니스, 전략 및 재무계획에 미치는 잠재적인 영향 공개 • 2℃ 시나리오를 고려해 기후변화로 인한 단기/중기/장기 잠재적 재무리스크 파악: ① 전환리스크, ② 물리적 리스크로 나뉘며, 전환리스크는 정책, 법률, 명성, 기술, 시장변화에 따른 리스크 포괄
리스크 관리	• 조직이 기후변화와 관련된 리스크를 식별 및 평가하는 방법을 공개하고 전체 리스크 관리에 어떻게 통합되는지 공개 • 기후변화와 관련된 리스크의 잠재적인 규모와 범위를 평가하는 프로세스를 설명하며, 다른 리스크와 관련하여 기후변화리스크의 상대적 중요성 설명 - 기후리스크를 관리하기 위한 의사결정 방법, 기후리스크의 우선순위 결정 프로세스
매트릭스·목표	• 기후변화와 관련된 위험과 기회를 평가하고 관리하기 위해 사용되는 지표 및 감축목표 공개 • 온실가스 배출량(Scope 1, 2, 3), 물, 에너지, 토지이용 및 폐기물 관리 지표 • 추세분석이 가능하도록 과거 데이터를 공개하고 목표 대비 성과를 관리하기 위한 온실가스 감축목표 설명을 제공해야 함

TCFD에 따르면 기후변화가 전 세계 경제에 천문학적 피해를 발생시킬 것이라고 한다. 이코노미스트는 기후변화리스크에 노출된 전 세계 자산 규모를 21세기 말까지 약 4경 3,000조 원이 될 것으로 추정하고 있다. 한편, 파리기후협정을 계기로 녹색경제로의 전환 가속화와 새로운 시장 형성 및 확대가 예상되는데 국제에너지기구에 따르면, 저탄소 경제로의 전환에서 에너지 분야에만 향후 연간 4,000조 원의 대규모 투

자가 필요할 것으로 추정되고 있다. 이렇게 경제의 큰 전환이 예상되기 때문에 기업과 금융기관들의 기후변화 관련 재무공시는 그 의미가 매우 크다.

TCFD의 권고 사항은 거버넌스, 전략, 리스크 관리, 매트릭스·목표를 4가지 핵심 요소로 제시했으며, 특히 전략 요소를 위해서는 미래 시나리오 기반의 리스크 및 기회 평가가 필요함을 강조하고 있다. TCFD는 기후변화를 재무 영역에 통합하는 활동을 주류화한 가장 강력한 표준으로 자리 잡아가고 있다. 2021년 2월 기준 총 1,755개 글로벌 기관이 TCFD 지지 선언을 했으며, 이 중 금융 부문은 859개 기업에 달한다.

3

기후금융의
국제적 확산과 시사점

2017년 TCFD 권고안 발표 이후 기후금융은 빠르게 국제적으로 제도화되어 가고 있다. 가장 발 빠르게 움직인 곳은 유럽연합의 금융안정국이다. 이들은 금융안정을 위해 기후변화를 고려하는 금융시스템을 구축하고자 2018~2019년 실행을 위한 유럽연합 지속가능금융 실행계획EU Sustainable Finance Action Plan을 제시했다. 이 계획은 지속가능한 곳에 자금의 흐름을 더 많이 보내고, 지속가능하지 않은 곳에는 리스크 관리를 강화하여 자금의 흐름을 억제하며, 투명하고 장기적인 투자 문화를 만들어가기 위한 목적을 가지고 있다. 지속가능금융 실행계획은 단순한 계획이 아닌 지속가능금융 법 제도 패키지라는 데 의미가 있다.

이와 더불어 NGFS는 기후금융을 글로벌 금융으로 제도화하는 데 결정적인 역할을 했다. 특히 2019년 발표한 6대 권고안은 기후금융을 전 세계 주요 국가의 중앙은행들과 금융감독기관들의 주요 어젠다로 격상시키는 계기가 되었다. 이 권고안은 ① 기후변화 관련 리스크를 금융안정성 모니터링 및 세부 금융감독에 반영, ② 지속가능성 요소를 포트폴리오 관리에 반영, ③ 정보 격차 좁히기, ④ 인식과 지적 역량 구축 및 기술 지원과 지식공유 장려, ⑤ 체계적이고 국제적으로 통일된 기후와 환경 관련 정보공시체제TCFD 구축, ⑥ 녹색경제활동 분류체계 개발 지원의 6대 권고안을 담고 있다. 11)

NGFS는 2020년 금융감독기관을 위한 기후환경 리스크 관리감독 가이드를 발표했다. 이 가이드에는 ① 감독기관은 기후환경리스크가 자국 경제 및 금융섹터에 어떻게 전이되고, 금융회사에서 어떤 방식으로 현실화될지 파악할 것, ② 기후환경리스크 적정 대응을 위해 명확한 전략과 내부 조직을 마련하고 적정한 자원을 배정할 것, ③ 금융회사의 기후환경리스크 노출도와 예상 피해를 분석할 것, ④ 기후환경리스크와 관련 감독기관의 기대 사항을 설정하여 해당 리스크에 대한 건전성 감독 기조를 금융회사들이 투명하게 이해할 수 있도록 할 것, ⑤ 다양한 규제 툴을 활용하여 금융회사들의 기후환경리스크를 적정하게 관리할 수 있도록 감독할 것 등의 5가지 가이드를 제시했다. 12)

이 가이드는 이후 국제결제은행과 국제보험감독자협의회International Association of Insurance Supervisors; IAIS 등 글로벌 금융제도에서 기후환경리스크를 건전성 감독에 반영하기 시작하는 계기가 되었다. 전 세계적으로는 아직 구체적으로 합의가 이루어진 건전성 감독 방법이 제시되지는 않았지만 기후리스크가 금융회사의 건전성에 영향을 미친다는 인식에는 뜻을 같이하고 있다. 이를 판단하기 위해 자산 포트폴리오의 탄소배출량을 산정하고 기후 시나리오에 입각한 스트레스 테스팅을 실시하는 가운데 녹색분류체계에 따른 금융회사들의 익스포저 관리 등 다양한 접근 방법들이 제시되고 있다.

이러한 흐름은 우리나라는 물론 전 세계에 큰 영향을 미치고 있다. 일부 선도적인 국가를 중심으로 기후리스크 관리와 기후금융이 제도화되기 시작했으며, 선도적인 금융회사들도 기후리스크를 금융 비즈니스와 전사적 리스크 관리 및 건전성 관리에 통합시키고자 하는 움직임이 나타나고 있다.

우리나라에서도 2009~2011년 녹색금융이 확산된 바 있으나 당시에는 녹색기술과 사업에 충분한 자금을 제공하기 위한 다소 관치금융에 가까운 행태였다. 그러나 최근의 기후금융은 국가의 금융안정성과 금융회사의 건전성 관리, 즉 리스크 관리를 중심으로 금융의 본질과 연계되며 발전하고 있다. 이러한 흐름은 장기적으로 지속될 것으로 전망되며, 우리나라에서도 보다 근본적인 대응이 필요할 것으로 보인다.

4장

녹색경제활동
분류체계

신승국, 이근우

1

녹색금융과
녹색경제활동

1_ 녹색금융의 역할

금융은 일반적으로 더 나은 세상을 만드는 과정에서 장애물로 여겨
지곤 한다. 하지만 금융을 우리 사회의 가치와 목적을 달성하기 위한
도구로 이용한다면 이 지구와 경제를 모든 인류에게 지속가능한 것으
로 바꿀 수 있을 것이다. [1]

현대 산업사회에 이르기까지 우리의 경제시스템은 풍부한 자원과
제한적인 탄소배출을 전제로, 환경적인 요소는 전혀 고려하지 않고 오
직 자본과 노동만을 상정하여 개발되어 왔다. 금융시스템 역시 자원으
로부터 얻을 수 있는 현금흐름 이상의 가치를 부여하지 않고 자원의 고
갈문제도 고려하지 않았다. 하지만 이제는 환경문제를 해결하기 위해
서라도 저탄소 순환경제의 시대로 옮겨 가야만 한다. 산업혁명 이후의

대량생산 역시 초과근무, 저임금, 미성년 노동 등의 사회적 문제들을 용인해왔지만 이제 대부분의 선진국에서는 사회규범이 이를 용인하지 않고 있다. 한마디로, 지속가능하고 포용적인 경제시스템으로의 전환을 위해서는 환경, 사회, 지배구조 등 자연자본과 사회자본을 동시에 고려하는 의사결정을 통해 정부, 기업, 가계 등 실물경제 주체들이 환경적 사회가치를 창출하고 순환형 생산구조로 전환하도록 자금을 배분함으로써 지속가능한 가치창출을 추구해야 한다.

전통적 금융시스템은 생산 요소로서 환경적 사회비용의 고려 없이 자본과 노동만을 상정하고 금융 의사결정에서도 시장가격만을 중시해 왔다. 하지만 이제는 생산 요소로서 자본과 노동뿐 아니라 자연자본과 사회자본도 포함하여 의사결정을 하는 녹색금융이 정착되어야 한다. 전통적 금융과 녹색금융의 가치창출 메커니즘의 차이는 [그림 4-1]과 같다.

2_ 녹색분류체계의 필요성

세계경제포럼WEF은 2021년 글로벌리스크보고서에서 코로나19 팬데믹으로 인한 장기적 리스크를 공개했다. 이 보고서는 환경문제가 팬데믹 시기는 물론 향후 10년 동안 발생 가능성 및 파급력 측면에서 가장 압도적일 것으로 예상한다고 밝히면서 사회적 균열, 불안정성, 불안감이 지속적인 환경 악화에 대응하기 위한 협업을 더욱 어렵게 할 것이라고 경고했다.[3] 코로나19로 전 세계가 급격한 변화를 겪고 있는 이

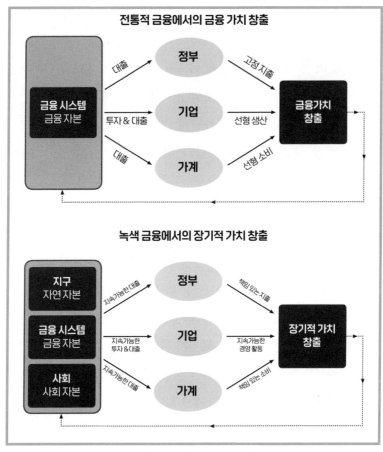

[그림 4-1] 금융의 가치창출 메커니즘[2]

시기에도 기후변화는 여전히 전 세계를 위협하는 가장 심각한 리스크로 공식 인정되면서, UN은 물론 각 국가들은 기후위기 당면 과제를 해결하기 위해 저탄소경제 달성을 위한 목표를 제시하고 있다. 지속가능한 저탄소경제 달성을 위해 각국은 그린뉴딜, 그린딜 등 각종 녹색경제 활동을 통해 경제성장을 추구하는 정책과 목표들을 쏟아내고 있는데,

우리나라 역시 2020년 10월 문재인 대통령의 2050 탄소중립 선언에 따라 저탄소 사회로의 전환을 서둘러야 하는 형편이다.

EU는 2050 탄소중립을 목표로 약 1,400조 원 규모의 그린딜계획을 발표했으며, 미국 역시 약 2,400조원 규모의 그린뉴딜계획을 발표한 바 있다. 우리나라 역시 발표된 K-뉴딜 중 그린뉴딜만을 위해 2025년까지 73조 원의 대규모 투자계획이 수립되어 있다. 이러한 각국의 그린뉴딜은 공적 부문의 재원만으로는 충분하지 않기 때문에 민간 및 기관 투자가 절대적으로 필요한데, 이때 바로 금융, 즉 '녹색금융'이 핵심 역할을 하게 된다. 그린뉴딜 등 녹색경제활동의 추진을 위해서는 이에 소요되는 자금의 조달이 시급하며, 자금조달을 위한 녹색금융의 구체적인 계획 및 수행과 더불어 녹색경제활동을 판별할 수 있는 기준, 즉 녹색분류체계가 필요하다. 환경적으로 지속가능한 녹색경제활동으로 보기 위해서는 과연 어떤 사업이 '녹색'인지 판명할 수 있어야 하며, 그러한 점에서 녹색분류체계가 수립되어야 그린뉴딜에 소요되는 녹색금융 자금의 수요와 공급도 제대로 산정할 수 있다.

녹색분류체계는 환경 요소에 대한 명확한 기준을 제시함으로써 녹색경제활동의 판정 및 발굴을 용이하게 하지만, 친환경적이지 않은 경제활동이 녹색으로 위장되어 포장되는 그린워싱도 적발하여 최소화할 수 있다. 녹색분류체계가 정립되지 않아 녹색경제활동에 대한 명확한 정의와 기준이 없는 상태에서는 어떤 사업이 친환경적이고 어떤 사업이 친환경적이지 않은지 구별할 수 없어 경제활동 주체가 녹색경제활동 및 녹색금융을 추진하는 과정에서 그린워싱이 발생할 가능성이 높다.

이에 녹색경제활동에 관여하고 각국의 금융시스템을 녹색화하고자 노력하는 각국 정부 및 금융기관, 투자가 등을 중심으로 녹색경제활동을 규정하기 위한 분류체계를 구축하고자 하는 시도가 진행되고 있다. 즉, EU의 선구자적인 녹색분류체계 제정에 이어, 많은 신흥 시장국가들이 기후변화와 산림파괴 방지 같은 각 국가적 환경목표를 달성하기 위한 경제활동과 투자에 대한 명확한 정의를 개발하고자 노력하고 있다.

3_ 녹색분류체계의 정의 및 활용

ICMA에 따르면, 녹색분류체계란 지속가능한 녹색금융 관점에서 "주요 기후변화, 녹색, 사회환경 또는 지속가능 목표 달성에 기여하는 경제활동, 자산, 프로젝트 등을 선별하는 분류시스템"이라고 정의할 수 있다.[4] 여기서 중요한 문제는 어떻게 특정 경제활동과 투자가 국가적 환경목표 달성에 기여할 수 있는지 판단하는 것이다.

녹색분류체계는 각 경제 주체가 이를 활용하여 특정 경제활동이 '녹색'인지 여부를 구분하여 의사결정을 할 수 있도록 기준을 제공한다. 먼저, 금융기관의 경우 이를 녹색사업 여신의 판단기준으로 활용할 수 있고, 투자가들은 이를 통해 임팩트 투자의 지속가능성 기준에 부합하는 투자를 할 수 있다. 제품 개발자들에게는 일관된 녹색 기준을 제공하여 녹색 제품과 서비스 개발 과정을 지원하며, 정책 입안자들 역시 국가의 지속가능 목표 달성을 위한 경제 전략 개발에 이를 활용하고 관련 자금 흐름을 모니터링할 수도 있다. [표 4-1]의 세계은행World Bank

도표가 이를 잘 설명해주고 있다.

[표 4-1] 녹색분류체계 사용자[5]

경제 주체	활용 용도
은행/금융기관	• 녹색금융상품(대출, 신용, 보증 등)의 원활하고 일관성 있는 개발 • 녹색 대출/투자 운영의 효율성 증진 • 유자격 자산의 신속한 확인/검증을 통한 거래비용 절감 • 불확실성 및 평판리스크 경감 • 감독기관이 요구하는 지속가능 투자의 이해 및 공시
금융감독기관	아래 활동을 통한 금융섹터의 녹색화 • 은행의 적격 녹색기업 대출을 활성화하는, 분류체계에 기한 지원 • 금융시장에서의 기후변화 또는 지속가능성 관련 보고/공시기준 촉진 • 자산, 포트폴리오, 기관, 국가 차원에서의 지속가능 발전 우선순위를 위한 재무 흐름 측정 • 'Green Washing'을 방지하여 평판리스크 방지
투자자	• 임팩트 투자를 위한 지속가능성 기준에 합당한 기회 요인 식별 • 감독기관에 의해 요구되는 지속가능 투자에 대한 공시 • 녹색투자 포트폴리오 공개의 이해 및 고객/수익자가 선호하는 투자 정책의 설계 • 투자처 비즈니스 모델과 전환계획에 관한 투자자의 관여 지원
녹색/지속가능 채권 발행인 및 인증인 등 관련자	특정 사회책임투자 채권과 관련하여 더욱 용이하고 일관된 적격 금융활동의 식별
정책 입안자	• 과소 투자 영역 식별 및 자금 간극 메우기 • 국가 환경/지속가능 발전목표 우선순위에 따른 녹색사업의 파이프라인 개발 촉진 • 정책 입안자의 국가 지속가능 발전목표 달성을 위한 참고 자료 제공 및 재무 흐름 추적/측정을 위한 관련 시스템 개선
기타	표준안 제정자 및 제품 개발자를 위한 일관된 기준 제공

2

녹색분류체계의
국제 동향

1_ 녹색분류체계의 개발

녹색분류체계는 전략적 측면과 기술적 측면도 있고, 국가별로 동기가 각각 다르기 때문에 개발에 신중한 고려가 필요하다. 많은 국가들은 녹색분류체계 개발을 위해 산업단위 분류Economic Sectors체계를 활용하고 있는데, 산업기반 분류는 분류체계에 접근하는 기본적인 방법으로, 국가 차원의 녹색분류체계가 없는 경우에도 일반 산업 분류를 기반으로 리스크 분석 및 전략 수립이 이루어지고 있다. 예컨대, 온실가스 다배출 산업에 대한 대출이나 투자 등을 제한하는 정책이 이에 해당한다. 다음으로, 산업 내 경제활동Business Activities을 분석하여 특정 기업 및 기업의 특정 경제활동이 녹색활동에 해당하는지를 평가할 수 있다. 일반적으로 기업은 다양한 종류의 경제활동을 하기에 이를 온실가스 다배출 '갈색Brown'활동, 중립적인 '회색Grey'활동, '녹색Green'활동 등으로 분류하는 것이다. 경제활동에 대한 분류가 이루어지면 특정 활동에 대한 대출, 보험, 투자 등을 제한할 수 있다. EU와 중국의 분류체계는 경제활동을 녹색과 비녹색으로 분류하고 있으며, 일부 기관은 갈색부터 녹색까지 7단계 분류체계를 개발하고 있다.[6]

세계은행은 녹색분류체계의 개발을 추진하는 국가들을 위해 다음의 6가지 단계를 제시하고 있다.[7]

1. 환경적으로 지속가능한 미래 경제를 보장할 수 있는 광범위한 전략적 목표의 설정

2. 국가 지속가능 발전목표 우선순위와 어젠다에 부합하는 환경목표의 설정: 환경목표는 국제협약의 준수를 포함, 청정 도시환경, 자원보전, 저탄소경제 등과 같이 해당 국가의 기존 환경계획, 정책이나 규제에 부합해야 한다.

3. 환경목표를 달성할 수 있는 산업단위 분류의 특정: 산업분류체계는 국가 통계적 목적으로 사용하는 표준산업분류에서 추출할 수 있을 것이다.

4. 특정 환경목표에 기여할 수 있는 경제활동의 평가와 선정: 경제활동의 평가와 선정은 녹색분류체계 개발 과정 중에서 가장 핵심적인 부분으로, 그 기준은 '어떻게 국가목표에 기여할 수 있는가'이다.

5. 녹색분류체계 사용자와 수혜자, 그 역할, 녹색분류체계 실행과 사용에서 각자 책임의 특정: 예를 들어, 은행, 기타 금융기관, 사업 시행자, 녹색채권의 발행인, 자산 소유자/운영자 및 기타 투자자 등이 녹색분류체계를 어떻게 사용할 수 있을지가 처음부터 명확히 설정되어야 한다.

6. 녹색분류체계를 적용하는 시장 관계자들을 위한 보고 가이드라인: 녹색분류체계를 제정하는 규제기관과 정부기관은 우선적인 환경목표 달성을 위한 재무흐름 정책의 효율성 모니터링에 관심이 있는데, 이러한 모니터링을 위해서는 시장 관계자들과 사용자들이 자발적/강제적으로 녹색분류체계를 적용한 보고를 할 필요가 있다. 또한 녹색채권의 발행인이나 GRI 기준에 따른 공시의무자 등 역시 친환경 사업들을 보고할 때 녹색분류체계를 참고할 수 있을 것이다.

이처럼 녹색분류체계의 개발은 각 국가의 환경목표, 관계법령, 규제 등에 따라 진행되어야 하며, 가장 중요한 것은 '녹색'으로 평가할 수 있는 경제활동에 대해 기술적으로 합리적인 정당성을 부여할 수 있도록 개발되어야 한다. 즉, 경제활동과 국가 환경목표 간의 상관관계를 설명할 수 있도록 과학적 기반에 근거하여 적용해야 한다.[8] 이렇게 만들어진 녹색분류체계는 공공은 물론 민간 영역에서도 녹색경제활동을 점검하는 공식적인 가이드라인으로 위상을 갖출 수 있게 될 것이다.

2_ EU 녹색분류체계[9]

EU 녹색분류체계는 European Commission_EC이 EU 지속가능행동계획_EU Sustainable Action Plan의 일환으로 개발한 것이며, 지속가능행동계획이란 '2030년까지 온실가스 배출을 절반으로 줄이고 2050년에는 Net Zero로 만든다는 EU의 야심 찬 기후에너지 목표를 지원하기 위한 것이다. EU는 2018년 행동계획 발표 후 지속가능금융 전문가 그룹 Technical Expert Group; TEG 주관으로 녹색분류체계의 개발에 나섰다. 개발은 두 단계로 진행되었는데, 먼저 1단계로 2018년 5월 EC가 지속 가능투자를 촉진하기 위한 프레임워크 확립에 관한 규제안Regulation on the Establishment of a Framework to Facilitate Sustainable Investment: "Taxonomy Regulation"을 발표하고, 이어 2단계로 2018년 7월 녹색분류 체계에 적격인 경제활동과 관련된 기술적 기준에 관한 권고안을 만들 TEG를 설치했다. TEG는 2년에 걸쳐 200여 명의 산업계 전문가와 과학 자 등의 의견을 청취하고, 2019년 6월에 최초의 이해관계자 의견 수렴 후 기술보고서를 발표한 후 시장의 피드백에 근거하여 내용을 개정했 다. 최종 보고서는 2020년 3월 9일에 발표되었다.

녹색분류체계는 투자자, 기업, 채권 발행자, 프로젝트 개발자 등이 저탄소, 회복탄력적, 그리고 자원효율적인 경제로의 전환을 추구하도 록 도와주고, 투자자, 기업, 은행 등의 기후 관련 정보 공개에 관한 EU 의 새로운 규제에 따른 보고체계를 제공한다. 이에 따라 500명 이상의 직원을 가진 모든 투자자, 모든 상장기업, 그리고 모든 은행의 규제 당 국과 이해관계자에 대한 보고에 적용되고, EU 회원국이 금융상품이나 기업 채권에 대해 "환경적으로 지속가능"함을 표시할 때도 적용 가능 하다.

환경목표는 ① 기후변화 완화, ② 기후변화 적응, ③ 수자원과 해양 자원의 지속가능한 이용과 보호, ④ 순환경제로 전환, 폐기물 방지, 재 활용, ⑤ 오염 방지와 규제, ⑥ 건강한 생태계의 보호 등이다.

환경적으로 지속가능하기 위해 녹색경제활동은 ① 녹색분류체계 규제안에 기술된 환경목표 중 하나 혹은 그 이상을 달성하는 데 상당한 기여Substantial Contribution를 해야 하고, ② 위의 6가지 환경목표 중 어느 하나에라도 중대한 피해를 끼쳐서는 안 되며Do no Significant Harm; DNSH, ③ 최소한의 사회적 안전장치social safeguards를 준수하면서 수행되어야 하고, ④ '상당한 기여'와 'DNSH'의 정의에 따른 기술적 선별 기준을 지켜야 한다.

EU 녹색분류체계는 기후변화 완화와 관련하여 온실가스 감축에 상당한 기여를 하는 분야로 ① 농업, 임업, 광업, ② 제조업, ③ 전기, 가스, 스팀, 공조 등의 공급, ④ 물, 하수, 폐기물, 토양복원, ⑤ 수송과 보관, ⑥ 정보통신기술ICT, ⑦ 건물 등 7개 산업군을, 기후변화 적응과 관련하여 기후변화 영향에 특히 취약한 부문으로 ① 농업, 임업, 광업, ② 전기, 가스, 스팀, 공조 등의 공급, ③ 정보통신기술(ICT), ④ 금융 서비스와 보험, ⑤ 전문적, 과학적, 기술적 활동, ⑥ 수처리, 폐기물, 토양복원 등 6개 산업군을 분류하고 있다.

3

우리나라
녹색분류체계 개발 현황

1_ 녹색분류체계의 개발과 근거법령

우리나라 녹색분류체계는 우선 전문가를 중심으로 적용될 경제활동
과 그에 대한 적합성 평가 기준안을 마련하는 방식으로 작업이 진행되
었고, 근거법령은 후속적으로 마련되었다. 우리나라 녹색분류체계의
근거법률은 2021년 4월 13일자로 개정된 「환경기술 및 환경산업 지원
법」2021.10.14. 시행, 법률 제18035호, 2021.4.13, 일부개정 제10조의 4다. 본
조는 금융기관은 환경책임투자를 하기 위해 노력해야 하고, 환경부장
관은 환경책임투자의 지원 및 활성화 방안으로 환경적으로 지속가능
한 경제활동 여부를 판단하기 위한 녹색분류체계의 수립을 할 수 있다
고 규정하여 법적 근거를 마련했다.

제10조의 4(환경책임투자 지원 및 활성화) ① 금융기관은 환경적 요소를 투자의사결정에 반영하는 투자(이하 "환경책임투자"라 한다)를 하기 위하여 노력해야 한다.

② 환경부장관은 환경책임투자의 지원 및 활성화를 위하여 다음 각 호의 사업을 할 수 있다.

㉠ 환경적으로 지속가능한 경제활동 여부를 판단하기 위한 녹색분류체계의 수립. 이 경우 환경부장관은 미리 산업통상자원부장관 및 금융위원회 위원장과 협의해야 한다.

㉡ 기업의 환경적 성과를 평가하기 위한 표준 평가체계의 구축

㉢ 그 밖에 대통령령으로 정하는 사업

2_ 녹색분류체계의 개념 및 기본 원칙

한국형 녹색분류체계는 어떤 경제활동이 환경적으로 지속가능한 활동인지의 여부를 결정하는 기준을 제공하는데, 환경적으로 지속가능한 경제활동은 온실가스 감축, 기후변화 적응, 환경개선에 기여하는 경제활동을 의미한다.

한국형 녹색분류체계는 다음의 3가지 기본 원칙을 제시하고 있다. [10]

1. 환경목표에 기여할 것: 6대 환경목표 중 하나 이상의 환경목표 달성에 기여해야 함.

2. 심각한 환경피해가 없을 것: 하나의 환경목표에 대한 기여 과정에서 다

른 환경목표에 심각한 피해가 없어야 함.

③ 최소한의 보호장치: 인권, 노동, 안전, 반부패, 문화재 파괴 등 관련 법규
를 위반하지 않아야 함.

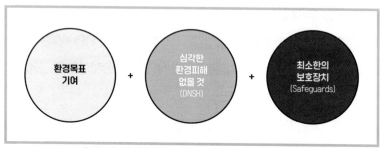

[그림 4-2] 한국형 녹색분류체계의 3가지 기본 원칙

참고로 EU Taxonomy RegulationTR Article 18 Minimum safeguards[11])
은 사회 및 거버넌스의 최소한의 안전장치Social and Governance
Safeguards의 준수로서 OECD Guidelines for Multinational Enterprises
UN Guiding Principles on Business and Human Rights the International
Labour Organisation's'ILO' declaration on Fundamental Rights and
Principles at Work, the eight ILO core conventions and the International
Bill of Human Rights을 준수할 것을 규정하고 있다.

3_ 녹색분류체계의 목표

한국형 녹색분류체계는 ISO, EU 분류체계 등을 준용하여 다음과 같

이 6대 환경목표를 제시하고 있다. 11)

1. 온실가스 감축

2. 기후변화 적응

3. 물의 지속가능한 보전

4. 자원순환

5. 오염 방지 및 관리

6. 생물다양성 보전

4_ 녹색경제활동의 대상 12)

한국형 녹색분류체계는 온실가스 감축 및 기후변화 적응과 환경개선에 기여하는 세부 경제활동들로 구성되어 있는데, 현 단계에서는 탄소중립 사회 및 환경개선에 기여하는 경제활동인 '녹색 부문'과 현재 단계에서 탄소중립으로 전환하기 위한 중간 과정으로서 과도기적으로 필요한 경제활동인 '전환 부문'으로 구성되어 있다.

'녹색 부문'은 온실가스 감축산업, 발전·에너지, 수송, 도시·건물, 농업, 이산화탄소 포집, 연구개발, 기후변화 적응, 물, 순환경제자원순환, 메탄가스 활용, 오염, 생물다양성 분야로 구분되며, 총 64개 녹색경제활동으로 구성되어 있다. '녹색 부문'에서는 탄소중립 및 환경개선에 기여하는 녹색경제활동을 제시했으며, 화석연료를 100% 활용하는 경제활동과 이와 연계된 경제활동은 배제되었는데, 탄소중립 핵심기술 관련 소재·부품·장비 제조, 사업장 온실가스 감축, 재생에너지 생산, 수소와 암모니아 제조, 무공해 차량·철도·건설기계·농업기계·선박·항공기 제조, 제로에너지 건축물 또는 녹색건축물 신규건설 및 리모델링 등 온실가스 감축에 상당한 기여를 하는 경제활동이 주로 포함되어 있다.

'전환 부문'은 탄소중립 목표를 위한 최종 지향점은 아니지만 현재 단계에서 탄소중립으로 전환하기 위한 중간 과정으로서 과도기적으로 필요한 경제활동으로 구성되어 있다. '전환 부문'으로 분류된 경제활동은 총 5개로, 중소기업의 사업장 온실가스 감축 활동, 액화천연가스LNG 및 혼합가스 기반 에너지 생산, 블루수소 제조, 친환경 선박 건조, 친환경 선박 운송으로 구성되어 있다. 이러한 활동들은 일부 화석연료를 포함하나 탄소중립으로의 전환에 과도기적으로 필요한 경제활동으로서 한시적으로 녹색분류 체계에 포함된 것이다.

참고로, 한국형 녹색분류체계는 '녹색 부문' 및 '전환 부문' 중 일부 경제활동에 대해서는 국제표준화기구나 유럽연합에서 고려하고 있는 전 과정 평가Life Cycle Assessment; LCA의 기준을 적용하려 했으나, 국가 전 과정 목록Life Cycle Inventory; LCI 데이터베이스가 아직 구축되지 않았고, 업계 전반적으로 전 과정 평가에 대한 경험이 부족하여 온실가스 배출량 측정 시 2024년까지는 온실가스 배출권 거래제 운영을 위한 검증지침에 따라 산정하고, 환경성적표지 작성지침에 따라 2025년부터 전 과정 평가기준을 단계적으로 도입하는 방법을 제시했다.

5_ 녹색경제활동별 적합성 평가기준

녹색분류체계의 적합성 평가는 녹색경제활동이 활동기준, 인정기준, 배제기준, 보호기준 모두를 충족하는지 평가하여 4가지 평가기준을 모두 만족시킬 경우 녹색분류체계로 판단하는 과정으로 이루어지며, 각 기준에 따른 평가는 다음과 같다. [13)]

① 활동기준 평가: 평가대상 경제활동이 활동기준에 부합하는지 평가

② 인정기준 평가: 평가대상 경제활동이 환경개선에 대한 기여를 입증할 수 있는 환경 관련 인증 보유 여부, 전 과정 온실가스 배출기준 부합 여부 등 기술적 기준에 부합하는지 평가

③ 배제기준 평가: 평가대상 경제활동이 심각한 환경피해 평가기준에 따른 요건에 부합하는지 평가

④ 보호기준 평가: 평가대상 경제활동이 사회적 통념상 허용하지 않는 인권, 노동, 안전, 반부패, 문화재 파괴 등 관련 법규를 위반하지 않는 최소한의 기준을 충족하는지 평가

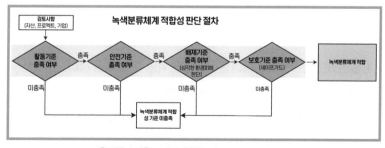

[그림 4-3] 녹색경제활동별 적합성 평가기준

녹색분류체계상 녹색경제활동 목록은 크게 제1절 녹색 부문은 1. 온실가스 감축, 2. 기후변화 적응, 3. 물, 4. 순환경제, 5. 오염, 6. 생물다양성으로 구성되어 있으며, 제2절 전환 부문은 온실가스 감축으로 구성되어 있다.

제1절 녹색 부문의 경제활동 구성을 좀 더 자세히 보면 1. 온실가스 감축은 산업(5개), 발전·에너지(17개), 수송(6개), 도시·건물(4개), 농업(2개), 이산화탄소 포집(4개), 연구개발(1개)의 7대 부분 39개 활동으로 되어 있으며, 2. 기후변화 적응(4개 활동), 3. 물(7개 활동), 4. 순환경제는 자원순환(5개), 메탄가스 활용(2개)의 2대 부분 7개 활동, 5. 오염은 대기오염(2개), 해양오염(1개) 2대 부분 3개 활동, 6. 생물다양성(4개 활동) 이렇게 총 64개 활동으로 구성되어 있다.

제1절 녹색 부문의 1. 온실가스 감축 중 산업의 녹색경제활동 목록의 예시는 [표 4-2]와 같다. [14]

녹색분류체계는 이러한 64개 경제활동별로 활동기준, 인정기준, 배제기준, 보호기준으로 구성된 평가기준을 제시하고 이를 통해 녹색경제활동 여부를 평가할 수 있도록 하고 있다.

녹색부문 1. 온실가스 가. 산업 (2) 탄소중립 핵심기술 활용을 위한 소재·부품·장비 제조를 예로 들면[15]

1. 활동기준으로서 그 활동이 탄소중립을 위한 12개 핵심기술인 (1) 재생에너지, (2) 수소, (3) 암모니아, (4) 무공해 차량·철도·건설기계·농업기계·선박·항공기, (5) 전기화Electrification 및 전기활용기술전기가열로 등, (6) 수소환원제철, (7) 비탄산염, (8) 혼합시멘트, (9) 불소화합물F-gas:

[표 4-2] 녹색 부문의 1. 온실가스 감축 중 산업의 녹색경제활동 목록의 예시

분야(항)	경제활동(호)		설명
	제1절 녹색 부문: 1. 온실가스 감축		
가. 산업	(1)	탄소중립 핵심기술 활용을 위한 제조	탄소중립을 위한 핵심기술인 (1) 전기화(Electrification) 및 전기활용기술(전기가열로 등), (2) 수소환원제철, (3) 비탄산염, (4) 혼합시멘트, (5) 불소화합물(F-Gas; Fluorinated gases) 대체 및 제거, (6) 녹색분류체계 제1절 녹색부문 관련 그린 뉴딜 혁신품목(붙임7 참조)의 생산에 필요한 설비를 구축·운영하는 활동
	(2)	탄소중립 핵심기술 활용을 위한 소재, 부품, 장비 제조	탄소중립을 위한 핵심기술인 (1) 재생에너지, (2) 수소, (3) 암모니아, (4) 무공해 차량, 철도차량, 건설기계, 농업기계, 선박, 항공기, (5) 전기화(Electrification) 및 전기활용기술(전기가열로 등), (6) 수소환원제철, (7) 비탄산염, (8) 혼합시멘트, (9) 불소화합물(F-Gas; Fluorinated gases) 대체 및 제거, (10) 제로에너지 건축, (11) 이산화탄소의 포집, 저장(CCS), (12) 바이오차(Biochar), (13) 녹색분류체계 제1절 녹색부문 관련 그린뉴딜 혁신품목(붙임7 참조)에 필요한 소재, 부품, 장비를 생산하기 위한 설비를 구축·운영하는 활동
	(3)	배출원 단위가 상대적으로 낮은 철강 제조	배출원 단위가 상대적으로 낮은 소결광, 코크스, 선철 생산 및 전기아크로를 이용한 조강 반제품 생산에 필요한 설비 또는 온실가스 감축에 기여하는 최적가용기법(BAT)으로 철강을 생산하는 설비를 구축·운영하는 활동
	(4)	배출원 단위가 상대적으로 낮은 시멘트 제조	배출원 단위가 상대적으로 낮은 회색클링커 소성시설의 제품 생산에 필요한 설비를 구축·운영하는 활동
	(5)	배출원단위가 상대적으로 낮은 유기화학물질 제조	배출원 단위가 상대적으로 낮은 분해로를 이용한 올레핀 생산, 방향족 생산, 부타디엔 생산, 스티렌 모노머 생산에 필요한 설비를 구축·운영하는 활동
	(6)	온실가스 감축 설비 구축·운영	제조업, 서비스업에서 연료전환, 에너지 절감, 자원효율 개선 등 온실가스를 감축하기 위한 설비를 구축·운영하는 활동 ※ 제조업, 서비스업에 폭넓게 적용하되 발전, 수송 등 다른 항(분야)에서 규정하고 있는 경제활동 분야에는 본 기준 적용 불가

Fluorinated gases 대체 및 제거, (10) 제로에너지 건축, (11) 이산화탄소의 포집·저장CCS, (12) 바이오차Biochar에 해당하는지, 또는 (13) 탄소중립 관련 그린뉴딜 혁신품목에 필요한 소재·부품·장비를 생산하기 위한 설비를 구축·운영하는 활동인지 여부를 확인한다.

2. 인정기준으로써 온실가스 감축이라는 기술기준에 적합한지 평가하기 위해 다양한 기술기준 중 하나를 충족하는지 확인한다. 여기서 제시한 기술기준은 해당 경제활동이 녹색분류체계 제1절 녹색부문에 존재하는 경우 관련 적합성 판단기준을 준수하는지 여부이다.

3. 배제기준으로써 기후변화 적응, 물, 오염, 자연순환, 생물다양성 등 6대 환경목표 중 나머지 목표에 심각한 피해를 주는지 여부를 확인한다. 여기에서 제시한 배제기준은 다음 5가지다.

- '붙임 2. 배제기준 – 기후변화 적응'의 요건을 충족하고 있는가? '붙임 2. 배제기준 – 기후변화의 적응'은 기후변화 적응과 관련하여 기후변화와 이상기후폭우, 가뭄, 기온 상승, 해수면 상승, 한파 등의 물리적 위험에 따른 심각한 피해를 입지 않도록 기후영향의 예측 및 평가를 통해 적절한 예방, 저감, 대응 조치를 이행하고 있는지 평가한다. 구체적 해당 경제활동 수행의 전 기간 동안 6대 부문 84개 리스크로 이루어진 분야별 기후리스크 목록의 물리적 기후위험에 해당이 있는지 여부를 검토하고, 경제활동 수행에 영향을 미치는 중요한 리스크인지 자체적으로 평가하며, 기후위험에 대해 자체적으로 평가하며, 기후위험에 대해 자체적으로 평가한 해당 기후리스크 목록 표와 관련 대응 계획 및 조치 계획을 작성하고 제출하여야 한다.[16]
- '붙임 3. 배제기준 – 물'의 관련 요건을 충족하고 있는가? '붙임 3. 배제

기준 - 물'은 해당 경제활동에 따라 수자원 및 해양자원이 심각한 피해를 입지 않도록 「물관리기본법」에서 정의한 기본 원칙인 물의 공공성, 건전한 물순환, 수생태환경의 보전을 위해 물 관련 리스크가 있는지 검토하고, 다양한 물 관련 모든 법률을 준수하는지를 평가한다. 다만, 「환경영향평가법」에 따른 영향 평가와 같이 법률에 따라 수행되는 수자원 및 해양자원과 관련된 영향 평가 결과를 바탕으로 협의가 완료된 경우라면 관련 리스크가 관리되어 기본 원칙을 준수한 것으로 간주한다.[17]

- **'붙임 4. 배재기준 - 오염'의 관련 요건을 충족하고 있는가?** '붙임 4. 배재기준 - 오염'은 오염과 관련하여 화학물질로 인한 국민건강 및 환경상의 위해 예방, 대기오염으로 인한 국민건강이나 환경에 관한 위해 예방, 대기환경의 적정하고 지속가능한 관리·보전 등과 관련하여 심각한 피해를 주지 않기 위해 「잔류성오염물질 관리법」, 「대기환경보전법」, 「화학물질의 등록 및 평가 등에 관한 법률」, 「전기·전자제품 및 자동차의 자원순환에 관한 법률」 등 관련 법령 등에 따른 오염물질, 유해물질 관련 기준을 준수하고 있는지 평가한다.[18]

- **'붙임 5. 배재기준 - 자원순환'의 관련 요건을 충족하고 있는가?** '붙임 5. 배재기준 - 자원순환'은 천연자원과 에너지의 소비를 줄이기 위해 자원을 효율적으로 이용하고 폐기물의 발생을 억제하며 발생된 폐기물의 순환이용을 위해 노력하고 있는지, 또한 관련 사업에 의무 적용되는 자원순환 관련 법 준수 여부를 평가한다.[19]

- **'붙임 6. 배재기준 - 생물다양성'의 관련 요건을 충족하고 있는가?** '붙임 6. 배재기준 - 생물다양성'은 경제활동을 하고자 하는 지역이 「생물다양성 보전 및 이용에 관한 법률」 제6조 등 관련 법령에 따른 각 호의 지

역에 해당하는지 검토하며, 환경영향 평가 등의 결과 협의 내용 또는 조건부 협의 결과를 사업계획에 반영하고 조치계획을 성실히 수행하는지 평가한다.[20)

4. 보호기준으로서 해당 경제활동이 추진 기획, 건설, 운영 과정에서 한국 사회 통념상 허용되지 않는 인권(아동노동 등), 노동(강제노동 등), 안전(중대 재해 등), 반부패(뇌물수수 등), 문화재 파괴 등 법규 위반 행위를 하

[표 4-3] 탄소중립 핵심기술 관련 소재·부품·장비 제조

① 활동기준	
탄소중립을 위한 핵심기술인 (1) 재생에너지, (2) 수소, (3) 암모니아, (4) 무공해 차량·철도·건설기계·농업기계·선박·항공기, (5) 전기화(Electrification) 및 전기활용기술(전기가열로 등), (6) 수소환원제철, (7) 비탄산염, (8) 혼합시멘트, (9) 불소화합물(F-gas: Fluorinated gases) 대체 및 제거, (10) 제로에너지 건축, (11) 이산화탄소의 포집·저장(CCS), (12) 바이오차(Biochar), (13) 녹색분류체계 제1절 녹색부문 관련 그린뉴딜 혁신품목(붙임7 참조)에 필요한 소재·부품·장비를 생산하기 위한 설비를 구축·운영하는 활동	☐

② 인정기준		
온실가스 감축	해당 경제활동이 녹색분류체계 제1절 녹색부문에 존재하는 경우 관련 적합성 판단기준을 준수하는가?	☐

③ 배제기준		
기후변화 적응	'붙임 2. 배제기준 - 기후변화 적응'의 관련 요건을 충족하고 있는가?	☐
물	'붙임 3. 배제기준 - 물'의 관련 요건을 충족하고 있는가?	☐
오염	'붙임 4. 배제기준 - 오염'의 관련 요건을 충족하고 있는가?	☐
자원순환	붙임 5. 배제기준 - 자원순환'의 관련 요건을 충족하고 있는가?	☐
생물다양성	붙임 6. 배제기준 - 생물다양성'의 관련 요건을 충족하고 있는가?	☐

④ 보호기준		
해당 경제활동이 기획, 건설, 운영 과정에서 인권(아동노동 등), 노동(강제노동 등), 안전(중대 재해 등), 반부패(뇌물수수 등), 문화재 파괴 등 법규 위반 행위와 무관한가?		☐

지 않았는지 확인하여 최소한의 기준을 충족하는지 평가한다.

향후 한국형 녹색분류체계는 국제적 흐름에 따라 대상 경제활동과 기준을 지속적으로 보완할 예정이며, 사회적 공감대와 기술적 진보에 맞춰 발전될 것이다.[21] 이 과정에서 녹색분류체계는 단계적으로 녹색 경제활동을 정의하는 지침서로서 녹색금융에 활용되어 녹색 프로젝트 의 기준으로 작동하면서 녹색금융활동 및 금융기관과 기업공시 전반 에 적용될 수 있을 것이다.[22]

4

녹색분류체계의
향후 과제

G20 재무장관과 중앙은행 총재는 2015년 4월 FSB금융안정위원회, 국제
금융규제 및 감독 역할 강화를 위해 2009년 발족된 G20 산하 국제기구에 "공공 부
문 및 민간 부문 참여자를 소집하여 금융 부문이 기후변화 관련 문제를
어떻게 고려할 수 있는지 검토할 것"을 요청했고, G20 요청에 따라 FSB
는 2015년 9월 공공 및 민간 부문 대표자 회의를 소집하여 기후변화 관
련 문제가 금융 부문에 미치는 영향에 대해 검토했다. 23)

FSB는 2015년 12월 업계 주도의 기후변화와 관련된 금융정보 공개를
위한 태스크포스Task Force on Climate-related Financial Disclosures; TCFD를
구성해 "금융시장 참여자가 기후변화 위험을 이해하는 데 도움이 되는
일관성 있는 정보 공개"를 위한 일련의 권고안을 입안한 후24) 2017년 6
월 기후변화 관련 위험 및 기회, 시나리오 분석, 그리고 정보 공개를 위
해 사용할 수 있는 최종 권고안을 발표함으로써 기업이 이를 사용하여

기후변화와 관련된 재무정보를 공개할 수 있도록 했다. 이러한 TCFD의
적용 범위는 금융기관뿐만 아니라 비금융산업의 기후변화 관련 재무정
보 공개를 요구하는 방향으로 확대되었다.

한편, EU 분류체계는 기업이 이를 통해 기업활동을 공시하도록 규
정하고 있다. 일단 EU 분류체계 적용대상[Regulation Article 1 Subject
matter and scope, 2(a)~(c)]은 금융시장 참여자, NFRD Non-Financial
Reporting Directive에서 non-financial statement를 제공해야 할 의무자,
EU와 EU의 국가 멤버다.

500명 이상 종업원이 근무하는 회사는 EU 분류체계를 이용하여 자
신들의 행위가 얼마나, 어느 정도까지 그 분류체계에 맞춘 활동과 연관
되는지 공시하고, 그러한 공시에는 분류체계와 일치하는 매출 비율, 자
본지출, 운영비가 반드시 포함되어야 한다.

The Taxonomy Regulation sets out three group of Taxonomy users:

1. Financial market
participants offering
financial products in the
EU, including occupational
pension providers;

2. Large companies who are
already required to provide
a non-financial statement
under the Non-Financial
Reporting Directive; and

3. The EU and Member
States, when setting public
measures, standards or
labels for green financial
products or green(corporate)
bonds.

자료: Taxonomy: Final report of the Technical Expert Group on Sustainable Finance
March 2020, 26.

[그림 4-4] EU 분류체계 이용자 세 그룹

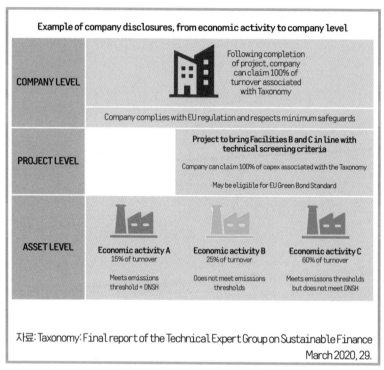

[그림 4-5] EU 분류체계 공시 예시

기업이 EU 분류체계를 통해 공시할 경우 그 공시는 잠정적으로 5단계의 절차를 거쳐 이루어진다.[25]

1단계로 기업은 자신의 경제활동이 산업분류체계상 어느 부분에 해당하는지 파악하여 분류별 매출 비중 등을 구분하고 EU 분류체계에서의 환경목표에 부합하는 경제활동을 선별한다. 2단계로 기업은 각 경제활동이 분류체계에서 제시된 목적에 상당한 기여를 했는지, 즉 심사기준을 맞추었는지 확인한다. 3단계로 기업은 2단계의 경제활동이 DNSH 조건을 만족했는지 확인한다. 이때 기업은 심사 형식의 절차와 기업의 공개 자료를 기초로 이러한 작업을 진행한다. 4단계로 기업은 심사를 통해 최소한의 사회적 안전장치 요건을 준수했는지 여부를 확인한다. 5단계로 기업은 앞의 1~4단계에 적합한 매출액 등을 계산하여 공개를 준비한다.

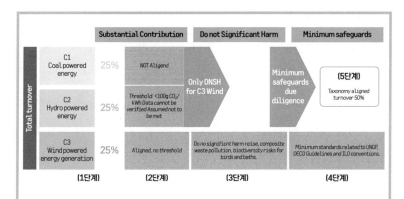

- **1단계:** 기업의 경제활동을 유럽표준산업분류(NACE) 분야별 매출 비중 등으로 구분하고 EU 분류체계상 환경목표에 부합하는 경제활동을 선별함
  - C1(석탄발전업) 25% 제외, C2(수력발전업) 25% 통과, C3(풍력발전업) 50% 통과
- **2단계:** 각 경제활동의 1) 상당한 기여(Substantial Contribution) 조건 확인
  - C2(수력발전업) 25% 관련 '100g CO₂ e/kWh 미만' 기준치 미충족, 제외
  - C3(풍력발전업) 50% 기준치 없음, 통과
- **3단계:** 각 경제활동의 2) 중대한 피해(DNSH) 조건 확인
  - C3(풍력발전업) 50% 중대한 피해 없음, 통과
- **4단계:** 실사를 통해 각 경제활동의 3) 최소한의 사회적 안전장치 준수 여부 확인
- **5단계:** 분류체계에 적합한 매출액 등을 계산
  - 최종 50%를 공시

자료: KDB 산업은행 미래전략연구소, Weekly KDB Report, 2020.8.18, EU 분류체계 현황과 시사점, 7면 인용.

[그림 4-6] EU 분류체계 공시 절차

또한 EU에서는 비재무보고지침Non-Financial Reporting Directive; NFRD[26])을 EU 내 근로자 500명 이상의 상장법인, 은행, 보험회사 등을 대상으로 2017년 회계연도부터 시행하고 있으며, 현재 약 11,700개의 기업 및 단체가 적용대상이다. EU 집행위원회는 2021년 4월 21일, 적용대상 기업 범위 확대, 정보보고에 대한 감사 의무, 상세 비재무정보보고지침 등을 담은 NFRD 수정안을 제안했다. 의회와 집행위의 합의를 거쳐 2022년 상반기까지 개정안을 확정하고 2023년 회계연도부터 시행하여 2024년 기업공시부터 반영할 계획이다. 이것이 시행되면 49,000여 개의 대기업, EU 내 상장법인 등에 적용되며, 환경·인권 보호, 사회적 책임, 반부패, 뇌물, 이사회 다양성, 기업활동의 기존·잠재적 부정적 영향의 식별·방지 및 완화를 위한 공급망 실사의무 절차에 관한 정보 공개 및 이에 대한 감사 의무가 부여될 전망이다.[27] 수정된 NFRD가 시행된다면 EU 분류체계에 따른 분석과 공시 의무는 더 철저하게 이행될 것이다.

한국형 녹색분류체계 역시 기업이나 금융기간 등이 녹색분류체계를 사용하여 그 적합성 평가 결과를 공개하는 것을 염두에 두고 있다. 즉, 기업이나 금융기관들은 적합성 평가를 통해 개별 자산, 프로젝트, 기업활동에 대해 녹색분류체계의 적합성 여부를 판단하여 그 결과를 대외에 공개할 수 있다. 또한 이를 기초로 전체 자산, 프로젝트, 기업활동 중에서 녹색경제활동 적합성 평가기준을 충족하는 비율을 공개할 수 있다.[28]

우선 기업은 전체 자산예: 생산설비, 사업 부문 등 중에서 녹색분류체계의 적합성 평가기준을 충족하는 자산의 비율예: 매출액규모 기준 비율, 자산규모 기준 비율 등을 산정하여 공개할 수 있다. 예를 들어, 어떤 기업이 여러 가지 사업 부문을 영위하고 있는데 그중 특정 사업 부문이 녹색분류체계의 적합성 기준을 만족하고 있다면, 해당 사업 부문의 매출 비중 정보를 공개할 수 있다.[29]

또한 금융기관은 개별 자산, 프로젝트, 기업의 녹색분류체계 적합성 평가 결과를 공개할 수도 있고, 녹색채권, 녹색여신, 녹색펀드 등 금융상품별로 전체 금융 규모 대비 적합성 평가 결과를 충족하는 비중 정보도 공개할 수 있다. 직접투자의 경우 투자 비중, 간접투자의 경우 펀드 비중, 채권의 경우 녹색채권 비중을 계산하여 포트폴리오를 공개할 수도 있다. 아울러 금융기관 전체 자산 포트폴리오의 전체 규모 대비 적합성 평가 결과를 충족하는 비중정보를 공개할 수도 있다. 이를 통해 녹색분류체계는 공공, 민간의 녹색채권, 녹색펀드 등 녹색 관련 금융상품을 운용할 때 녹색이라는 취지에 맞게 전체 금융서비스에서 녹색 분야가 얼마나 많은 비중을 차지하는지 구분해주는 기준을 제공할 수 있다.[30]

결국 한국형 녹색분류체계는 궁극적으로는 기업이나 금융기관이 녹색분류체계에 따른 활동정보를 평가하여 이를 공개하는 기준이자 선도하는 역할로 널리 사용되어야 한다. 그러한 점에서 앞서 언급한 TCFD 및 EU 분류체계에서 이러한 기업활동의 평가 및 공개 절차는 한국형 녹색분류체계에서도 그대로 적용될 수 있다. 향후 한국형 녹색분류체계의 근거법령 또는 관련 법령에서 공시와 관련된 내용이 포함될 경우, 녹색분류체계는 기업의 경제활동에 대한 공시에도 적용되어 활용될 것이다.

하지만 공시와 관련된 법령 등의 정비가 이루어지지 않아 이와 관련된 제도적 기반이 구축되지 않는다고 하더라도 얼마든지 자율적으로 녹색분류체계가 사용될 수 있을 것이다. 이때도 물론 기업 자체 또는 제3자에 의한 적합성 평가가 이루어지고 그 결과가 활용될 것이다. 어떤 경우라도 적합성 평가의 공정성 등을 위해 평가 주체의 공개는 필요할 것이다.

5장

기후변화 관련
재무정보 공시

장지인, 정영일, 정준희

기후변화가 조직의 가치창출은 물론, 외부 이해관계자에게 다양한 영향을 미친다는 것은 많은 사람들이 주지하고 있는 사실이다. 인간의 활동이 기후변화에 미치는 영향에 대한 과학적 증거들이 확충되고 있으며, 이와 함께 기후변화가 가져올 엄청난 위험 요인들에 대한 대응으로 국제사회의 움직임이 매우 분주하다. 국제사회의 움직임과 더불어 많은 국가에서 기후변화 대응에 대한 다양한 정책들이 제정되고 있다.

이러한 정책들의 핵심에는 금융시장에서 금융기관들의 역할을 활용하여 기후변화 이슈를 해결하고자 하는 의도가 담겨 있다. 많은 나라들이 금융기관들의 투자 의사결정에 기후변화 이슈를 함께 고려하는 정책들을 도입하고 있다. 이는 궁극적으로 금융기관들이 기후변화 이슈를 고려한 의사결정을 할 수 있도록 유도하고, 아울러 금융기관들의 의사결정을 위해 피투자회사들이 기후변화 관련 정보를 투명하고 비교 가능하게 공개할 수 있도록 하기 위함이다.

기후변화와 관련하여 기업과 기업의 이해관계자 및 자연환경 간의 주고받는 영향들에 대한 정보 공개는 정책 당국과 시민사회의 해묵은 과제 중 하나였다. 기후변화라는 이슈가 갖고 있는 중대성에 대한 사회적인 공감대와 더불어, 기후변화 문제에 대한 해결책을 모색해왔던 정책 당국과 시민사회의 노력들이 결집되어 2017년 6월, 기후변화 관련 재무정보 공개 태스크포스Task Force on Climate-related

Financial Disclosure; TCFD의 권고안이 마련되었다. TCFD 권고안은 기업정보 공개의 변곡점이 된 '기후 관련 재무정보climate-related financial information' 공개에 대한 프레임워크를 제안했다. 즉, 기후변화는 조직의 재무적 성과에 영향을 미치는 외부 요인이라는 공감대에 기반하여 지속가능성 이슈의 재무적 영향을 공개하는 논리적인 프레임워크를 처음으로 제안한 것이다. 전형적인 외부효과 중 하나인 기후변화가 비즈니스를 영위하고 있는 기업들의 단·중·장기에 걸쳐 가치창출에 미치는 위험과 기회 요인들이 되고, 결국 이러한 것들이 기업의 재무제표에 영향을 미치기 때문이다. TCFD의 권고안에 기반한 기업보고는 현재 많은 국가들의 자본시장에 영향을 미치고 있으며, 수많은 이해관계자들의 지속적인 관심 속에 확대일로에 있다.

본 장에서는 먼저 기후변화 관련 재무정보 공시의 중요성을 논의하고 기후변화 관련 정보공시의 역사적 변화를 TCFD 프레임워크 공표 이전, TCFD 프레임워크 공표 이후 현재까지의 실태, 그리고 향후 주요 국가, 국제기구 및 민간 기준제정기구들의 움직임으로 나누어 살펴보고자 한다.

1

기후변화 관련
재무정보 공시의 중요성

2015년 12월 12일, 196개국 대표는 지구 평균 온도를 산업화 이전 수준인 2℃ 낮은 수준으로 유지하도록 온실가스 배출량을 줄이자는 구체적인 감축목표를 설정한 파리협정을 채택했다. 파리협정은 산업화 이전 수준의 2℃, 더 나아가 1.5℃ 수준으로 낮추지 못하면, 전 지구적인 대재앙을 막을 수 없다는 공감대의 방증이었다. 이후 기후변화에 관한 정부 간 패널Intergovernmental Panel on Climate Change: IPCC은 2018년 10월, 지구온난화 1.5℃ 특별보고서Global Warming of 1.5℃ Special Report[1]를 통해 2100년까지 1.5℃ 목표 달성을 위해서는 이산화탄소 배출량을 2030년까지 2010년 대비 45% 감축해야 하며, 2050년까지 Net Zero를 이루어야 한다고 권고했다. 즉 에너지, 제조업, 부동산, 도시 및 기반시설, 산업시스템 등 전 분야에 걸쳐 빠르고 광범위한 저탄소경제로의 전환이 필요하며, 이를 위해 글로벌 주요 이해관계자들의 각자 역할에 대한 고민이 본격적으로 촉발되었다.

2021년 1월에 발간된 세계경제포럼의 제16차 글로벌 리스크 보고서[2]에 의하면, 인류에 가장 큰 영향을 주는 위험으로 전염병과 기후변화 대응 실패, 대량살상무기, 생물다양성 감소, 천연자원 위기가 상위 5위권에 포함되었다. 2020년 제15차 보고서에서는 기후변화 대응 실패, 대량살상무기, 생물다양성 감소, 극단적인 기상 현상 발생, 물 부족 위기 등이 1~5위를 차지했다. 2021년 보고서에서는 발생가능성이 큰 위험 요인으로 극단적인 기상 현상이 1위를 기록했다. 이어 기후변화 대응 실패, 인간이 초래한 환경 피해, 전염병, 생물다양성 감소 등의 순이었다. 극단적인 기상 현상이나 기후변화 대응 실패 등 기후 관련 문제가 인류에 실존적인 위협으로 언급된 것이다. 2년 연속으로 발생가능성과 영향 측면에서 기후변화와 관련된 환경위험이 전반적으로 가장 높은 것으로 나타났다. 기후변화와 관련된 기상이변은 발생가능성 측면에서 가장 높고, 기후변화 대응 실패로 인한 위험이 영향력 측면에서도 가장 높았다.

2019년 발간된 CDPCarbon Disclosure Project 2018 글로벌 기후변화 분석[3]에서는 전 세계 215개 대규모 기업들이 기후영향으로 인해 거의 1조 달러에 달하는 위험에 처해 있다고 보고하고 있으며, 그중 상당 부분은 향후 5년 동안 발생할 것으로 예측되었다. 런던정경대학교의 연구[4]에 따르면, 기후변화가 해결되지 않을 경우 전 세계 금융자산의 가치가 최대 2.5조 달러까지 감소해 2007~2009년 금융위기의 규모를 훨씬 능가하는 영구적인 피해를 입을 것으로 예측되었다. 블랙록의 CEO인 레리 핑크Larry Fink도 2020년에 기후변화에 의한 위기는 2008년에 있었던 금융위기보다 훨씬 더 구조적이고 장기적인 위기라고 주장했다[5]. 녹색금융협의체Network for Greening the Financial System; NGFS[6]는 기온상승 및 강수량 변화 등 점진적인 기후충격에 따른 세계 GDP 감소폭이 2100년 최대 12.2%에 달할 것으로 분석했다. [7]

한편, 기후변화는 조직에 다양한 위험 요인이기도 하지만, 기후변화에 의한 영향을 완화하고 이에 적응하려는 국가 및 전 세계의 노력은 경제성장과 일자리 창출로 이어져 엄청난 청정에너지에 대한 투자기회를 창출할 수도 있다. 2018년 글로벌 경제 및 기후위원회Global Commission on the Economy and Climate에서 발표한 보고서[8]에 따르면, 과감한 기후행동으로 지속가능한 저탄소경제로 전환할 경우 2030년까지 26조 달러에 달하는 직접적인 경제 이익을 얻을 수 있을 것으로 예측되었다.

금융은 최근 몇 년 동안 전 지구적인 기후변화 대응 행동의 핵심 분야가 되었다. 투자자들은 순 탄소배출량 제로를 옹호하는 투자자 연합인 기후행동Climate Action 100+ 이니셔티브[9]에 동참하고 있으며, 약 90개의 중앙은행과 금융감독기관들이 금융시스템을 녹색화하는 네트워크인 NGFS[10]에 모였다. 세계 각국의 정책도 전 세계적인 기후변화 등 지속가능성 위기에 대한 대응을 요구하고 있다. 폭넓게 말해서 금융 내의 기후 관련 활동은 투자활동을 기후목표에 맞추는 것과 기후 관련 위험예: 극단적인 기상 현상 또는 탄소가격 상승을 관리하는 것 사이의 스펙트럼을 따라 어딘가에 속해 있다.

지속가능한 발전에 기여하기 위한 금융 및 투자활동을 촉진하기 위해서는 기후변화 관련 재무정보의 중요성도 더욱 강조되고 있다. 즉,

기후변화에 대한 논의들은 투자사슬Investment Chain에서 의사결정을 위한 중요한 정보 중의 하나가 되었다. 연기금 등 자산소유자Asset Owner, 증권사 등 자산운용자Asset Manager, 상장기업들에 해당하는 자산생산자Asset Creator로 구성된 투자사슬에서 자산소유자와 자산운용자가 사용하고 있는 투자 원칙과 투자 관행, 그리고 자산생산자의 성과 측정기준에서 기후변화 이슈에 대한 대응이 중요한 부분을 차지하게 된 것이다.

금융기관은 금융상품과 서비스를 통해 지속가능성에 영향을 미친다. 기업이 제공하는 정보는 금융기관이 제공하는 상품과 서비스의 기반이 된다. 그렇기 때문에 금융기관의 투자 의사결정에 기후변화 관련 정보의 신뢰성과 비교가능성이 중요한 문제일 수밖에 없다. 즉, 기업이 기후변화 관련 정보를 공개하지 않거나 공통된 프레임워크가 없이 공개하게 되면 자본시장과 금융시장에서 정보 비대칭Information Asymmetry의 심화로 투자와 관련된 비용이 증가하거나, 잘못된 의사결정으로 시장에서 자본할당의 비효율성이 발생하게 된다. 이러한 연유로 투자사슬에서 신뢰성 있고 비교 가능한 기후변화 관련 재무정보의 흐름은 효율적인 자본시장의 역할 수행과 기후금융 활성화를 위한 핵심적인 기반이 되고 있다.

2

기후변화 관련 재무정보 공시의 역사: TCFD 권고안 이전

기후변화와 관련된 정보공시 요구의 역사는 그리 오래되지 않았다. 영국은 2013년에 기후변화로 인한 기업의 대응에 대한 정보를 재무보고와 유사한 방법으로 공개하도록 하는 법률이 발효되었고,[11] 미국은 2010년부터 기후변화정보공시지침을 운영했다. [12] 그리고 CDP 등 민간 주도의 다양한 정보 공개 이니셔티브도 있었다.

하지만 금융자산의 안정성에 기후변화가 야기할 문제의 심각성에 대한 공감대가 커지면서 점점 신뢰성 있고 비교 가능한 기후변화 관련 정보 공개를 위한 프레임워크의 필요성도 높아졌다. 이러한 추세가 결국 2015년 TCFD의 결성을 가져왔다. 본 절에서는 TCFD 권고안의 탄생 이전의 기후변화 관련 공시제도와 민간 주도의 관련 이니셔티브들을 살펴보고자 한다.

1_ 국가별 규제

기후변화 관련 재무정보 공시의 선도적인 국가(연합)로는 EU와 미국, 영국이 있다. 먼저, EU는 2014년 10월 22일 회원국 내 대기업을 대상으로 비재무정보의 비교가능성 및 활용도를 제고하기 위해 비재무정보보고지침Non-Financial Reporting Directive; NFRD을 법제화했다. [13] NFRD는 EU의 특정 기업들에게 환경과 노동 및 사회, 인권, 반부패·뇌물, 공급망·분쟁광물 5가지 이슈들에 대한 사업 모델, 기업 정책, 정책 시행 결과, 해당 이슈와 연계된 위험, 특정 영업활동 관련 핵심 비재무성과지표 등을 공시하도록 요구하고 있다. 5가지 이슈 중 환경 이슈에는 직·간접적인 온실가스에 대한 공시가 포함되어 있다.

EU권 기업들은 2018년즉, 2017년 회계연도 성과부터 5가지 이슈들에 대해 Comply or Explain원칙적 준수, 예외적 설명 원칙하에서 NFRD를 적용해왔다. 하지만 적용 결과, 정보의 비교가능성과 신뢰성, 그리고 목적적합성에 많은 문제들이 제기되었으며, 금융기관의 의사결정을 위해 사용하기에도 적절치 않았다. [14] 결국, 2018년 EU의 지속가능금융활동계획EU Sustainable Finance Action Plan이 발표되면서 전면적인 수정이 이루어져, 2021년 기업지속가능성 보고지침Corporate Sustainability Reporting Directive; CSRD으로 개정되었다. [15]

다음으로 미국은 시장 주도하에 기후변화 관련 재무정보 공시가 확대되기 시작했다. 미국 증권거래위원회Securities and Exchange Commission; SEC는 2010년 2월 8일, 상장기업들로 하여금 기후변화와 관련된 정보를 사업보고서Form 10-K에 보고하도록 하는 기후변화정보공시지침

Commission Guidance Regarding Disclosure Related to Climate Change을 발표했다.

　SEC 기후변화정보공시지침은 10-K에 법과 규제가 미치는 영향, 국제협약이 미치는 영향, 그리고 규제/업종 트렌드가 미치는 간접적 영향과 기후변화의 물리적 영향을 서술하도록 요구하고 있다. 미국 상장기업이 10-K에 공시해야 할 정보에 대해 규정하는 법률인 Regulation S-K에 의하면, 상장기업들에 공개를 요구하는 비재무적 정보가 있다. 상장기업이 공개해야 하는 비재무정보는 크게 ① 사업에 대한 설명 Description of Business, ② 진행 중인 소송Legal Proceedings, ③ 위험 요소Risk Factors, ④ 사업 전반에 걸친 경영자 관점에서 제공할 수 있는 정보Management's Discussion and Analysis로 구분할 수 있다. 기후변화정보공시지침은 상기 4가지 비재무적 정보 범위에 기후변화 관련 정보를 연계하여 보고하도록 하고 있다.

　그런데 이 지침은 기업이 반드시 공개해야 하는 위험에 대한 구체적인 제시가 없고, 규제대상이 되는 회사가 그러한 위험이 '중요한' 것인지 여부를 자체적으로 평가해야 한다. SEC는 일찍이 1970년대에 다른 법률이 요구하지 않는 한 또는 회사의 재정적 고려 사항과 특별히 관련이 있는 '중요한' 경우가 아니면 환경 및 사회적 문제의 공개가 요구되지 않는다고 규정했다. 16) 이러한 SEC의 중요성에 대한 기준과 함께, 정보 공개 요건을 구체적으로 특정하지 않고, 공개 여부에 대한 판단을 해당 회사가 하도록 한 결과 기후변화정보공시지침의 실효성이 크지 않았다. 다만, 2021년 바이든 정부 출범 이후 기후변화정보공시에 대한 현 제도를 다양한 각도로 개정하려는 노력이 진행되고

있다. 17)

영국은 2005년 발효된 교토의정서에 따라 2008년부터 2012년까지 온실가스 배출량을 감소시켜야 하는 의무감축국에 포함되어 있어, 이에 대한 국가적 차원의 적극적인 대응 방안을 모색했다. 그리고 2008년 11월 26일에 이르러 ① 저탄소 중심의 경제체제 전환, ② 장기적·안정적인 에너지 공급 확보, ③ 온실가스 배출량 80% 감축을 목표로, 국가적 차원의 기후변화 대응 방안을 강구하기 위해 기후변화법Climate Change Act과 에너지법Energy Act, 그리고 계획법Planning Act을 제정했다. 영국은 기후변화법을 채택하면서 기후변화에 대한 개별적인 법 제도를 구축한 최초의 국가가 되었다. 18) 전 세계적으로 가장 진보적인 기후변화 정책으로 소개되기도 하는 영국의 2008 기후변화법은 다른 국가들의 행보와 무관하게 온실가스 감축목표를 담고 있는 첫 법적 구속력이 있는 국내법으로, 기후변화 완화뿐만 아니라 적응을 강조한 점도 주목할 만하다. 19)

영국은 '전략 보고서 규정 2013Strategic Report Regulations 2013'이라고 간략히 불리는 '회사법 2006(전략 보고서 및 이사 보고서) 규정 2013'20)을 통해 대기업 및 중소기업과 그룹(회계 및 보고서) 2008 규정21)을 수정하여, 2013년 9월 이후 회계연도부터 상장기업들이 자신들의 이사 보고서Directors' Report에 온실가스GHG 배출량에 대한 정보 보고를 의무화했다. 또한 회사의 비즈니스를 이해하는 데 필요한 범위 내에서 환경문제(회사가 환경에 미치는 영향 포함)에 대해 적절한 주요 성과지표Key Performance Indicator들과 함께 연차 보고서에 보고하도록 했다. 22) 만약 연차 보고서에 이 정보가 포함되어 있지 않은 경우 반드시 누락을 명시해야 했다. 그리고 회사(이사 보고서) 및 합자회사(에너지 및 탄소 보고서) 규정 2018[23]로, 2019년 회계연도부터는 특정 대규모 회사에 대한 이사 보고서에 포함되어야 하는 내용에 관한 새로운 의무를 부과할 뿐만 아니라 대규모 합자회사에 새로운 종류의 보고서인 에너지 및 탄소 보고서를 발행하도록 했다.[24] 영국은 다른 선진국보다 먼저 주요 기업들을 대상으로 기후변화 관련 공시를 의무화했지만, 당시 주요 공시 내용은 조직의 활동으로 인해 환경에 미치는 영향과 함께 배출량 정보가 주된 내용이었다.

2_ CDP가 주도한 자발적 공시

역사적으로 보면 기후나 사회적 형평성과 같은 지속가능성 이슈에 대한 기업정보 공개를 목적으로 한 시민사회 주도 프레임워크들이 많이 있었다. CDPCarbon Disclosure Project; 탄소정보공개프로젝트, GRIGlobal Reporting Initiative, 글로벌보고이니셔티브, IIRCInternational Integrated Reporting Council; 국제통합보고위원회 및 SASBSustainability Accounting Standard Board; 지속가능성회계기준위원회가 대표적이다.

이러한 민간 영역에서의 이니셔티브들은 전통적으로 '비재무적'으로 여겨졌던 영역예: 인권, 기후변화, 포용 및 다양성을 측정하여 기존의 재무정보 공시에 추가해 공시하는 가이드라인을 개발하는 것을 목표로 하고 있다. 그중 CDP는 기후변화정보 공개에 특화된 시민사회 운동을 주도했던 대표적인 이니셔티브다. 영국에 위치한 비영리기구인 CDP는

2021년 8월 현재 전 세계 9,600여 개 기업의 기후변화 대응 등 환경경영 관련 정보 공개를 요구하고 공시정보를 분석하여 투자자 및 금융기관에 제공하고 있다. 매년 발표되는 CDP 평가 결과는 전 세계 금융기관의 ESG 투자 의사결정을 위한 정보원으로 활용되고 있다.

CDP는 2000년 12월에 설립된 환경단체로, 유럽권 35개 금융기관운용자산 4조 달러의 후원을 받아 발족했다. CDP의 주요 프로그램은 투자자를 대상으로 한 Climate Change, Water, Forest 프로그램이 대표적이다. 2003년 기업의 기후변화정보 공개를 요청하는 CDP Climate Change 프로그램을 시작으로 2010년 물 관련 정보를 대상으로 하는 CDP Water, 그리고 2012년 생물다양성을 다루는 CDP Forest 프로그램을 차례로 도입했다. 또한 기업들을 대상으로 공급망의 환경성과 관리를 위한 Supply Chain 프로그램도 운영하고 있으며, 도시와 국가와 지역 단위의 환경정보를 수집하고 활용하는 Cities, States & Regions 프로그램도 운영하고 있다.

2021년 7월 현재 전 세계 9,600여 개의 기업들이 CDP Climate Change, Water, Forest 프로그램을 통해 환경정보를 공개하고 있다. CDP Cites에는 810여 개 도시가 참여하고 있으며, 130여 개의 지방정부와 지역이 CDP를 통해 환경영향을 공개하고 있다.[25] 또한 총 590여 개의 투자자들이 CDP 정보를 활용하여 투자 의사결정을 내리고 있는데, 이들의 자산 규모는 110조 USD에 달하고 있다.[26]

우리나라에서 CDP는 한국사회책임투자포럼[KoSIF][27]이 2008년 CDP를 수행하기 위해 CDP 한국위원회를 조직하면서 본격적으로 도입되었다. CDP Climate Change 한국 프로그램[28]은 2008년 50개 기업을 대

상으로 시작하여, 현재는 시가총액 상위 200개 기업을 대상으로 기후
변화 관련 정보 공개를 요청하고 있다. 2008년 CDP Climate Change에
참여한 한국 기업은 16개였고, 2020년에는 총 64개 기업이 참여했다.
지난 2008년부터 CDP Climate Change를 통해 공시된 정보가 사실상
한국 기업 최초의 정보라고 볼 수 있다.

3

기후변화 관련 재무정보 공시: TCFD 프레임워크

1_ TCFD 권고안의 탄생

앞서 살펴본 바와 같이 그동안 EU, 영국 및 미국 등 일부 국가의 기후 관련 정보공시에 대한 규제와 CDP를 중심으로 한 민간 부문의 자율적인 기후변화 관련 정보공시 노력이 있었다. 그러나 금융시장의 다양한 참가자들의 의사결정에 유용한 기후 관련 정보의 증가 수요[29]를 감당하지는 못했다. 당시 기후 관련 정보 공개는 온실가스 배출량 등 몇 가지 지속가능성 지표와 같은 것이 대부분이었다. 반면, 기후 관련 정보의 이용자는 일반적으로 조직 비즈니스의 기후 관련 측면들과 이와 관련된 재무적 영향에 대한 정보 부족을 가장 심각하게 생각했다. [30] 또한 이들은 중장기에 걸친 투자나 대출, 그리고 보험업의 의사결정에 기후변화와 관련된 이슈들을 연계하는 측면에서 정보 공개 관행의 불일

치, 정보에 대한 배경 설명의 부족, 그리고 낮은 비교가능성을 주요 장애물이라고 언급했다.[31]

G20 재무장관과 중앙은행 총재는 2015년 4월 금융안정위원회Financial Stability Board; FSB[32]에 공공 및 민간 부문이 모여 금융 부문이 기후 관련 문제를 고려할 수 있는 방법을 검토할 것을 요청했다. 이 검토의 일환으로 FSB는 정보에 입각한 투자, 대출 및 보험 인수 결정을 지원하고, 기후 관련 위험에 대한 이해를 개선하기 위해 더 나은 정보가 필요하다는 것을 확인했다. 그래서 FSB는 기후 관련 위험을 평가하고 가격을 책정하는 데 필요한 정보를 식별하는 데 도움을 주기 위해 업계 주도의 태스크포스인 TCFDTask Force on Climate-related Financial Disclosure를 2015년 12월에 설립했다. FSB는 TCFD에 투자자들과 이해관계자들이 중요한 위험을 이해하는 데 유용한 기후 관련 재무정보 공개를 개발할 것을 요청했다.

TCFD는 현재 유엔 기후행동 및 금융 특사로, 당시 영국 중앙은행 총재이자 FSB 의장이었던 마크 카니Mark Carney가 주도했다. 전 SEC 의장 메리 샤피로Mary Schapiro가 사무국을 이끌었고, 블룸버그 창립자인 마이클 블룸버그Michael Bloomberg가 의장을 맡았다. TCFD는 시장 주도 이니셔티브로 창설되었는데, G20 국가에서 경제 부분과 금융시장을 대표하는 32명으로 구성되었다. 2017년 6월, TCFD는 약 1년 6개월에 걸친 작업 끝에 재무공시 자료를 제공하는 기관이 쉽게 적용할 수 있고 국제적으로 공인될 수 있는 기후변화 관련 정보 공개 프레임워크로 '기후변화 관련 재무정보 공개에 관한 태스크포스의 권고안Recommendations of the Task Force on Climate-related Financial Disclosures'을 발표했다.

[그림 5-1] 2017년 TCFD 권고안

이때 발표된 TCFD 권고안은 최종 보고서와 권고안 적용에 대한 부속서, 시나리오 분석의 활용에 대한 기술적 보완서, 이렇게 총 3가지 문서로 구성되어 있다.

1. 최종 보고서 Final Report[33]: 기후 관련 재무공개에 대한 배경 및 필요성, 일반적인 프레임워크 설명

2. 2017년 적용 지침서[34]: 최종 보고서의 부속서Annex, TCFD 권고안을 적용하고자 하는 기업들을 돕기 위한 상세 설명

3. 시나리오 분석 사용 기술적 보완서 Technical Supplement[35]: 시나리오 분석을 고려하고 있는 기업들을 돕기 위한 상세 설명

이후로도 TCFD는 지속적으로 권고안을 적용하고자 하는 기업들을 돕는 가이드를 제공하고 있다. 그 결과 2020년에 추가적으로 다음 2가지 지침서를 발간했다.

1. 비금융기업을 위한 시나리오 분석 지침서 Guidance on Scenario Analysis for Non-Financial Companies[36]**:** TCFD 권고안을 구현하기 위한 노력의 일환으로 기후 관련 시나리오를 사용하는 데 관심이 있는 비금융 기업을 지원하기 위한 지침서로서 기업이 다양한 기후 관련 시나리오에 대한 전략의 탄력성을 공개하기 위해 기후 관련 시나리오를 분석하고 아이디어를 사용하는 실용적이고 프로세스 지향적인 방법을 제공함

2. 위험 관리 통합 및 공개에 대한 지침서 Guidance on Risk Management Integration and Disclosure[37]**:** 기후 관련 위험을 기존 위험 관리 프로세스에 통합하고 TCFD의 권고안에 따라 위험 관리 프로세스에 대한 정보를 공개하는 데 관심이 있는 기업을 위한 지침서

또한 TCFD는 2021년, 기후 관련 지표와 목표 그리고 전환계획에 대한 지침과 포트폴리오 연계 측정 기술적 보완서를 발간했다. 또한 TCFD 권고안 적용을 위한 일반 및 산업별 가이던스를 제공하던 2017년 적용 지침서도 2021년 개정 발간했다.

1. 기후 관련 지표와 목표, 그리고 전환계획에 대한 지침 Guidance on Climate-related Metrics, Targets, and Transition Plans[38]**:** 기후 관련 위험 및 기회에 대한 관련 지표와 목표, 그리고 전환계획을 수립하려는 조직을 위한 일반 지침

2. 포트폴리오 연계 측정 기술적 보완서 Measuring Portfolio Alignment: Technical Supplement[39]**:** 포트폴리오 조정 방법과 파리협정의 목표와 연계한 포트폴리오 조정의 미래지향적 측정에 대한 기술적 보완 자료

3. 2021년 적용 지침서[40]**:** TCFD 권고 사항의 적용을 위한 2017년 적용 지침서를 업데이트한 내용으로, 기후 관련 재무정보 공개의 관행과 접근 방식 그리고 사용자 요구의 발전을 반영

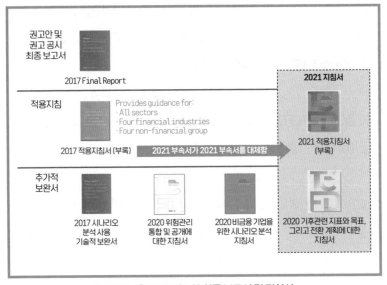

[그림 5-2] TCFD 권고안 최종 보고서 및 지침서

TCFD는 2017년 권고안 발행 이후 TCFD는 지속적으로 보고서와 정보이용자를 위한 구체적인 가이드라인은 물론, 피드백 과정을 거쳐 이를 보완해나가고 있다. 2021년 말 현재, TCFD 권고안과 관련된 문서들은 [그림 5-2]와 같다. 2017년에 발행된 TCFD 권고안과 권고공시 최종보고서는 그대로 유지되고 있으나, TCFD 권고안에 대한 일반적, 산업별 구체적 적용 지침서는 그 내용이 2021년 개정되었다.

2_ 마일스톤과 TCFD 지지기관들

TCFD 권고안이 발표된 이후 TCFD 지지조직은 빠르게 증가하고 있다. 2021년 3월 기준, 공공 및 민간 부문에 걸쳐 2,000개 이상의 조직이 TCFD를 지지하고 있는데, 이들은 11개국 정부를 포함하여 78개국의 80개 이상 산업을 대표하고 있다. 또한 이들 조직의 시가 총액은 19조 8,000억 달러 이상이다. TCFD 지지조직에는 859개의 금융회사들도 포함되어 있는데, 이들이 관리하는 자산은 총 175조 달러에 이른다. 정부 및 공공기관도 60여 개에 달한다. 우리나라에서는 2021년 7월 말 기준, 총 67개 조직이 TCFD 지지를 선언했다. 41)

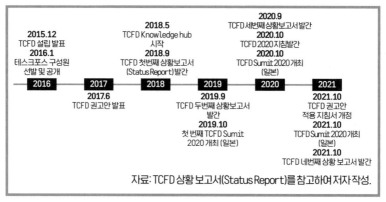

[그림 5-3] TCFD 마일스톤

2017년 권고안 발행 이후 TCFD는 2018년 5월, CDSBClimate Disclosure Standard Board와 함께 TCFD Knowledge Hub42)를 개설했다. 이를 통해 TCFD 권고안 적용의 실제 사례와 방법론들, 다양한 교

육 자료 등을 통해 TCFD 권고안 적용에 대한 경험을 공유하고, TCFD 권고안을 적용하고자 하는 기업들에 도움을 주고 있다. 또한 2018년부터 매년 9월, TCFD Status Report를 발행하고 있다. 이를 통해 TCFD 권고안 적용 실태는 물론 TCFD의 활용과 개선 사항에 대한 서베이도 진행하고 있다. 2020년 10월에 네 번째 Status Report가 발행되었다. 2019년 4월에는 NGFS가 TCFD 권고안에 맞춰 기업들을 대상으로 기후 관련 위험을 공개하라며 TCFD를 지지했다. 2019년 10월에는 최초의 TCFD Summit가 도쿄에서 개최되었다. 2020년 TCFD Summit에 이어 2021년 10월에 TCFD Summit 2021도 일본에서 개최되었다.

2021년 6월, 영국 콘월에서 있었던 G7 회의에서 G7 재무장관들은 TCFD의 권고에 따라 기후보고를 의무화한다는 합의에 동의했다.[43] 최종 성명을 통해 시장 참여자들에게 의사결정에 유용한 일관된 정보를 제공하도록 TCFD 의무화 방안을 지지한다고 밝혔다. G7 국가가 이에 동의한 만큼 G20 정상회담에서도 TCFD에 대해 논의할 가능성이 크다.

3_ 기후 관련 위험 및 기회 요인과 재무적 영향

TCFD는 기후변화가 조직의 가치창출 능력에 영향을 미친다는 것을 기본 전제로 하고 있다. 이때 조직의 가치창출에 영향을 주는 인자는 기후변화로 인해 조직이 겪게 될 다양한 위험 요인들과 기회 요인들이다. 조직에 영향을 미치는 단기·중기·장기에 걸친 위험과 기회들이 결국 기업의 재무제표 구성 요소에 영향을 미치게 되는 것이다.

그렇다면 TCFD 권고안에서 제시하고 있는 기후 관련 위험과 기회의 내용이 무엇인지, 그리고 어떻게 재무제표의 구성 요소에 영향을 미치는지 살펴보자.

1) 기후 관련 위험

TCFD 권고안에서는 기후 관련 위험을 물리적 위험과 전환위험으로 구분한다. 물리적 위험은 기후변화의 물리적 영향으로 인해 회사에 발생하는 위험이다. 물리적 위험은 급성과 만성으로 나누어진다.

1. 급성 Acute: 특정 사건, 특히 생산시설을 손상시키고 가치사슬을 붕괴시킬 수 있는 폭풍, 홍수, 화재 또는 폭염과 같은 기상 관련 사건에서 발생하는 심각한 물리적 위험

2. 만성 Chronic: 기온 변화, 해수면 상승, 물 가용성 감소, 생물다양성 손실, 토지 및 토양 생산성 변화와 같은 기후의 장기적인 변화로 인해 발생하는 만성적인 물리적 위험

전환위험은 저탄소 및 기후 탄력적 경제로의 전환에서 발생하는 조직의 위험을 말한다. 예를 들어 에너지 효율성 요구 사항, 화석연료 가격을 높이는 탄소가격 책정 메커니즘 또는 지속가능한 토지 사용을 장려하는 정책의 결과로 인한 정책위험이 포함된다. 일반적으로 기후에 부정적인 영향이 큰 회사는 전환위험에 더 많이 노출된다. 전환위험은 구체적으로 법적 위험, 기술위험, 시장위험, 평판위험으로 세분화할 수

있다.

1. 정책 및 법적 Policy and Legal **위험:** 기후에 대한 부정적인 영향을 피하
거나 최소화하지 못하거나 기후변화에 적응하지 못한 경우 소송 위험이
있음

2. 기술 Technical**위험:** 기후에 해로운 영향을 덜 미치는 기술이 기후에 더
해로운 기술을 대체하는 경우

3. 시장 Market**위험:** 소비자와 기업 고객의 선택이 기후에 덜 해로운 제품
과 서비스로 이동하는 경우

4. 평판 Reputation**위험:** 기업이 기후를 훼손하는 것으로 평판이 좋지 않은
경우 고객과 직원, 그리고 투자자를 유치하고 유지하는 데 따르는 어려움

2) 기후 관련 기회

기후 관련 위험은 기후변화 완화 또는 적응에 기여하는 제품 및 서비
스를 제공하는 회사에 의해 종종 기회로 전환될 수 있다. 기후변화 적
응과 관련한 기회는 희소한 수자원을 보다 효율적으로 사용하기 위한
신기술이 포함된다. 기후변화 완화와 관련된 비즈니스 기회의 예로는
재생에너지 또는 에너지 효율적인 건물 및 운송시스템의 개발이 있다.

TCFD에서 파악한 기후 관련 기회들은 자원 효율성, 에너지 자원, 제
품 및 서비스, 시장, 회복 탄력성과 관련된 기회로 구분된다.

1. 자원 효율성 관련 기회: 자원의 효율적 사용으로 기업의 영업비용 절
감 등

2. 에너지 자원 관련 기회: 세계 각국이 온실가스 감축목표를 추구하는 과정에서 점차 비용이 상승하는 화석연료의 사용을 줄이고, 그 외 다양한 에너지원을 확보하는 기업의 에너지 비용 절감

3. 제품 및 서비스 관련 기회: 온실가스 절감 제품과 서비스를 제공하는 기업의 경쟁력 강화와 시장 내 공급자 및 수요자의 선호도 상승

4. 시장 기회: 저탄소경제로 전환되는 과정에서 선제적으로 대응하는 기업들의 사업 다변화, 시장 내 포지셔닝 우위 강화

5. 회복 탄력성 관련 기회: 기업이 선제적인 대응을 통해 기후변화로 인한 위험에 대처하고 기회를 포착하여 제품을 출시하는 등 적응적인 역량을 강화함으로써 시장 내 경쟁력 강화

3) 기후 관련 위험 및 기회와 재무적 영향의 연계

기후변화 관련 위험 및 기회는 재무적으로 영향을 미치게 된다. 이러한 재무적 영향은 정량적으로 측정될 수 있으며, 궁극적으로 손익계산서, 현금흐름표, 대차대조표에 이 재무적 영향을 반영하여 공개하는 것

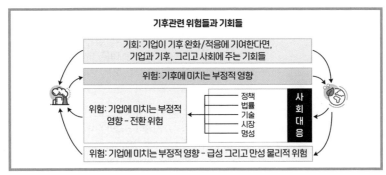

[그림 5-4] 기후 관련 위험 및 기회의 관계[44]

[표 5-1] 기후변화 관련 위험 유형 및 위험별 잠재적 재무 영향[45]

위험 유형		기후변화 위험	잠재적 재무 영향
물 리 적 위 험	급성	• 태풍/홍수 같은 　기상이변의 심각성 증가	• 물류 및 공급망 문제로 인한 생산량 및 수익 　감소 • 임직원 건강이나 안전 등의 문제로 인한 비용 　증가 • 자산 피해로 인한 상각 및 조치 처분
	만성	• 강수량과 날씨 패턴의 변화 • 평균 온도 상승 • 해수면 상승	• 용수 부족 등으로 인한 운영비용 증가 • 설비 손상 등으로 인한 자본비용 증가 • 생산량 감소나 판매 저하로 인한 수익 감소 • 보험료 증가 및 고위험 자산군에 대한 보험 　접근성 저하
전 환 위 험	법적	• 배출권 가격 상승 • 배출량 보고 의무 강화 • 기존 제품과 서비스에 대한 　규제 • 법적 소송 노출	• 운영비용 증가(규제 준수 비용 및 보험료 증가) • 기존 자산의 상각, 손해, 조기처분 등 • 벌금이나 재판 결과 등에 따른 비용 증가 및 　제품/서비스 수용 감소
	기술	• 저탄소 제품/서비스로의 　대체 • 신기술에 대한 투자 실패 • 저탄소기술 전환 소요 비용	• 기존 자산의 상각 및 조기처분 • 제품·서비스 수요 감소 • 신규(대안)기술에 대한 연구개발 지출 • 기술개발 투자 • 신운영기법 및 프로세스에 따른 비용
	시장	• 고객행동의 변화 • 시장선호의 불확실성 • 원자재 비용 증가	• 고객 선호 변화에 따른 기존 제품/서비스 수요 　감소 • 투입비용과 생산기준 변화에 따른 생산비용 　증가 • 에너지 비용의 변동성 증가 • 포트폴리오 변동에 따른 이익 감소 • 화석연료 매장량, 토지가치와 주식가치 등의 　자산 재가격화
	평판	• 고객 선호도의 변화 • 산업에 대한 부정적 인식 • 주주의 부정적 인식 증가	• 제품·서비스 수요 감소로 인한 이익 경감 • 인허가 지체나 공급망 문제 등에 따른 생산 　감소 및 이익 경감 • 인사관리 실패로 인한 수익 경감 • 외부자금 활용 가능성 저하

이 TCFD의 목표다. 기후변화는 거의 모든 경제 분야에 영향을 미치지만 그 위험의 수준과 방식은 매우 다양하게 나타난다. [그림 5-4]는 조직과 기후 상호 간의 영향을 도식화한 것이다. 조직은 기후에 영향을 미칠 뿐만 아니라 기후도 조직에 다양한 위험과 기회를 부여한다.

기후 관련 위험 및 기회와 재무적 영향의 연결고리의 예를 들어보자. 만약 온실가스 배출권 가격의 인상이라는 기후변화 관련 전환위험은 기업의 영업비용 상승이라는 잠재적·재무적 영향으로 나타난다. 또 소비자의 저탄소 제품 선호도 변화라는 전환위험은 제품·서비스 수요 감소로 인한 수익 감소의 재무적 영향으로 나타난다.

태풍 및 홍수의 급성 물리적 위험은 생산 능력 감소로 인한 수익성 악화라는 재무적 영향으로 나타난다. 날씨 패턴의 극단적 변동의 만성 위험은 설비 내구연한 감소 등의 손상에 따른 자본비용 증가로 이어진다. 또한 보험료 상승과 고위험 지역 자산에 대한 보험 가용성 감소 가능성도 높아진다. [표 5-1]은 TCFD 권고안에 언급된 기후 관련 위험의 형태별로 기업의 재무제표 각 요소에 미치는 영향들을 요약한 것이다.

4

TCFD 프레임워크의
핵심 내용

1_ TCFD 권고안의 핵심 내용

TCFD 권고안은 지배구조·전략·위험 관리·지표 및 목표의 4개 영역으로 구성되어 있다. 지배구조 부분에서는 기후변화와 관련된 위험과 기회에 대한 조직의 의사결정 구조를 공개한다. 전략 부분에서는 기후변화 관련 위험과 기회가 조직의 사업과 전략, 그리고 재무계획에 미치는 실제 및 잠재적 영향에 대한 공개가 요구된다. 이어서 위험 관리 부분에서는 조직이 기후 관련 위험을 식별, 평가, 관리하는 방법론을 공개해야 한다. 마지막으로 앞서 공개한 전략 및 위험 관리와 연계하여 기후 관련 위험과 기회를 평가하고 관리하기 위해 조직이 활용하고 있는 정량적 지표와 목표가 공개된다. 4개 영역의 하위에 있는 권고 사항은 총 11개이며, 이를 구체적으로 살펴보면 [그림 5-5]와 같다.

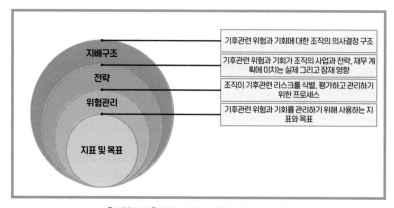

[그림 5-5] TCFD 권고 사항의 핵심 요소[46)

지배구조Governance 부분에서는 기후변화와 관련된 위험 및 기회에 대한 조직의 지배구조를 이사회 수준과 함께 경영진 수준의 정보도 요구하고 있다. 이사회가 기후변화와 관련 이슈에 대해 보고를 받는 프로세스 및 빈도와 함께 목표 설정, 이행성과 모니터링, 주요 자본지출, 인수매각, 위험 관리 정책, 연간 예산 및 사업계획 검토 시 기후변화를 고려하고 있는지 여부를 공개해야 한다. 그리고 경영진 수준C레벨에서 갖고 있는 기후변화와 관련된 책임과 정보를 요구하고 있다.

전략Strategy 부문에서는 우선, 기후변화와 관련된 위험 및 기회의 정보가 조직의 비즈니스, 전략 및 재무계획에 미치는 잠재적인 영향을 공개해야 한다. 그리고 2℃ 시나리오를 고려하여 기후변화로 인한 단기·중기·장기 잠재적 재무위험 파악을 구체적으로 어떻게 하고 있는지에 대한 정보를 요구하고 있다. 이때 기후변화로 인한 위험은 구체적으로 전환위험과 물리적 위험으로 구분하여 제시하고 있으며, 전환위험은 정책, 법률, 명성, 기술, 시장변화에 따른 위험을 포괄한다.

[표 5-2] TCFD 권고안 상세 내용[47)]

4개 영역		공시 권고 사항
지배 구조	기후 관련 위험과 기회에 대한 조직의 지배구조	1. 기후 관련 위험과 기회에 대한 이사회의 감독 2. 기후 관련 위험과 기회를 평가 및 관리하는 경영진의 역할
전략	기후 관련 위험 및 기회가 조직의 사업, 전략 및 재무계획에 미치는 실질적 및 잠재적 영향	3. 단기/중기/장기적으로 조직이 직면하는 기후 관련 위험과 기회 4. 기후 관련 위험과 기회가 조직의 사업, 전략 및 재무 계획에 미치는 영향 5. 기후 관련 각종 시나리오 상 조직 전략의 회복탄력성
위험 관리	기후 관련 위험을 파악, 평가, 관리하기 위해 조직이 사용하는 프로세스	6. 기후변화 관련 위험의 식별 및 평가를 위한 조직의 프로세스 7. 기후관련 위험을 관리하기 위한 조직의 프로세스 8. 기후 관련 위험의 식별, 평가 및 관리 프로세스를 조직의 전반적인 위험 관리체계에 통합 관리하는 방법
지표 및 목표	기후 관련 위험 및 기회를 평가, 관리하는데 사용하는 지표 및 목표	9. 조직이 전략 및 위험 관리 프로세스에 따라 기후변화 관련 위험과 기회를 평가하기 위해 사용하는 지표 10. 온실가스 배출량(Scope 1, 2, 3) 및 관련 위험 11. 기후 관련 위험과 기회를 관리하기 위해 사용하는 조직의 목표 및 목표 대비 성과

위험 관리Risk Management 부문에서는 기후변화와 관련된 위험의 잠재적인 규모와 범위를 평가하는 프로세스를 설명하며, 다른 위험과 관련하여 기후변화위험의 상대적 중요성 설명기후 관련 위험을 관리하기 위한 의사결정 방법, 기후 관련 위험의 우선순위 결정 프로세스에 대한 정보가 요구된다. 그리고 기후변화와 관련된 기후위험을 관리하는 절차 및 내용에 대한 정보를 제시해야 한다.

마지막으로 지표와 목표Metrics and Targets 부문에서는 온실가스 배출량Scope 1, 2, 3, 물, 에너지, 토지이용 및 폐기물 관리지표에 대한 정보와 아울러 추세분석이 가능하도록 과거 데이터를 공개하고 목표 대비 성과를 관리하기 위한 온실가스 감축목표에 대한 정보를 제공해야 한다.

2_ TCFD 권고안의 특징

TCFD는 기후변화와 관련된 문제를 지속가능성을 담당하던 부서에서 크든 작든 전 세계 모든 기업의 이사회로 옮기려는 의도를 갖고 있기 때문에 '재무'라는 단어를 강조한다. [48] TCFD는 기후 관련 재무정보라는 말을 처음 만들었고, 아울러 이에 대한 공개에 대해서도 민간 주도의 다양한 지속가능성 보고표준이나 프레임워크는 물론이고 기존 재무보고와도 다른 새로운 방식의 보고를 제안하고 있다.

1) 기후변화가 조직에 미치는 영향 중심

TCFD가 결성되어 권고안을 만들 당시 기후변화 관련 정보를 요구하는 민간 주도의 프레임워크를 포함하여 총 400여 개의 정보 공개 이니셔티브가 있었다. [49] 당시 존재하고 있던 다양한 기후변화 관련 정보 공개 프레임워크는 대부분이 기후변화에 미치는 영향에 초점이 맞춰져 있었다. 하지만 TCFD는 기후변화로 인해 조직이 받는 영향, 그리고 그로 인해 재무적인 위험을 일으키게 되는 내용에 초점을 맞추고 있다.

EU는 2017년 6월, NFRD에 대한 '비재무보고 가이던스Guidance on

Non-Financial Reporting'[50])에서 이중 중요성Dual Materiality의 개념을 도입했다. 이중 중요성은 재무정보의 중요성에 대한 주요 회계 개념의 확장이다. 재무정보의 중요성 개념은 '합리적인 사람이 정보를 중요하게 생각하는 경우' 회사에 대한 정보는 중요하므로 공개되어야 한다는 의미로, 기업보고의 내용을 결정짓는 핵심적인 개념이다. 이중 중요성이란 조직이 환경 및 사회에 미치는 영향 관점의 '영향 중요성 Impact Materiality'과 지속가능성 이슈가 조직의 위험이나 기회 요인으로 작용하여 결국 조직에 재무적 영향을 준다는 관점의 '재무적 중요성 Financial Materiality' 2가지를 말한다. 이중 중요성의 용어를 빌리면, 기존의 기후변화와 관련된 다양한 정보공개 이니셔티브는 영향 중요성에 따른 정보 공개를 요구하고 있었지만 TCFD는 기후변화를 기업 운영에 재무적인 영향을 미치는, 즉 재무적 중요성을 갖는 이슈로 관점을 변화시켰으며, 재무 중요성의 측면에서 기후변화 이슈가 관리되고 기업들은 이에 대한 정보 공개가 필요하다고 한 것이다.

TCFD의 기본적인 관점은 기후변화라는 지속가능성 이슈가 기업의

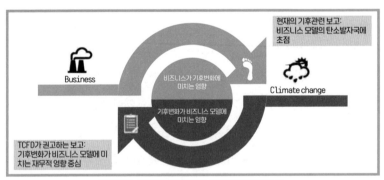

[그림 5-6] 기후변화 이슈와 이중 중요성[51])

전략과 운영에 영향을 미치는 위험과 기회 요인들이 되며, 이는 결국 기업에 재무적 영향을 미치게 되는 재무적으로 중요한 이슈라는 것이다. 최근 금융시장에서는 기업에 대한 기후 관련 영향이 이렇게 중요하므로 관련 정보 공개가 필요하다는 것이 널리 받아들여지고 있다. 그러면서 많은 시민사회가 주도했던 자발적인 기업공개 이니셔티브들이 기존의 기업 재무공시의 우산 속으로 들어올 수 있게 되었다.

조직은 조직 외부의 기후변화 이슈로 인해 조직의 가치에 영향을 미친다는 연관관계를 명확히 한 '기후 관련 재무정보'라는 용어는 기후변화 이외의 다른 지속가능성 이슈들과도 연계되어 지속적으로 확대되고 있다. 특히 흔히 'Group of Five'[52]라고 불리는 지속가능성 보고 관련 국제적 조직 5개의 연합이 2020년 12월 발간한 〈Reporting on Enterprise Value Illustrated with Climate-related Financial Disclosure Prototype〉에서 '지속가능성 관련 재무정보Sustainability-related Financial Information'라는 용어를 소개함으로써 지속가능성과 관련된 다양한 이슈들이 향후 기업의 재무공시 항목으로 연결될 수 있는 기초를 마련했다. 그리고 2021년 6월, 자연이 조직에 미치는 재무적 영향에 대한 공시를 만들기 위한 태스크포스Task Force on Nature-related Financial Disclosure; TNFD[53]가 출범함으로써 자연 관련 재무Nature-Related Financial정보라는 용어도 출현했다.

2) 미래지향적 관점

TCFD의 또 다른 특징 중 하나는 미래예측적인 정보를 요구한다는 것이다. 기존 재무보고는 대부분의 경우 후향後向, Retrospective적 정보에 기반한다. 현재 시점에서 과거 어느 시점부터 시작된 프로그램이나 이니셔티브에 대한 평가가 중요하다. 하지만 TCFD는 미래지향적인 관점과 함께 관련 정보를 요구한다. TCFD는 조직이 자체적으로 시나리오 분석을 통해 조직의 가치창출에 영향을 미칠 수 있는 기후변화와 관련된 위기와 기회 요소를 상정하고, 이에 대한 대비와 함께 조직이 갖고 있는 전략이 얼마나 탄력적인지에 대한 정보를 요구한다.

조직은 시나리오 분석을 통해 기후변화의 영향으로 미래에 조직이 갖게 될 기후 관련 위험과 기회를 예측할 수 있다. 정보 이용자는 해당 조직이 제공하는 시나리오별로 기후변화가 조직에 미칠 잠재적인 비즈니스 영향을 이해할 수 있다. 시나리오 분석은 기후 시나리오, 기업의 비즈니스 모델 및 기후변화의 전략적 의미를 명확히 하기 때문에 기후 관련 보고의 초석으로 볼 수 있다. 기후변화에 대한 기업의 탄력성, 비즈니스 모델에 대한 기후변화의 영향, 파리협정에 대한 전략적 연계와 관련하여 작성자와 사용자 모두에게 의사결정에 유용한 정보를 제공하는 것을 목표로 한다. 그러나 시나리오 분석은 다양한 가정기후 시나리오, 인구 및 경제 성장, 기술 및 규제 선택, 물리적 위험 노출에 의존하고 복잡한 데이터 집약적 모델이 필요하기 때문에 쉽지 않은 작업이다.

시나리오 분석을 얼마나 잘 수행하느냐에 따라 기업의 장기적·전략적 회복력에 대한 보고의 효율성과 신뢰성이 결정된다. 그러나 대부분의 조직이 시나리오 분석에 대해서는 경험이 많지 않다. 그래서 TCFD 권고안이 나오면서 나라나 지역 단위가 아닌 기업과 같은 특정 조직 단위로 기후변화 관련 시나리오를 분석하는 방법론도 새롭게 개발되고 있다. 그런 이유로 현재는 소수의 기업들만이 철저한 정성적·정량적 시나리오 분석을 수행하고 있다. 투자자들은 실제로 기후 시나리오 분석의 정량화된 재무적 영향을 이해하고 기업이 비즈니스 모델의 탄력성을 개선하기 위한 조치를 취하고 있다는 확신을 얻길 열망하고 있다.

3) 재무공시 자료에 포함

TCFD는 기후변화 관련 정보들이 재무적으로 중요하다는 인식하에 기존의 재무정보 공개와 같은 지위를 부여했다는 것이 또 다른 특징이라고 할 수 있다. 그래서 TCFD 권고안은 기후 관련 재무정보의 공개를 일반적으로 공시하고 있는 연차재무보고에 활용할 것을 장려하고 있다. TCFD 권고안은 특히 4개 영역 중 '지배구조'와 '위험 관리'에 대해서는 모든 기업이 재무보고서에 공개하는 것이 바람직하다고 언급하고 있다. 모든 기업에 공개를 요구하는 것은 거의 모든 산업이 기후변화의 영향을 받을 가능성이 있다고 많은 투자자들이 생각하고 있기 때문이며, 또한 재무보고서를 통해 공개를 요구하는 것은 재무보고서가 투자자 등이 가장 많이 활용하고 있는 것이기 때문이다.

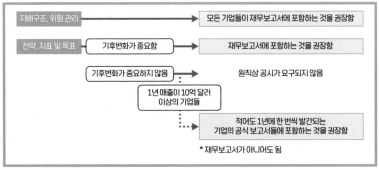

[그림 5-7] 기후 관련 재무정보 공개 위치에 대한 권고54)

또한 TCFD 권고안은 '전략'과 '지표와 목표'에 대해 기후 관련 정보의 중요성이 높다고 생각되는 기업은 재무보고서에 게재하는 것이 바람직하다고 언급하고 있다. 아울러 현재는 그 정보가 중요하다고 인식되지 않더라도 미래에 중요해질 수 있는 규모가 큰 기업연 매출 10억 달러 상당을 넘는 비금융 그룹에 속하는 기업에 한정에 대해서는 재무보고서 이외의 매체를 통한 공개도 문제가 없다고 보고 우선 기후 관련 재무정보 공개를 시작하도록 장려하고 있다.

5

TCFD 권고안의
적용과 공시 실태

1_ TCFD 권고안의 적용

1) CDP 플랫폼을 통한 공시

CDP는 TCFD 권고안의 취지와 기업보고에서 갖는 의미에 공감하여 2018년 산업별 질의서를 도입하고 기후위험 공개에 대한 미래지향적인 접근 방식을 채택했다. 아울러 질의서를 TCFD의 권고안과 일치시켰다. CDP는 TCFD의 권고안에 부합하도록 이사회의 감독과 기후위험 관리회사의 사업계획 프로세스에 통합 포함 부분, 그리고 기후위험에 대한 회사 전략의 회복력을 결정하기 위한 미래 예측 시나리오 분석 사용과 같은 질문들을 보완했다. 궁극적으로 CDP는 정보 공개에 대한 부담을 최적화하고, 데이터 사용자를 위한 의사결정에 유용한 정보 생성 속도를 높이고자 했다.

이러한 연유로 많은 기업들이 CDP 플랫폼을 통해 TCFD 권고안에 대한 공시를 해오고 있다. TCFD 이전에 CDP는 기후 관련 기업정보공시에 특화된 기준을 제시해왔다. 이 때문에 CDP 중심의 정보 공개에 익숙한 기업들이 많다. 또한 CDP는 다른 민간의 지속가능성 공시 관련 이니셔티브보다 TCFD 권고안과의 연계 수준이 높기 때문에 CDP 플랫폼을 활용한 TCFD 권고안 공시는 점점 늘어날 것으로 전망된다.

2) TCFD와 기존 지속가능성 공개 프레임워크의 연계

Group of Five는 2014년부터 기업보고 대화Corporate Reporting Dialogue; CRD[55])를 결성하여 지속가능성과 비재무, ESG와 관련한 기업보고를 통합하려는 노력을 하고 있다. 2016년에 CRD는 모든 형태의 표준 및 이해관계자에 대한 보고에 관련된 기본 원칙으로 CRD 차원의 중요성에 대한 공통된 개념을 제시하는 '중요성에 대한 공통된 원칙 선언문[56])'을 발표하면서, 5개 기관이 각기 개발한 보고기준들에 대한 통합 노력을 본격적으로 시작했다.

2019년 9월, CRD는 TCFD의 권고안과 기존의 민간 주도 보고표준 및 프레임워크의 연계에 대한 보고서인 '기후 관련 보고의 연계 촉진 Driving Alignment in Climate-related Reporting'[57])을 발간했다. 이 보고서는 CRD가 Better Alignment 프로젝트의 일환으로 진행했던 CDP, CDSBClimate Disclosure Standards Board, GRIGlobal Reporting Initiative, IIRCInternational Integrated Reporting Council 및 SASBSustainability Accounting Standards Board가 제정한 보고표준 및 프레임워크와 TCFD의 연계에 대한 평가 결과를 담고 있다.

본 보고서에서는 효과적인 공개를 위한 7가지 원칙, 11가지 공개 권고안 등 TCFD 권장 사항에 자세히 설명된 50가지 예시지표를 CRD 조직들이 운영하고 있는 5개의 표준 및 프레임워크와 연계했다. TCFD의 7가지 '효과적인 공개 원칙'[58]은 5개 기관의 기준 및 TCFD 프레임워크와 충돌이 없었으며, 모두 상호 보완적이었다. 또한 5개 기관의 기준들은 TCFD의 11가지 공개 권고안과도 '보통 연계' 이상의 상관관계를 보였다. 특히 CDP의 경우는 전 영역에서 '완전 연계' 수준이었다. TCFD의 50개 예시지표 중 80%는 CDP, GRI 및 SASB가 제시하는 지표들에 완전히 또는 상당히 포함되어 있었다. TCFD의 예시적인 지표는 CDP, GRI 및 SASB와 상당한 일치가 있었고, TCFD의 50개 지표들 중 70%가 5개의 기준들과 실질적인 차이가 없었으며 30%인 15개 지표에 대해서는 차이가 보이긴 했지만 극히 제한적이었다.

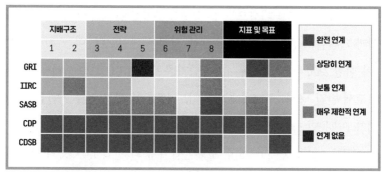

[그림 5-8] 5개 기준 및 프레임워크와 TCFD 권고안 연계 결과[59]

즉, 이를 통해 기존의 5개 보고표준과 프레임워크를 활용하면 조직이 TCFD 권고안을 이해하고 이를 보고로 구현하는 데 실질적인 도움이 되는 실용적인 지침이 된다는 것을 밝힌 것이다. 이 보고서는 Better Alignment Project의 첫 번째 결과물이었으며, TCFD 권고안의 전파에 상당한 기여를 한 보고서가 되었다.

2_ TCFD 권고안에 의한 공시 실태 분석

FSB가 2021년 10월 발행한 〈TCFD 2021 현황 보고서〉[60]에 따르면, 조사대상 기업의 전반적인 기후 관련 재무정보 공시는 상당히 증가했다. 2017~2019년 영문 연차 보고서를 발간한 1,701개 상장기업전 세계 8개 산업의 17,300여 개 보고서연차 보고서, 지속가능 보고서, 통합 보고서 등를 대상으로 AI를 활용하여 TCFD 권고안 이행 현황을 조사했더니(은행과 보험은 각각 총 자산 100억 달러와 10억 달러 이상, 기타 산업은 연 매출 10억 달러 이상인 기업을 대상으로 실시) 2021년 9월 현재 2,600개 이상의 기업과 기관들이 TCFD 권고안에 대해 지지를 선언했다. 이는 2018년 제1차 현황 보고서 발표 이후 410% 증가한 수치이며, 2020년 제3차 현황 보고서 발간 당시 1,512개에 비해서도 1,100여 개 기업과 기관들의 지지가 1년 동안 증가한 것이다.

TCFD는 AI를 통해 69개국, 8개 산업 부문의 기업 1,650곳의 보고서를 분석한 결과, 공시기업 수는 2018년에서 2019년에 4%p 증가한 데비해, 2019년에서 2020년에는 9%p 늘었다. TCFD 11개 권고 항목에 대한 기업의 평균 공시 비율은 32%로 나타났고, 2018년과 2020년 사이 평균은 약 13%p 증가했다. 산업별로는 자재·건축 산업이 38%로 기후 관련 재무공시를 선도하고 있다. 11개 항목 중에는 기후 관련 위험과 기회에 대한 정보 공개가 다른 권고 항목들보다 잘 되고 있다. 하지만 각기 다른 기후 관련 시나리오별 전략 탄력성에 대한 정보 공개 실적이 가장 저조한 것으로 나타났다.

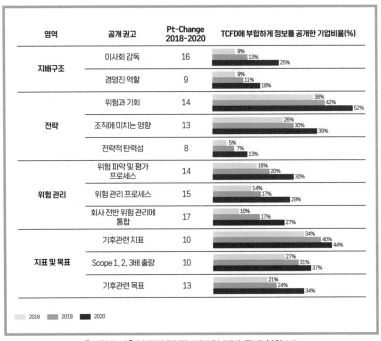

[그림 5-9] 연도별 TCFD 권고안 기반 공개 현황[61]

2020년 현황 보고서에는 공개 내용을 활용하고 있는 전문가들을 대상으로 한 서베이 결과도 담겨 있는데, 특히 그들은 재무 의사결정에 가장 유용한 정보로 "기후변화가 회사의 비즈니스 및 전략에 미치는 영향"이라고 답했다.

[표 5-3]은 전문가들이 의사결정에 유용하다고 응답한 상위 10개 TCFD 공개 요소를 보여주고 있다. 특히 상위 10개 공개 요소의 점수는 모두 1.5 이하인데, 이는 사용자가 의사결정에 매우 유용하다는 것을 나타낸다. 전반적으로 전문가 사용자는 기후 관련 위험과 기회가 비즈니스 및 전략에 어떻게 영향을 미쳤는지를 가장 유용한 공개 요소로 선택했다. 이외에 회사의 특정 중요한 기후 관련 위험 및 기회, Scope 1 및 2 GHG 배출을 포함한 다양한 기후 관련 지표 및 목표, 그리고 회사 이사회가 기후 관련 위험을 고려하는지 여부에 대한 정보를 의사결정에 유효하다고 응답했다.

[표 5-3] TCFD 권고안 항목별 의사결정 유용성 서베이 결과[62]

공개 권고	공개 항목	점수	순위
전략 b)	어떻게 기후 관련 이슈들이 비즈니스와 전략에 영향을 미치는가	1.1	1
지표 및 목표 a)	최근, 그리고 과거 기간의 기후 관련 이슈들에 대한 주요 지표들	1.3	2
전략 a)	산업별, 지역별 중요 기후 관련 이슈들	1.3	3
지표 및 목표 b)	최근, 그리고 과거 기간의 Scope 1 배출량	1.3	4
지표 및 목표 c)	온실가스 배출량과 관련된 기후 관련 목표	1.3	5
전략 a)	파악한 중요 기후 관련 이슈들	1.4	6
지표 및 목표 b)	최근, 그리고 과거 기간의 Scope 2 배출량	1.4	7
지표 및 목표 c)	기후 관련 목표가 적용되는 시간 프레임	1.4	8
지표 및 목표 c)	기후 관련 목표 대비 진척을 평가하기 위한 주요 성과지표들	1.5	9
지배구조 a)	주요 자본지출이나 합병, 다각화 시 이사회의 기후 관련 이슈 고려	1.5	10

그리고 이들은 중요한 기후 관련 위험 및 기회에 대한 정보와 관련하여 부문별, 지역별로 구분된 정보를 얻는 것에 관심이 많았다. 이는 종종 사용자가 회사에 대한 위험을 적절하게 평가하는 데 필요하기 때문이었다.

글로벌 Big 4 회계법인 중 하나인 EY는 지난 2018년부터 TCFD 권고안을 기준으로 보고를 하는 기업들의 현황을 조사하여 매년 'Global Climate Disclosure Barometer'를 발표하고 있다. EY는 TCFD 권고안에 따라 보고하고 있는 기업들의 보고 내용을 11개 세부 항목 준수율 Coverage과 보고 품질Quality에 대해 평가하여 보고서를 통해 공개하고 있다. 2021년 6월에 발간한 세 번째 보고서[63]에서는 1,100여 개 조직의 TCFD 보고 실태를 조사했다.

조사대상 기업들의 평균 품질 점수는 11개 권장 사항 전체에서 획득 가능한 최대 점수의 42%에 불과했다. 100%의 적용률을 갖고 있는 기업들은 50%에 육박했지만 이들 중 3%만이 100% 품질 점수를 받았을

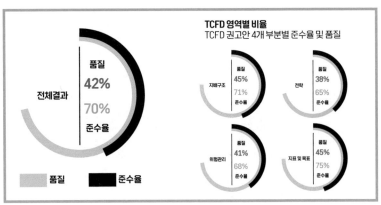

[그림 5-10] 2020 EY의 TCFD 보고 품질 및 준수율 조사 결과[64]

뿐이다. 즉, 개선의 여지가 많다는 점을 밝혔다. 상세 분석에 따르면, 많은 기업들이 실제로 기후 관련 위험과 기회에 대해 보고는 하고 있지만 단순히 TCFD 항목별 상세정보 공개가 없이 단순 체크 박싱Check-Boxing처럼 보고하고 있을 가능성도 있다. 부문별로 보면 '전략' 및 '위험 관리'와 관련된 공개보다 '지배구조'에 대해 더 나은 보고를 하고 있다. 흥미롭게도 '지표와 목표'에 대한 공개 점수 결과도 높게 나왔다.

요컨대 TCFD 권고안에 대한 기업들의 공시 수준은 아직 그리 높지 않다. 2017년 이후 TCFD 권고안의 수용 및 실제 공시 수준은 점점 향상되고 있으나, 아직은 재무성과 공시 수준으로 자리 잡기에는 시간이 걸릴 것으로 판단된다. 그러나 공시를 준비하는 기업들과 금융기관들을 위한 다양한 지침들이 추가적으로 발행되고 있으며, 아울러 향후 TCFD에 기반한 지속가능성 공시의 표준화와 선진국 위주로 벌어지고 있는 기후 관련 정보공시 의무화가 가속되면 공시 수준과 범위가 점점 개선될 것이다.

6

기후변화 관련
재무정보 공시의 향후 과제

금융안정위원회의 TCFD 프레임워크 제안 이후 기후변화공시의 큰 흐름은 크게 2가지로 요약된다. 하나는 기후변화 정보공시의 강제화 이슈다. 국가별로 기후변화 정보공시를 의무화하는 현상들이 일부 선도 국가들을 중심으로 나타나고 있다. 다른 하나는 기후변화 관련 재무정보 공시의 기준을 전 세계적으로 TCFD 프레임워크 중심으로 통일할 것인지 여부에 대한 '글로벌 표준화' 이슈다. 이는 IFRS 재단을 중심으로 한 움직임과 EU를 비롯한 국가별 움직임, 그리고 기존 민간조직들의 동향을 살펴봄으로써 향후 전망을 해볼 수 있을 것이다. 본 절에서는 이 2가지 이슈의 현상을 살펴보고자 한다.

1_ 공시 의무화

2021년 1월 1일, 스위스의 금융시장감독청Financial Market Supervisory Authority; FINMA은 스위스의 은행과 보험사가 TCFD에 기반하여 기후 위험에 대한 노출과 위험을 평가 및 관리하는 프로세스에 관한 정보를 공개해야 한다고 발표했다. [65] 이어 뉴질랜드 정부는 2013년 발효된 금융시장행동FMC법을 수정하여 TCFD에 기반한 공시를 의무화하는 법안을 2021년 4월 1일 도입했다. 의회가 승인한다면 약 200개의 대규모 FMC 보고기관상장기업과 대형 보험사, 은행 등이 2023년부터 TCFD 기반 보고를 해야 한다. [66]

스위스와 뉴질랜드처럼 TCFD 기반 보고를 의무화하는 나라들이 점점 늘어날 것으로 예상되는 가운데, 특히 영국은 상장기업들의 TCFD 기반 보고를 최초로 실행하는 나라가 되었으며, 미국도 현재 TCFD 기반 기후 관련 정보 보고 의무화 논의가 활발하다.

1) 영국

금융안정위원회 의장으로 TCFD 설립을 주도했던 마크 카니 현 UN 기후변화특사는 전 세계 기후변화 문제 해결이 어려운 이유를 '시간한계의 비극'이라고 이야기했었다. 그가 '시간한계의 비극'을 처음 역설한 곳이 2015년 9월, 영국 보험시장인 로이드[67]에서 있었던 행사였다. 그는 영국 중앙은행 총재로서 TCFD의 설립은 물론 중앙은행이 TCFD의 권고안을 활용하기 위한 다양한 가이드라인들도 공개하여 많은 금융기관들의 시간한계에 대한 기존 시각을 깨고 새로운 의사결정 툴로서 자리 잡을 수 있도록 다양한 노력을 기울였다. 2020년 1월에는 보리스 존슨 영국 총리의 COP26을 위한 기후변화 자문역으로도 지명되어 활동했다. 전 세계적인 기후변화 이슈 해결을 위한 금융의 역할에 대한 이니셔티브를 주도했던 마크 카니는 영국이 현재 전 세계적으로 주도하고 있는 TCFD 권고안의 의무화 정책에 상당한 역할을 했다.

2020년 11월, 리시 수낙Rishi Sunak 영국 재무장관은 G20 국가 중 경제 전반에 걸쳐 TCFD 연계공시를 최초로 의무화하겠다고 발표했다.[68] 이후 영국 에너지·산업 전략부는 2021년 3월, 영국 내 상장기업 등에 TCFD에 기반한 공시를 해야 한다는 제안[69]을 발표하고 약 2개월 동안 의견을 청취했다. 그 제안에 의하면, 영국은 2021년부터 500명 이상의 직원과 5억 유로 이상의 매출액을 보유한 대기업 및 상장기업들에게 TCFD 권고안에 따라 연례 보고서에 기후위험을 공시하도록 하고 있다. 이로써 약 1,600개의 상장 대기업 및 민간 영국 기업들이 공시를 할 것으로 예상된다.

주무부처인 영국 에너지·산업 전략부에 따르면, 2021년 말 규칙이 제정되고 2022년 4월 6일부터 시행될 예정이다. 영국 정부는 이번 조치에 대해 영국이 고성장 가능성을 가진 혁신기업뿐 아니라 저탄소 미래에 기여하는 기업들이 상장할 수 있는 최적의 국가가 되도록 하기 위한 것이라고 법안 취지를 설명했다. 아울러 궁극적으로 저탄소 전환에 기여하는 지속가능한 기업에 상당한 경쟁우위를 제공하는 것이 이번 제안의 주요 목적이라고 밝혔다.

2) 미국

미국은 현재 기후변화정보 공개기준이나 기후위험의 정량화 및 통일된 표준 보고서, 지속가능성 등 주요 용어의 정의에 대한 합의가 없는 상황이다. 그러나 바이든 정부 출범 이후 그 양상이 많이 달라지고 있다. SEC는 2021년 3월, 기후변화 정보공시 규정 개정을 위해 수정 및 보완이 필요한 15개 사항을 공개하고 이 사항들에 대해 90일간 여론 청취 및 각계각층의 의견 수렴을 진행하여 개정안에 반영할 계획이라고 밝혔다.[70]

SEC가 공개한 15개 사항에는 기후변화 정보공시를 연례 정기 보고서에 포함할 것인지 여부, 석유·교통·금융 등 산업별 구분 없이 공시기준을 일률적으로 지정할 것인지 여부, 기후변화 정보공시를 의무화하는 방법, 기후변화 정보공시의 신뢰도를 높이는 방법 등이 포함되어 있다. 즉, 이로써 미국도 기후변화정보 공개 의무화에 대한 검토를 본격적으로 시작했다고 볼 수 있다.

SEC에 제출된 관련 의견들을 종합한 바에 따르면, 500여 개인 및 조직은 기후변화 관련 의무화에 찬성 의견을 피력했으며, 특히 투자자들의 요구가 강력했던 것으로 나타났다. 반면, 미국 상공회의소는 의무공시에 반대하며, 지금과 같이 기업이 자율적 판단하에 공시할 수 있도록 하는 것이 필요하다는 반대 의사도 피력했다. 하지만 전반적으로 기업의 기후변화 및 ESG 의무공시가 현실화될 가능성이 높다는 분석이다. 바이든 대통령에 의해 지명된 게리 겐슬러Gary Gensler SEC 위원장은 2021년 7월 27일, 한 공식 석상에서 올해 말까지 기후변화 관련 의무화 규정을 준비하겠다고 말했다.[71]

3) EU

2019년 6월, EU는 기존 NFRD 가이드라인에 기후 관련 공시 사항을 추가한 보완서[72]를 발표했다. 이는 기업 간 기후변화 관련 공시정보의 격차가 큰데다, 2017년 6월에 제정된 TCFD가 반영된 기후 관련 정보 공시 표준화 필요성이 제기되었기 때문이었다.

2019년 12월 새롭게 출범한 EU집행위원회는 새로운 성장 전략의 첫 번째로 유럽 그린딜European Green Deal을 제시하면서 2020년 3월, 유럽기후법European Climate Law을 제안했다. 2018년 지속가능금융 액션플랜에 담긴 10대 과제들도 2020년부터 순차적으로 정책화하고 있다. 그 대표적인 것이 녹색분류체계, SFDR, CSRD 등이다. 2020년 7월, 환경 관점에서 지속가능한 경제활동을 판별하는 기준인 녹색분류체계를 발표한 이후, 2021년 3월 EU 내 금융기관에 금융투자상품의 지속가능성 정보 공개를 강제하는 SFDR지속가능금융 공시규정, Sustainable Finance Disclosure Regulation을 발효했으며, 2021년 4월에는 기존 NFDR에서 적용 범위와 내용 등을 한층 강화한 CSRD기업지속가능성 보고지침, Corporate Sustainability Reporting Directive안[73]을 제안했다.

CSRD 제안을 보면 기업들은 기후변화 완화 및 적응 등 지속가능성 이슈와 관련한 사업 모델과 전략, 목표 설정과 시행 절차, 경영진 이사회의 역할과 책임, 위험 및 그 관리 방법과 측정지표 등을 보고해야 한다. 지속가능성 이슈 각각에 대해 TCFD의 4가지 부문에 해당하는 항목들도 보고해야 한다. 유럽위원회는 2022년 상반기 CSRD 통과를 목표로 추진하고 있어 2022년 말 개정안 시행이 유력한 상황이다.[74]

2_ 글로벌 공시표준화 노력

2020년 9월, 국제회계기준International Financial Reporting Standards; IFRS 재단 이사회는 지속가능성 보고에 관한 협의문서75)를 발표하여 2020년 12월 말까지 세계 이해관계자들의 의견을 구했다. 이 협의문은 향후 IFRS 재단이 지속가능성 보고에 관해 맡아야 할 새로운 역할에 대한 구상을 정리한 문서였다. 주요 내용으로는 지속가능성 이슈에 대한 보고기준을 만들기 위한 국제지속가능성기준위원회International Sustainability Standards Board; ISSB를 창설하겠다는 구상과 함께 다양한 지속가능성 이슈 중 우선 기후변화에 초점을 맞춰 기준 제정 필요성에 대한 내용을 담고 있다. 전 세계에서 총 576건의 의견을 받은 이 협의문서를 바탕으로 IFRS 재단은 본격적으로 지속가능성 공시기준 제정 활동을 보이고 있다.

IFRS 재단의 이러한 움직임은 지속가능성 보고기준 표준화에 대한 자본시장 규제 기관들과 정책 입안자들, 그리고 투자자들로부터 상당한 지지를 받고 있다. 예를 들어, 국제증권관리위원회기구International Organization of Securities Commissions; IOSCO는 2021년 3월, IFRS 재단의 ISSB에 옵저버로 참여하기 위해 기술전문가그룹Technical Expert Group; TEG을 새롭게 만들었다.76) 그리고 국제회계사연맹International Federation of Accountants도 IFRS 재단의 지속가능성 보고기준 제정활동을 적극 지지한다고 밝혔다.77)

구체적으로, 2021년 11월에 개최된 COP26에서 국제지속가능성기준위원회International Sustainability Standards Boards; ISSB의 구성을 공

식화하고 ISSB가 제정하게 될 기준을 'IFRS Sustainability Disclosure Standards(IFRS 지속가능성 공시기준)'로 확정했다. 즉, 일반 목적의 재무보고를 위한 기준은 'IFRS Standards'이며, 여기에 'IFRS Accounting Standards'와 'IFRS Sustainability Disclosure Standards'라는 2가지 기준이 포함되었음을 명시한 것이다. 나아가 IFRS 재단은 2022년 6월 중반까지 CDSB와 가치보고재단(Value Reporting Foundation; VRF), 그리고 WEF를 통합 또는 지원하기로 합의했다. ISSB는 다양한 지속가능성 이슈들 중에 기후변화 관련 공시기준을 우선순위에 두고 작업을 하고 있다.

IFRS 재단이 새로 설립하는 ISSB를 중심으로 지속가능성 보고기준이 글로벌 표준을 성공적으로 형성할 것인지는 아직 지켜봐야 하겠지만 최근 IFRS 재단의 움직임과 산업계, 글로벌 규제기관 등의 지지 선언으로 미루어 볼 때 글로벌 표준이 제정될 수 있는 긍정적인 신호들이 나타나고 있음은 분명하다. 특히 IFRS 재단은 이미 국제회계기준을 제정하여 전 세계 140개국 이상이 채택한 명실공히 기업 재무보고의 세계표준을 제정한 경험과 공신력을 가지고 있다. 이러한 강점은 글로벌 표준제정기구로서의 역할에 대한 기대를 높여주고 있다. IFRS 재단은 단기적 향후 로드맵을 발표하면서 ISSB의 최초 과제는 TCFD에서 제안한 기후변화 관련 재무정보의 인식과 공시에 관한 글로벌 표준을 제정하는 것이라는 계획을 처음부터 표방했다. 2022년 중반에 발표할 ISSB의 초안에는 TCFD의 권고안이 많은 부분 반영될 것으로 예상된다.

IFRS 재단의 이러한 노력과는 별개로 EU, 민간 기준제정기구들의 연합체인 Group of Five, 미국 등은 IFRS 재단이 지향하는 방향과 목표에는 원칙적으로 지지하면서도 독자적인 기준 제정 노력을 지속하고 있다.

EU는 지속가능금융 액션플랜과 관련하여 현재 EU권 내의 지속가능성 보고에 대한 표준화를 진행할 계획을 가지고 있다. 그 일환으로 2020년 8월부터 유럽재무보고자문그룹European Financial Reporting Advisory Group; EFRAG에서 관련 연구를 시작하여 2021년 3월, 향후 EU 내의 지속가능성 보고 표준화에 대한 기본 원칙을 담은 문서를 발표했다. 현재는 EFRAG가 EU권 내의 지속가능성 표준화 작업을 본격적으로 진행하고 있다. EU 지속가능성 정보 공개 표준화 작업과 관련하여 2021년 6월, EFRAG는 GRI와 협력하기로 했다.[78] 조직이 이해관계자에게 미치는 영향에 대한 표준을 운영해오고 있는 GRI가 Group of Five 중에 EU의 선택을 받은 것이다.

2020년 9월, Group of Five는 기업 보고서 기준을 통합하겠다고 밝히고, 향후 지속가능성 보고 표준화에 대한 의견을 정리한 프로토타입 보고서[79]를 발행했다. 이 보고서에서 "TCFD가 정한 권고 사항과 함께 현재의 프레임워크가 지닌 특정 구성 요소를 어떻게 함께 사용하여 지속가능성 관련 공시를 위한 글로벌 표준을 만드는 출발점을 제공할지 보여주려 했다"라고 설명하고 있다. 이들은 TCFD가 사용하는 4가지 영역, 즉 지배구조, 전략, 위험 관리, 지표 및 목표를 지속가능성 보고의 기본 틀로 제시했다.[80] 즉, TCFD의 4가지 영역을 기후변화뿐만 아니라 다른 지속가능성 보고의 프로토타입으로 제시하고 있는 것이다. 그리고 TCFD의 미래지향적인 정보 요구와 함께 기업의 재무적 가치에 영향을 주는 위험과 기회 요소의 판단 등도 기후변화 이슈를 비롯한 여타 다른 지속가능성과 관련된 재무보고의 기본적인 속성으로 반영될 가능성이 매우 크다.

Group of Five 중 두 기관인 SASB와 IIRC는 합병하여 2021년 6월부터 가치보고재단[81]으로 활동을 시작했다. IIRC가 갖고 있는 통합보고 프레임워크 및 통합적 사고 원칙들과 함께 SASB가 운영하고 있는 재무적 중요성 측면의 산업별 지표기준들과의 통합을 통해 새로운 지속 가능성 보고의 기준을 만들 계획을 가지고 있다. 가치보고재단의 향후 작업은 EU의 지속가능성보고 표준화는 물론 IFRS 재단의 지속가능성 보고기준 제정활동에도 지대한 영향을 미칠 것으로 생각된다.

향후 IFRS 재단의 지속가능성 공시기준은 IFRS 재단이 공언한 방법과 일정대로 진행될 것으로 예상된다. ISSB가 제정하게 될 기후 관련 보고기준을 필두로 하여 지속가능성 보고기준에 대한 전 세계 많은 이해관계자들의 기대가 매우 크다. 하지만 ISSB 활동 및 기준 제정활동의 성공적 결실을 위해서는 EU와 미국 등 전 세계 주요 경제권의 지원과 협력이 매우 중요하다. 특히 EU는 IFRS 재단의 기준 제정 및 제정된 기준의 공식적 활용에 시간을 투입하는 대신 먼저 자국 내의 지속가능성 보고기준의 표준화 작업을 마무리 지으려 하고 있다. 미국도 SEC를 중심으로 기후변화 및 ESG 관련 공시기준에 대한 논의가 활발한 상황이다. 이러한 EU와 미국의 독자적인 움직임이 IFRS 재단을 중심으로 전개되고 있는 글로벌 표준 제정과 어떻게 조화될 것인지가 기후변화 이슈를 비롯한 지속가능보고표준 글로벌화의 성공에 중요한 변수가 될 것으로 보인다.

6장

탄소회계:
PCAF를 중심으로

장지인, 정영일, 정준희

1

탄소금융 기반으로서의
탄소회계

1_ PCAF의 탄생 배경

기후변화위험이 실물경제에 투자한 금융권까지 영향을 미치자 금융기관들은 자신들이 보유하고 있는 포트폴리오의 기후변화위험도를 측정하여 평가하고 관리할 필요성이 대두되었다. 하지만 투자자산담보자산 포함의 기후변화위험도 측정의 어려움으로 인해 2015년 파리협정 이전까지는 이러한 움직임이 크게 확산되지는 못했다.

최초의 탄소배출 측정기준은 1990년대 WRI세계자원연구소와 WBCDS 세계지속가능발전기업협의회에 의해 수립되었다. 그들은 기온 상승에 대한 기여도와 취약성을 계산할 수 있도록 표준을 개발하는 작업을 시작하여, 2001년 GHG Protocol for Corporate Accounting and Reporting Standard온실가스 회계처리 및 보고기준, 이하 GHG Protocol를 처음 마련했다. 이들은 초창기에 기업의 운영 배출 및 전기 소비 배출에 대한 방법을 마련했으며, 이후 전체 가치사슬의 탄소배출량을 결정하는 방법 및 지침을 추가했다. GHG Protocol에서는 온실가스 배출량 중 가치사슬Value Chain에서 발생하는 배출Scope 3을 측정하는 15개의 카테고리별 방법을 제시했다. 그중 '투자' 부분이 금융기관이 투자한 자산에서 발생하는 온실가스 배출량 측정 방법에 해당하는 부분이다.

금융기관이 투자 혹은 투입한 자산은 유형 및 속성이 매우 다양하여 실무적으로 투자한 자산에서 발생하는 탄소배출량이하 자산포트폴리오배출량, Financed Emission을 측정하는 데 큰 어려움이 있었다. 이로 인해 많은 금융기관들은 GHG Protocol의 '투자' 부분의 Scope 3 측정 방법론에 대해 의문을 제기했다. 특히 그들은 기후영향을 계산하는 데 필요한 데이터의 불완전성과 가정의 비현실성에 대해 많은 문제점을 지적했다. 즉, 금융기관들은 GHG Protocol에 의해 계산된 수치가 기후 관련 위험에 대한 의미 있는 정보를 제공하거나 실물경제에서 배출량 감소를 추진하는 전략을 개발하는 데 도움이 될지 확신하지 못했다. [1]

그러나 파리협정 이후 네덜란드의 ASN은행이 금융권의 탄소배출 측정 및 공시에 대한 기준의 필요성을 인지하여 기준을 만드는 이니셔티브를 시작하면서 GHG Protocol에 의한 Scope 3이 다시 주목받기 시작했다. 네덜란드의 10개 주요 금융기관들이 여기에 동참하면서 본격적으로 자산포트폴리오배출량을 계산하고 공시하는 기준을 마련하기 위한 탄소회계금융협회Partnership for Carbon Accounting Financials; PCAF가 설립되었다. [2], [3]

PCAF는 자산포트폴리오배출량을 계산하고 공시하는 기준을 마련하기 위해 GHG Protocol의 투자 부분에 Scope 3의 측정 방법론을 채택했으며, 금융기관이 실무적으로 보다 쉽게 Scope 3을 측정하고 필요한 정보를 산출할 수 있도록 구체적인 측정 방법들을 제시하고 산출된 정보를 해석하는 방법을 제시했다.

이를 바탕으로 PCAF는 네덜란드를 넘어 2019년에는 북미의 8개 금융기관상업은행 6개, 자산운영사 1개, 개발은행 1개이 추가로 동참하게 하여 PCAF를 전 세계적으로 확산시키고자 했다. 2020년 7월에는 세계적인 청정에너지 비영리 단체인 RMIRocky Mountain Institute가 웰스파고Wells Fargo, 골드만삭스Goldman Sachs, 뱅크오브아메리카Bank of America와 제이피모건체이스JPMorgan Chase의 후원을 받아 기후연계 금융센터를 설립한 후 PCAF와 금융 부문의 탄소회계 및 기후 연계를 위한 표준화된 프레임워크, 방법 및 데이터를 개발하기 위한 협정을 체결했다. 이후 PCAF는 2020년 9월에 자산포트폴리오배출량의 측정 및 공개를 더욱 촉진하기 위해 영국연합을 출범시켰다. PCAF 영국연합은 자산포트폴리오배출량의 측정, 모범 사례 공유, 데이터 품질 개선 작업, 추가 방법 개발, PCAF의 방법론에 대한 연구 등을 수행했다.

이러한 노력을 발판으로 PCAF는 금융기관, 정책 입안자, 데이터 제공자, 컨설턴트, NGO 등 다수의 기관들과 논의 끝에 16개 기관으로 구성된 국제핵심그룹Global Core Team을 중심으로 2020년 11월 금융산업의 탄소회계보고기준The Global GHG Accounting & Reporting Standard for the Financial Industry을 발간했다. [4] PCAF의 탄소회계보고기준은 6가지 자산 분류에 따른 온실가스 배출의 측정 및 공개에 대한 표준을 제시함으로써 자산포트폴리오배출량의 신뢰성 및 비교가능성을 높이고자 했다.

PCAF는 탄소회계보고기준을 공개함으로써 금융기관이 기업들에 온실가스 배출을 측정하고 공개하도록 요구하며, 이렇게 공개된 정보를 대출이나 투자에 반영할 수 있도록 돕고 있다. 나아가 PCAF는 TCFD, CDP, SBTi 등과 같은 여러 이니셔티브와 협력하여 금융기관 주도하에 실물경제의 탄소배출량이 낮아지도록 노력하고 있다.

2021년 현재 PCAF는 전 세계 146개 기관이 참여하고 있으며, 참여한 기관의 총 자산은 약 5경43.3조 달러에 이를 정도로 거대해졌다. 국내에서도 KB금융그룹, 신한금융그룹, 산업은행, 한화자산운영 등이 PCAF에 가입하여 금융활동으로 인한 온실가스 배출량을 측정·공개하기 위한 노력을 기울이고 있다.

현재 PCAF는 ABN 운영위원회, Amalgamated은행, ASN은행, 가치 기반 금융조합the Global Alliance for Banking on Values, 모건 스탠리, NMB은행, Triodos은행, 유엔 대표가 공동 운영하고 있다. 이들은 향후 2년 이내에 제거된 탄소량 측정, 금융상품 및 녹색채권 등의 탄소배출량 측정 등에 대한 지침 등을 개발할 계획이다.

2_ 금융기관 탄소회계가 지향하는 목표

탄소회계는 조직 및 기관이 생산한 온실가스와 생산을 회피했거나 제거한 온실가스의 양을 지속적으로 측정함으로써 탄소의 배출을 추적하고 보고하는 데 필요한 일련의 과정을 지칭한다. 탄소회계의 대표적인 보고기준은 GHG Protocol이 제정한 온실가스 회계처리 및 보고

기준GHG Protocol for Corporate Accounting and Reporting Standard이다.

GHG Protocol은 1998년부터 정부 및 기업 등 기관의 온실가스 배출량과 보고에 관한 탄소회계표준을 제정했다. GHG Protocol은 2000년 초반까지 기업의 직접배출Scope 1과 간접배출Scope 2에 대해서만 방법을 마련했으나 금융 및 투자가 탄소배출에 미치는 영향의 중요성을 인식하여 가치사슬의 탄소배출량Scope 3을 결정하는 방법 및 지침을 추가했다.

구체적으로 살펴보면, GHG Protocol의 지침에 대한 탄소회계는 크게 3가지 범위Scope 1, 2, 3로 정의된다. 먼저, Scope 1은 해당 회사가 소유하거나 관리하는 자원에서 발생하는 직접적인 온실가스 배출량이며, Scope 2는 해당 회사의 전기, 증기, 난방, 냉방으로 인해 발생한 간접적 온실가스 배출을 말한다. Scope 3은 기타 해당 회사의 가치사슬에서 발생하는 모든 간접적 온실가스 배출량을 의미하며, 공급사슬활동에 따라 상류 배출량과 하류 배출량으로 구분된다. 상류 배출량은 다시 8개의 카테고리로 나뉘며 하류 배출량은 7개의 카테고리로 나뉘는데, 이때 하류 배출량의 마지막 카테고리인 '투자'가 금융기관의 실질적인 탄소회계가 된다.

PCAF는 투자 부분에서 배출되는 탄소배출량을 지칭하는 자산포트폴리오배출량을 측정하고 보고하는 금융기관의 탄소회계기준을 통일하고, 이에 대한 지침을 발표했다. 이제 PCAF의 탄소회계기준은 금융기관의 탄소회계표준으로 자리 잡았다.

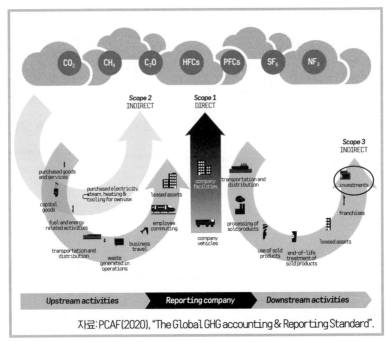

자료: PCAF(2020), "The Global GHG accounting & Reporting Standard".

[그림 6-1] 온실가스 프로토콜 범위와 가치사슬에서 발생하는 탄소배출

금융기관이 PCAF의 탄소회계를 통해 투자된 자산에 대해 탄소배출량자산포트폴리오배출량을 측정하면 투자자산에 대한 위험도를 평가하고 관리할 수 있으며, 나아가 금융기관의 투자활동이 기후변화에 궁극적으로 어떤 영향을 미쳤는지 알 수 있다. 따라서 탄소회계를 통해 금융기관의 탄소배출을 공개하도록 하면, 금융기관은 향후 투자와 대출 측면에서 기후변화를 고려할 것이며, 기후변화에 대해 보다 높은 책임감과 의무감을 갖게 될 것이다.

이는 고탄소 산업을 억제하고 탈탄소 산업을 육성하는 결과로 이어질 수 있다. 예컨대, 금융기관이 자산포트폴리오상 탄소배출량을 줄이

고자 한다면 전기자동차, 재생에너지, 친환경 상품 개발과 같은 탈탄소 산업에 대한 투자를 확대할 것이며, 고탄소 산업인 석탄발전, 내연기관 자동차 산업 등에 대한 투자는 축소 또는 폐지할 것이다. 금융기관의 탄소회계는 비단 금융기관의 위험 관리에 국한되지 않고 산업 전체를 넘어 2050년 탈탄소사회로 가는 데 중추적인 역할을 할 것이다.

PCAF는 탄소회계를 통해 2가지 목표를 달성하고자 한다. 첫 번째는 내부 관리회계 목적관리회계으로 기후변화에 대한 위험을 관리하고자 한다. 탄소회계를 통해 기후변화가 금융기관에 미치는 영향을 측정하여 이를 관리하는 것이다. 두 번째는 외부 보고 목적재무회계으로 탄소회계를 통해 피투자기업의 탄소배출을 직·간접적으로 억제함으로써 정부 정책 당국자, 예금자, NGO 등 이해관계자들의 요구를 충족시키는 것이다. 아울러 단일화한 표준을 사용함으로써 측정된 탄소배출량에 대한 신뢰성 및 비교가능성을 높이고, 이를 통해 금융기관들이 탄소배출을 감소시키는 방향으로 자본을 이동하도록 유도하는 것을 목적으로 한다.

구체적으로 살펴보면, 탄소회계는 내부 목적으로 기후 관련 이행위험을 관리하고, 기후 관련 금융상품을 개발하는 등 탄소배출에 대한 포트폴리오 및 투자자산을 관리하여 수익성을 향상시킬 수 있다. 외부 목적으로는 이해관계자와 투자자를 위해 탄소배출에 대한 투명성을 제고시키고, 금융의 흐름을 파리협정의 목표와 같은 선상에 놓는 역할을 수행하도록 도울 수 있다.

PACF는 탄소회계를 통해 산업 전반의 탄소배출을 낮추고자 한다. 이를 표로 요약 정리하면 [표 6-1]과 같다.

[표 6-1] PACF의 목적 및 가치창출

구분	기후 관련 위험 관리 및 조절	가치창출
내부 목적 (관리 목적, 단일 중요성)	• 위험 관리: 탄소집중도가 높을수록 잠재적으로 높은 위험을 가지고 있음을 보여줌 • 조절: 탄소배출 데이터는 더 많은 것을 이해하고 모니터링할 수 있도록 도와줌	• 탄소배출에 대한 정보 및 데이터는 탄소배출의 효율성을 나타내는 지표임 • 통일된 가이던스를 제공함으로써 비교가능성과 신뢰성을 높여 기후 관련 전략을 취할 수 있음
외부 목적 (보고 목적, 이중 중요성)	• 이해관계자 관리: 정책 당국뿐만 아니라 예금자, 고객과 같은 다양한 이해관계자들이 기후변화 관리의 적극적인 요구를 만족시켜줌	• 금융의 책임 확대, 장기적인 안정성, 효율적 탄소 관리에 영향을 줄 수 있음 • 탄소배출에 대한 금융기관의 영향력을 확대하여 더 나은 세상을 만들고 기후변화에 기여함

PCAF는 앞선 목표를 달성하기 위해 4가지 구체적인 사업목표를 제시했다. 주주를 위한 투명성 확보, 기후 관련 전환위험 관리 친환경 (기후) 금융상품 개발 금융의 흐름을 파리협정의 방향과 일치시키는 것이 그것이다. 자산포트폴리오배출량 측정은 금융기관이 이러한 사

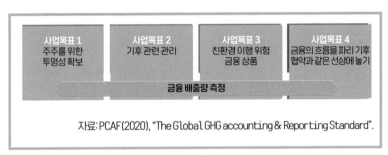

자료: PCAF(2020), "The Global GHG accounting & Reporting Standard".

[그림 6-2] 탄소회계를 통한 4가지 사업목표

업목표를 얼마나 잘 달성할 수 있는지를 가늠하는 밑바탕이 된다. 구체적으로 [그림 6-2]와 같이 사업목표는 4가지이며 세부 설명은 다음과 같다.

1) 사업목표 1: 투자자를 위한 투명성 재고

2008년 글로벌 금융위기 이후 많은 투자자는 그들의 돈이 어떻게 사용되고 있는지에 대해 이전보다 강도 높은 투명성을 요구해왔다. 이러한 요구는 기후변화에 대한 투자 부분에서도 나타나고 있다. 예컨대, 금융안정위원회는 산업계 중심의 TCFD를 출범시켜 기업이 기후 관련 위험과 기회에 대한 정보를 공개할 수 있는 TCFD 프레임워크를 제안했으며, 많은 국가들이 기후 관련 재무정보를 TCFD 프레임워크에 기반하여 자발적 혹은 의무적으로 공시할 것을 요구하고 있다.

PCAF는 탄소배출과 관련된 이해관계자들의 다양한 요구에 발맞춰 금융기관의 자산포트폴리오배출량을 측정하고 공개하여 금융기관이 탄소중립 경제를 위한 역할을 할 수 있도록 돕는 것을 목표로 한다.

2) 사업목표 2: 기후 관련 전환위험 관리

금융기관은 기후변화와 관련된 정책 및 규제가 자신들의 포트폴리오에 미치는 위험이 얼마나 큰지 알고 싶어 한다. PCAF는 금융기관들이 고탄소 자산에 속하는 투자 및 융자 영역을 알아내고 투자를 제한할 수 있도록 도와준다. 기후 관련 위험을 공개하지 않는 금융기관은 경쟁 금융기관들이 기후 관련 정보를 공개 할 때 평판에 문제가 생길 수 있다. 탄소회계에 따라 자산포트폴리오배출량을 측정하고 공개하며,

TCFD 권고 사항에 따라 이를 보고하는 것은 금융기관이 포트폴리오 관리뿐만 아니라 기후 관련 평판위험을 관리하는 방법이 될 수 있다.

3) 사업목표 3: 친환경 금융상품 개발

TCFD의 프레임워크에는 저탄소경제로의 이행과 관련된 사업 기회를 공개하는 것이 포함되어 있다. TCFD의 기후변화에 대한 기회 카테고리는 자원 효율성, 에너지 자원, 상품과 서비스, 시장, 회복탄력성으로 나뉘어 있으며, 금융기관에는 각 카테고리별로 지속가능한 금융상품과 관련하여 주요한 기회가 있을 수 있다. 예컨대, ESG 채권, 녹색채권, 지속가능한 금융상품 등이 발전해오고 있다. 즉, 저탄소경제로의 변화에서 금융기관은 그들의 고객이 사업에서 탄소를 감축할 수 있도록 유도하는 혁신적인 제품과 서비스를 개발할 수 있다. 금융기관은 자산포트폴리오배출량을 측정하고 측정된 정보를 평가에 활용함으로써 탄소 감축에 가장 도움이 시급한 계열 산업을 찾을 수 있고, 탄소중립이라는 미래를 위해 그들을 어떻게 도울지 알 수 있다.

4) 사업목표 4: 파리협정에 부합하도록 금융흐름 연계

파리협정에 맞추어 금융의 흐름을 변화시키려는 금융기관은 그들이 실제 경제에서 자금조달의 결과로 배출하는 탄소량을 알기 위해 탄소회계에 기반한 포트폴리오를 시행해야 한다. 금융기관들은 탄소감축계획 연구, 자산분류 배출(량) 기반 목표 등을 설정하기 위해 다양한 정보를 사용하고 있다. 다른 이니셔티브가 주로 계획·연구 및 목표 설정에 초점을 맞추고 있는 반면, PCAF는 금융 포트폴리오의 탄소회계에 집중함으로써 효과적인 정보 산출을 도와준다. 금융기관은 탄소회계를 도입하여 연간 절대배출량을 측정할 수 있고, 그들이 달성하려는 자산포트폴리오배출량과 비교할 수 있는 측정 항목을 얻게 된다.

PCAF를 통해 산출된 탄소정보는 SBTi과학 기반 감축목표 이니셔티브의 과학 기반 배출(량) 감축목표 설정을 수립하고 달성하기 위한 정보를 제공한다. 목표 설정 측면 이외에도 파리협정과 금융계가 발을 맞춘다는 것은 금융기관이 2050년까지 자산포트폴리오배출량 중립사회를 위해 그들의 포트폴리오를 조정하는 등 구체적인 행동을 취한다는 것을 의미한다. 이 과정에서 은행과 투자자는 그들의 탄소배출(량)을 감축할 수 있는 새로운 상품을 개발할 기회를 창출할 수 있다.

3_ 금융권의 다른 기후변화 이니셔티브와의 관계

전 세계적으로 기후변화에 대한 다양한 노력들, 즉 시나리오 분석, 목표 설정, 구체적인 기후행동 및 공시기준과 같은 정책들이 수립되고 권고되기 시작했다. 이와 같은 활동은 제조업과 서비스업에서 금융기관으로 확대되거나 금융기관을 중심으로 개편되고 있다.

금융기관과 기후변화의 연계는 [그림 6-3]과 같이 다섯 단계로 이루어진다. 먼저 자산포트폴리오배출량을 측정하고 이에 따라 시나리오 분석을 실시하며, 이를 바탕으로 목표를 설정하여 기후행동에 대해 알려주고 보고할 수 있는 방향으로 진행된다. 자산포트폴리오배출량을 측정하면 금융기관들이 시나리오를 분석하고 합리적인 목표를 설정할 수 있는 기준을 마련할 수 있다. 명확한 기준으로 측정하지 않으면 금융기관은 시나리오를 분석하고 기후목표를 설정하는 데 필수적인 정보를 획득할 수 없다. 자산포트폴리오배출량을 측정하는 데 견고하고 투명하며 통합된 방법을 사용해야만 금융기관의 탄소감축 목표 설정과 달성에 필요한 전략과 합리적인 행동이 이루어질 수 있다.

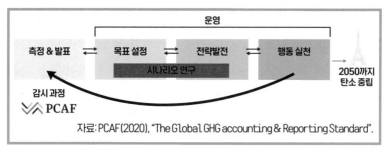

자료: PCAF(2020), "The Global GHG accounting & Reporting Standard".

[그림 6-3] 2050년 탄소배출 Zero를 위한 금융기관의 가치사슬

이러한 단계가 선순환되도록 도와주는 다양한 기후변화 단체가 있다. 이러한 단체들을 연결하여 시너지 효과를 내는 것이 PCAF의 역할이다. PCAF는 다음 단체들과 다양한 협업을 이끌어가고 있으며 가치사슬의 각 단계를 달성할 수 있도록 도와주고 있다.

첫 번째 단계인 측정과 공시 부분에서는 CDP탄소정보공개프로젝트 및 GHG Protocol 등과 협업하고 있다. CDP는 투자자, 기업, 국가, 지자체 등이 환경적 영향을 보고하고 관리하는 정보공개시스템을 개발했다. 또한 금융기관이 Scope 3의 정보를 공개하고 배출량을 자산분류별, 계열별, 지역별로 나눌 것을 요구한다. PCAF는 CDP와 긴밀히 협업하여 GHG Protocol의 투자 부분에서 Scope 3을 측정하고 공시하는 방법을

제시하고 있다. PCAF의 방법론은 금융기관이 CDP의 요구 사항을 보다 용이하게 달성할 수 있도록 돕고 있다.

다음 단계인 목표를 설정하기 위해서는 SBTi와 협업하고 있다. SBTi는 기업들이 과학에 기반하여 온실가스 배출감축목표를 설정할 수 있도록 지침과 방법론을 제공하는 이니셔티브다. 기업들이 SBTi에 감축할 목표를 제공하면, SBTi에서 해당 목표의 유효성 여부를 검증하여 승인한다. 만약 승인이 완료되면 SBTi 웹 사이트에 기업명과 감축목표가 공시된다. 그런데 기업들이 목표를 설정하기 위해서는 탄소배출량의 수치가 필요하다. 특히 Scope 3은 측정 방법론 부재 및 데이터의 신뢰성 문제 등으로 인해 목표 설정에 많은 어려움이 존재했다. 그런데 PCAF에서 Scope 3 측정 방법론을 제시함으로써 금융기관도 Scope 3에 대한 과학 기반 목표를 설정하기가 용이해졌다.

아울러 설정된 목표를 바탕으로 기업들은 기후변화에 대한 전략을 수립하여 구체적인 행동과 실천으로 나아갈 수 있다.[5] 이를 위해 PCAF는 UNEP FI유엔환경계획 금융 이니셔티브와 협업하고 있다. UNEP FI에서는 ESG 표준 및 임팩트 관리를 위한 운영 원칙Operating Principles for Impact Management을 제공했는데, 여기에는 기후변화에 대응한 투자포트폴리오 원칙, 전략 등이 포괄되어 있다. 금융기관이 투자포트폴리오 원칙과 전략을 수행하기 위해서는 Scope 3을 측정하는 것이 필수적인 요건인데, PCAF에서 UNEP FI의 투자포트폴리오 원칙에 필요한 측정 방법을 제공해주고 있다.

이외에도 PCAF는 전 세계적으로 통일된 지표 및 기준을 만들기 위해 미국 및 EU의 주요 이니셔티브와 협업을 맺고 있다. PCAF는 미국 주요 은행의 후원을 받는 RMI 등과 연계하여 금융 부문의 탄소회계 및 기후 연계를 위한 표준화된 프레임워크, 방법 및 데이터를 개발하고 있다. 또한 PCAF는 EU TEGTechnical Expert Group on sustainable finance, 지속가능한 금융을 위한 기술단체와 협업하여 지속가능금융 분류체계, 녹색채권 표준 수립, 벤치마크 신규 설정, 금융회사의 기후변화 관련 비재무정보 공개를 위해 필요한 정보 산출 방법 등을 제공하고 있다.

아울러 PCAF는 기후 관련 위험을 알아내고 관리하는 데 있어 TCFD의 프레임워크를 지원하고 있다. TCFD에서는 기본적으로 6개의 지표자산포트폴리오배출량, 가중평균탄소강도, 탄소발자국, 탄소 관련 자산에 대한 노출, 총 탄소배출량 등를 보고하도록 권장한다. 이를 통해 기후 관련 정책과 규제가 조직에 미치는 재무적 영향을 보고하고 관리하는 것을 목표로 한다. PCAF는 금융기관이 TCFD에서 보고하도록 권장한 지표를 측정하고 공시하는 방법을 제공한다. 나아가 PCAF는 TCFD에서 권고한 기후변화 이행위험에 대한 영향을 측정하고, 포트폴리오 운영에 대한 위험을 관리하게 함으로써 탄소배출에 대한 시나리오 분석뿐 아니라 이행 전략까지 수립할 수 있게 도와준다.

예를 들면, TCFD에서는 금융기관에 시나리오화석연료, 광업, 자동차 등 분석 시 Scope 3에 대한 배출량을 포함시킬 것을 권장하고 있다. 이때 TCFD에서는 Scope 3을 측정하는 많은 방법이 존재하고, 방법상 한계가 있다는 것을 명확히 하고 있어 Scope 3의 측정 방법을 명시화할 수 없었다. 이에 TCFD는 향후 권고안에 금융기관의 자산포트폴리오배출량Scope 3을 측정할 때 PCAF의 권고안을 따르라는 부분이 추가될 예정이다. 즉, TCFD 권고안의 목표 달성을 위해 PCAF는 세부적인 방법론 및 표준화된 측정 방법 등을 제시하고 있다.

뿐만 아니라 PCAF는 EU의 SFDRSustainable Finance Disclosure Regulation, 지속가능금융공시6)에서 요구하는 많은 공시 사항을 이행하는 데 용이하도록 도와준다. 예컨대, SFDR에서는 자산운용사의 투자상품이 지속가능성 요소에 미치는 주요 부정적 영향Principal Adverse Impacts; PAI, 지속가능성 요인에 관해 투자 결정이 미치는 부정적 영향, 환경 관련 영향, 금융상품 및 지속가능한 투자에 사용된 방법론, 관련 지표를 통해 금융상품이 환경 및 사회적 특성을 충족하는 정도 및 탄소배출 감소가 목적인 제품을 포함해 지속가능 투자목표를 지닌 금융상품에 관한 정보, 지속가능한 투자목표를 크게 해치지 않는 방법에 관한 세부 사항 등에 대해 공시를 요구하고 있거나 요구할 계획이다. 500명 이상의 직원을 둔 기업들은 2021년 3월부터 SFDR의 요구 사항을 준수해야 함에도 불구하고 측정의 어려움으로 인해 많은 기관들이 큰 어려

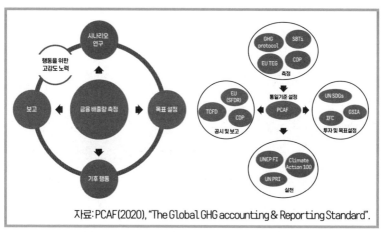

자료: PCAF(2020), "The Global GHG accounting & Reporting Standard".

[그림 6-4] PCAF 자산포트폴리오배출량 측정이 각 단계에 미치는 영향

움에 직면해 있다. PCAF는 이러한 어려움을 해소해주기 위해 시나리오 분석 시 필요한 탄소배출 관련 정보산출 방법과 측정 방법을 제시하고 있다.

종합하면, [그림 6-4]와 같이 PCAF는 기본적으로 각 단계별로 다양한 이니셔티브가 추구하는 목표 달성을 용이하게 지원할 수 있는 방법론적 프레임워크로서의 역할을 하고 있다.

2

탄소회계 프레임워크:
PCAF

1_ 금융기관의 탄소회계 원칙

일반적인 회계기준 및 보고체계와 유사하게 탄소회계의 보고체계
역시 탄소배출(량)을 정확하게 그리고 명확하고 공정하게 계산했다
는 것을 확실하게 하도록 일반적으로 받아들여지는 원칙을 따른다.
PCAF는 탄소회계보고기준을 만들 때 일반적으로 받아들여지는 원
칙인 GHG Protocol의 원칙을 이용한다. GHG Protocol의 중요한 원
칙은 완전성Completeness, 일관성Consistency, 목적적합성Relevance,
정확성Accuracy 및 투명성Transparency이며 구체적인 사항은 [표 6-2]
와 같다.

[표 6-2] Scope 3 인벤토리에 대한 GHG Protocol의 5가지 원칙과 PCAF의 추가적인 요건

	GHG Protocol 원칙		PCAF의 추가적인 요건
완전성 (completeness)	Scope 내 모든 온실가스 배출활동을 측정하고 보고하라. 예외 사항도 모두 공개하라.	**인식** (recognition)	Scope 3에 따라 자산포트폴리오배출량을 측정하며, 모든 예외는 반드시 공개하라.
일관성 (consistency)	시간에 따라 배출량을 유의미하게 추적할 수 있도록 일관된 방법을 사용하라.	**측정** (measurement)	금융기관인 PCAF의 방법을 사용하여 각 자산분류별 자산포트폴리오배출량을 측정하고 보고하라.
목적적합성 (relevance)	온실가스 배출 항목이 기업의 온실가스 배출량을 적절히 반영하며, 기업이 대내외적으로 사용자의 의사결정 과정에서 필요한 것을 제공하고 있는지 명확히 하라.	**귀속** (attribution)	금융기관의 온실가스 배출량은 대출자나 투자자의 총액과 노출된 정도에 비례한다.
정확성 (accuracy)	실제 온실가스 배출량이 시스템적으로 집계된 배출량과 일치하도록 불확실성을 줄여라.	**데이터 품질** (data quality)	반드시 각 자산분류별 가장 최상의 데이터를 사용하고, 시간이 지날수록 데이터 품질을 높여라.
투명성 (transparency)	측정에 사용된 회계 및 계산 방법, 데이터 등을 공시하고 적절한 참고 자료를 밝혀라.	**공시** (disclosure)	측정 방법에 대해 공개하고, 파리협정의 목표를 달성하기 위해 어떻게 투자하고 있는지 명확하고 비교가능하게 공시하라.

GHG Protocol에서는 탄소회계의 완전성을 위해 Scope 내 모든 온실가스 배출활동을 측정하고 보고하는 것을 원칙으로 하고 있다. PCAF는 좀 더 세부적으로 Scope 3의 투자 부분에 대해 6가지 자산별로 자산포트폴리오배출량을 인식하고, 이에 따라 자산포트폴리오배출량을 측

정하고 보고하는 것을 추가했다.

　다음으로, GHG Protocol에서는 일관성 있게 탄소배출량을 측정하여 비교가능성을 높이고자 시간에 따라 배출량을 유의미하게 추적할 수 있도록 일관된 방법을 사용하는 것을 원칙으로 한다. 여기에 PCAF에서는 비교가능성을 높이기 위해 자산별 특성의 차이를 인정하여 자산분류별로 자산포트폴리오배출량을 측정하고 보고하도록 하고 있다.

　GHG Protocol의 세 번째 원칙은 회계의 기본적인 원칙인 목적적합성으로, 정보사용자의 의사결정에 유용한 정보를 제공해야 한다. PCAF는 목적적합성을 높이기 위해 금융기관의 자산포트폴리오배출량을 대출자 또는 피투자자의 온실가스 배출량 중 금융기관에 투입된 자금에 비례하여 산출할 것을 추가로 요구한다.

　GHG Protocol의 네 번째 원칙은 정확성으로, 실제 온실가스 배출량은 시스템적으로 집계된 배출량과 일치하도록 물리적으로 허용되는 범위 내에서 불확실성을 줄이도록 해야 한다. 여기에 PCAF는 정확성을 높이기 위해 자산분류별로 최적의 데이터 사용을 권고하며, 학습효과, 숙련도, 과학기술 등의 발전을 고려하여 데이터 품질을 지속적으로 높일 것을 요구한다. 이때 주의할 점은 앞서 언급한 일관성을 유지하기 위해 새롭게 Scope 3을 측정했다면, 과거 측정치도 새롭게 측정하여 비교가능성을 높일 수 있도록 해야 한다는 것이다.

　마지막 GHG Protocol의 원칙은 투명성이다. GHG Protocol에서는 데이터의 신뢰성을 높이기 위해 측정에 사용된 회계 및 계산 방법, 데이터 등을 공시하고, 합리적인 참고 자료를 인용하여 출처를 밝힐 것을 원칙으로 한다. 여기에 PCAF는 측정에 대한 공시와 더불어 파리협정의 목표를 달성하기 위해 투자를 어떻게 하고 있는지 명확하고 비교가 능하게 공시할 것을 추가적으로 요구한다.

2_ 탄소회계의 방법론

1) 금융기관 요구 사항 및 요건

금융기관의 자산포트폴리오배출량 계산을 위해 PCAF에서는 인식, 측정, 데이터 품질 및 공시 측면에서 추가적인 요구 사항 및 요건을 명시하고 있다. 먼저, PCAF가 요구하는 사항 중 탄소배출량을 인식하는 방법은 탄소배출에 대한 Scope를 정하고, 배출 유형별로 배출량을 통합하여 계산하는 것이다.

일반적으로 온실가스 배출량을 통합하는 방법은 지분접근법Equity Approach, 재정통제접근법Financial Control Approach, 운영통제접근법 Operational Control Approach으로 나눌 수 있다. 지분접근법은 지분에 따라 온실가스 배출량을 측정하는 방법이다. 예컨대, 어떤 조직기업의 지분이 10%가 있으면, 조직의 각 Scope별 온실가스 배출량을 10%씩 배분하는 방법이다. 재정통제접근법은 금융기관이 통제하고 있는 모든 온실가스 배출량을 보고하는 것이다. 즉, 기업이 재정 및 운영상의 정책에 직접 영향을 미칠 수 있고, 기업의 활동으로부터 경제적으로 이익을 얻을 가능성이 있는 모든 활동의 배출(량)을 보고하는 방법이다. 운영통제접근법은 계열사가 운영 정책 도입 및 시행에 관한 통제권과 권한을 갖고 있는 운영에 대한 배출(량)을 100% 보고하는 것으로, 재정통제접근법과 큰 차이가 없다. 지분접근법은 모든 대출 또는 투자로부터 발생한 Scope 1과 2의 배출량이 금융기관의 Scope 1과 2에 보고되는 반면, 재정통제접근법은 다른 자산분류에서 발생한 자산포트폴리오배출량을 Scope 3으로 보고한다. 금융기관의 대출 또는 투자는 지배지분을 가지려는 것이 아닌 경우가 많기 때문에 재정통제접근법을 사용하는 것이 가장 합당하다고 볼 수 있다. 따라서 금융기관은 온실가스 배출량을 통합할 때 재정통제접근법을 사용해야 한다.

다음으로, PCAF가 요구하는 사항인 측정에 대해 살펴보자. PCAF에서는 금융기관의 대출과 투자로 발생한 탄소배출량을 보고하도록 요구한다. 나아가 교토의정서에서 규정하고 있는 7가지 온실가스를 포함하여, 각 자산분류별 자산포트폴리오배출량을 측정하고 보고해야 한다. 또한 자산포트폴리오배출량 보고는 금융기관의 회계연도와 일치시켜야 한다.

PCAF에서는 다음과 같이 몇 가지 귀속원칙을 통해 금융기관의 탄소배출량을 측정하길 요구한다. 첫째, 탄소배출량은 대출자나 투자자별로 배출량에 귀속부하량Attribution Factor을 곱하여 계산한다. 둘째, 귀속부하량은 총 연간 온실가스 배출량에 대한 융자나 투자를 통해 분배된 대출자나 투자자의 비중으로 정의된다. 셋째, 귀속부하량은 금융기관이 투자한 피투자회사의 총 자산총 자본 대비 금융기관이 대여하거나 투자한 자금의 비율로 계산된다. 이러한 원칙하에서 다음과 같이 금융기관의 탄소배출량이 계산된다. 구체적으로 자산포트폴리오배출량은 대여자나 피투자자별로 귀속부하량과 배출량을 곱하여 합산한다. 각 귀속부하량은 분자에 피투자기업에 대한 대여나 투자금액, 분모에는 총 자본과 부채를 합산한 금액이 사용된다. 다만, 중복 계산을 최소화하기 위해 재정통제접근법을 사용해야 한다.

　PCAF에서는 사용한 데이터가 최상의 품질일 것을 요구한다. 금융기관은 측정을 위해 각 자산분류별 최상 품질의 데이터를 사용해야 할 뿐만 아니라, 데이터 품질을 지속적으로 향상시킬 필요가 있다. 몇몇 자산분류에서 자산포트폴리오배출량을 계산하는 데 고품질 데이터를 획득하기 어렵기 때문에 비합리적으로 측정될 수 있다. 이러한 경우에도 금융기관은 추정치, 근삿값 등을 구하여 포트폴리오에서 고탄소배출자산 등을 유추할 수 있도록 도움을 주어야 한다. PCAF에서는 데이터의 품질과 상황에 따라 적용 가능한 데이터에 대한 설명을 데이터 점수 요구표를 이용하여 제시하고 있다.[7]

　마지막으로 PCAF는 공시를 요구한다. 금융기관의 탄소배출량을 절대배출량과 더불어 측정한 방법론, 시간, 데이터 품질 등과 관련된 정보를 공개할 것을 요구한다. 되도록 비교가능성을 위해 데이터 수집부터 자산포트폴리오배출량 측정 방법론까지 모든 것을 공개하도록 한다.

2) 자산포트폴리오배출량 측정 방법론

　본 절에서는 PCAF의 탄소회계보고기준에 제시된 6개의 자산별 탄소배출량을 측정하는 방법을 간략히 소개한다. PCAF의 자산별 탄소배출량을 측정하는 방법은 매우 기술적이고 복잡한 산식으로 설명해야 하기 때문에 여기서는 개략적인 방법론을 설명하고, 자세한 방법론의 내용은 [부록 1]에 제시하기로 한다.

자산포트폴리오배출량 측정의 첫 번째 단계는 금융기관의 자산을 투자유형 및 원천Financing Type & Source별로 기업 조달Corporate Finance, 프로젝트 조달Project Finance, 소비자 조달Consumer Finance로 구분하는 것이다. 기업 조달은 상장 및 비상장주식, 기업채권, 대출 등이며, 프로젝트 자금은 프로젝트에 조달되는 자금이다. 소비자 조달은 개인과 가정에 조달되는 자금으로 주택담보대출, 차량캐피탈 자금 등이 포함된다. 두 번째 단계에서는 조달자금의 사용처를 특정할 수 있는 경우와 없는 경우로 구분한다. 마지막인 세 번째 단계에서는 자금의 사용처를 활동 분야에 따라 구분한다. 활동 분야의 범위는 부동산과 차량 이외에는 모든 항목 또는 그 밖의 항목으로 구분되며, 마지막 단계에서는 자금 조달 유형 및 원천, 조달 자금의 사용처, 활동 분야의 조합에 따라 (1) 상장주식 및 사채 (2) 기업대출 및 비상장주식 (3) 프로젝트 자금 조달 (4) 상업용 부동산 (5) 담보대출 (6) 자동차대출로 자산 유형을 구분한다.[8] 이후 각 자산별 대출자 및 피투자기업의 Scope 1과 2의 배출량을 모두 측정하고 보고한 후 나머지 부분인 Scope 3의 배출량을 보고한다.

여기서 기업의 온실가스 배출량은 총 3가지 방법으로 추정 가능하다. 첫 번째 방법은 보고 자료를 이용하는 것이다. 탄소배출량을 직접적으로 구할 수 있는 경우 온실가스 배출량을 그대로 사용한다. 탄소배출량을 직접적으로 구할 수 있다는 것은 대출자 또는 피투자자의 공시 자료사업 보고서, 지속가능 보고서 등를 통해 획득할 수 있거나 검증된 제3의 공급업체예: CDP를 통해 획득 가능한 경우를 의미한다.[9]

두 번째 방법은 직접적으로 탄소배출량을 확보할 수 없을 경우 탄소

배출량을 계산하기 위해 필요한 주요 물리적 활동에 기반하여 추정하는 것이다. 탄소배출량 데이터는 신뢰할 수 있는 독립기관에서 발행하거나 승인한 물리적 활동별로 나타난 검증된 배출량 요소를 이용하여 측정한다.

마지막 방법은 탄소배출량을 직접적으로 획득할 수 없고, 물리적 활동을 기반으로 나타난 검증된 배출량 요소도 이용할 수 없는 경우 경제적 활동 기반으로 배출량을 추정하는 것이다. 탄소배출량 데이터는 공식 통계 데이터 또는 검증된 EEIOEnvironmentally Extended Input Output 표를 사용하여 추정한다. EEIO는 경제적 단위당 지역별 또는 부문별 평균 배출량 요소를 제공한다. 배출량 요소를 획득하는 데 사용 가능한 EEIO 데이터베이스로는 EXIOBASEExtended Input Output, GTAPGlobal Trade Analysis Project, 또는 WIODWorld Input-Output 등이 있다. 10)

PCAF에 의하면 금융기관의 자산포트폴리오배출량의 대부분은 앞서 제시한 3가지 방법을 통해 측정할 수 있을 것으로 예상된다. 그러나 특정 방법을 사용할 수 없거나 새로운 방법이 개발된 경우 배출량을 계산하기 위해 대체 방법을 사용할 수 있다. 다만, 보고하는 금융기관은 위에서 정의한 3가지 방법 이외에 대체 방법을 사용하는 이유를 반드시 설명해야 한다. 11) 사용된 데이터 방법론에 따라 데이터 품질을 계산하고 이를 공시해야 한다.

3) 보고 및 요구 사항

재무위험 및 평판위험을 관리하고 파리협정을 준수하기 위해 금융부문이 대출 및 투자의 탄소배출량을 보고하는 것은 투명성과 책임성 측면에서 매우 중요하다. 탄소배출량을 보고하기 위해 PCAF는 새로운 프레임워크를 만드는 대신, TCFD, GRI, SASB 및 일반적으로 인정된 회계기준인 회계원칙GAAP, 국제회계기준IFRS과 같은 기존 프레임워크에서 일부를 보완하여 요구 사항 및 권장 사항을 개발했다. 이는 GHG Protocol 기업가치사슬Scope 3 회계 및 보고기준에 명시된 보고 요구 사항을 기반으로 한다.

이 표준을 사용하기로 약속한 모든 금융기관은 자산포트폴리오배출량을 공개할 때 특정 요구 사항을 충족해야 한다. 그러나 배출량 측정과 공개에 있어 어느 수준예: 특정 자산분류 수준 또는 특정 자산분류 내의 특정 부문에서 시작할지를 선택할 수 있는 유연성도 가지고 있다. 보고 측면에서 유연성은 데이터 가용성 및 품질의 한계로 인해 큰 규모로 허용된다. PCAF는 많은 자산집단들에 대한 데이터가 금융기관에 제공되지 않을 수 있으며, 금융기관이 포트폴리오의 100%를 공개하지 못할 수도 있음을 인식하고 있다. 그러나 금융기관은 공시 범위를 투명하게 공개해야 하며, 비공개에 대한 정당한 근거를 제시해야 한다.

금융기관은 Scope별 탄소배출량을 측정하는 데 3가지 통합 접근 방식이 적용될 수 있지만, PCAF에서는 운영 관리 접근 방식 또는 재무 관리 접근 방식을 사용해야 한다. 전반적인 보고 권장 사항 및 요구 사항을 요약하면 다음과 같다. 12)

먼저, 금융기관의 탄소회계 및 보고는 목적적합성, 완전성, 일관성, 투명성, 정확성의 원칙을 기반으로 해야 하며, 금융기관의 보고는 특정 사업목표와 일치해야 한다. 공시는 회계주기와 동일하게 최소 1년에 한 번 이상 해야 하며, 보고된 온실가스 배출량은 대표성 있는 징보를 제공해야 한다. 또한 보고일 가까운 시점에 대규모 변화가 있을 경우 보고된 결과에 영향을 미쳤는지 투명하게 공시해야 한다.

공시와 관련하여 데이터의 공개 범위, 온실가스 단위, 절대배출량 등에 관한 권장 사항 및 요구 사항을 요약하면 다음과 같다. 먼저, 금융기관은 앞서 언급한 6개 자산분류를 중심으로 절대배출량을 공개해야 한다. 비교가능성 및 통일성을 위해 측정대상인 온실가스는 7가지(이산화탄소CO_2, 메탄CH_4, 아산화질소N_2O, 수소불화탄소HFC, 과불화탄소PFC, 육불화황SF_6, 삼불화질소NF_3)이며, 이들을 이산화탄소 등가물 CO_2e의 단위로 환산해서 사용한다. 다음으로, 금융기관은 대출 및 투자별로 절대배출량Scope 1과 2의 합과 Scope 3의 절대배출량을 공개해야 한다. [13] 그다음 금융기관들은 사업목표에 부합한다면 자산포트폴리오배출량의 배출강도Emission Intensity[14]를 표시하여 적정한 정보를 제공해야 한다. 마지막으로 사용한 데이터의 적정성을 위해 가장 최신 또는 합리적인 데이터를 사용하고 데이터 출처 등을 반드시 명시해야 한다. 또한 데이터 품질의 수준을 측정하고 측정된 품질 점수를 보고해야 한다.

3

PCAF 적용 사례

 PCAF는 측정의 어려움 등 현실적인 문제로 인해 국내외적으로 다양한 적용 사례를 찾기가 쉽지 않다. 현재 PCAF는 146개 기관이 도입했지만 이 중에서 PCAF하에 측정된 탄소배출량을 공시한 기업은 41개에 불과하다. 즉, 나머지 105개 기업은 PCAF를 도입했지만 커뮤니티를 구성했을 뿐 아직까지 PCAF에 따라 탄소배출량을 측정한 후 공시하지 않은 기업들이다.

 PCAF를 도입하고 공시한 41개 기업 중 상업은행이 22개 기업을 차지하며 나머지는 자산운영사, 보험사 등으로 이루어져 있다. PCAF를 도입한 은행이 가장 많은 국가는 네덜란드로 ABN AMRO, Achmea Bank NV, De Volksbank, Rabobank 등 총 8개 은행이 도입했다. 그밖에 영국 은행 3개Ecology Building Society, Nationwide Building Society, NatWest Group, 캐나다 은행 2개Caisse d'économie solidaire Desjardins,

Vancity, 미국 은행 1개Amalgamated Bank 등이 PCAF를 도입하여 공시했다. 아시아의 은행 중에는 대만의 CTBC Financial Holding이 유일하게 PCAF 도입과 공시를 수행했다.

국내에서는 아직 PCAF를 도입한 후 공시한 은행은 없지만 KB금융그룹이 국내 최초로 투자서비스 그룹으로서 PCAF를 도입했다. 이후 한화자산운용, 산업은행, 신한그룹이 PCAF 커뮤니티를 구성했다.

이처럼 많은 은행이 PCAF를 도입하고자 했지만 70%가 커뮤니티 구성에 그치고 있으며, 실제로 PCAF 도입 후 공시한 은행은 30%에 지나지 않는다. 이는 아직까지 PCAF를 통해 자산포트폴리오배출량을 측정하기에는 경험의 부재와 큰 보고 비용 등의 제약이 존재하기 때문으로 풀이된다. PCAF 도입에 대한 모범 사례가 아직 제시되지 않아 후발 주자들이 따라가기 어렵다는 점도 하나의 원인이 될 수 있다. 이에 본 장에서는 국내외적으로 PCAF 도입의 가장 선두 주자인 ABN AMRO 은행과 KB금융그룹의 도입 사례를 살펴봄으로써 PCAF 공시 방법과 주의 사항 등을 알아본다.

1_ 국외 사례

ABN AMRO 은행은 1990년 네덜란드 내의 대형 시중 은행이었던 ABN 은행과 AMRO 은행의 합병으로 탄생했으며, PCAF의 설립과 운영을 책임지는 핵심 금융기관이다. 따라서 ABN AMRO 은행은 PCAF의 방법론을 적용한 자산포트폴리오배출량을 측정하고 공시하는 데 가장 모범적인 은행으로 평가된다. 본 절에서는 2020년 ABN AMRO의 비재무 보고서Non-Financial Data & Engagement 2020를 통해 PCAF 적용 및 공시 사례를 분석해본다.

ABN AMRO 은행은 온실가스에 대한 환경성과를 보고하기 위해 자사의 Scope 1, 2와 더불어 가치사슬을 출장 및 대출에 대한 포트폴리오, 클라이언트 자산으로 구분하여 Scope 3의 자산포트폴리오배출량을 [표 6-3]과 같이 공시했다. 그 아래에 측정을 위해 사용한 네덜란드 지역의 에너지 소비 및 활동에 대한 탄소배출평균값을 보고하여 보고의 투명성을 높이고자 했다.

[표 6-3] BN AMRO 은행의 온실가스에 대한 환경성과

Summary of Carbon Emissions ABN AMRO Scope						
Reported kton GHG emissions			2020			2019
(by region)	NL	RoW	Total	NL	RoW[b]	Total
Scope 1						
Energy (natural gas + solar PV)	-	0.44	0.44	0	2.8	2.8
Business travel (lease cars)	5.54	n/a	5.54	10.49	n/a	10.49
Total Scope 1	5.54	0.44	5.98	10.49	2.8	13.29
Scope 2						
Energy (electricity, heating & cooling)	1.05	2.35	3.4	1.94	6.22	8.17
Total Scope 2	1.05	2.35	3.4	1.94	6.22	8.17
Total Scope 1 + 2	6.59	2.79	9.38	12.43	9.02	21.46
Scope 3						
Business air travel	1.01	0.47	1.5	5.65	4.75	10.4
Emissions of lending portfolio	12,149	13,580	25,729	12,601	14,832	27,433
Client assets			6,633			7,166
Total Scope 3			32,363			34,599
Total scope 1+2+3			32,373			34,621

RoW = Rest of the world.
Decrease in scope 1 & 2 largely due to COVID 19 effects. Increase in scope 3 GHG emissions compared to figures in non-financial data & engagement 2019 report due to newly added GHG emissions for Client Assets. Scoping is based on GHG Protocol. See specification of figures on the following pages. (Subtotals may not add up due to rounding.)

Additional specifications for the Netherlands

Figures	2020	2019
Scope 1+2 NL CO₂/FTE NL	0.41 Ton CO₂	0.84 Ton CO₂
Energy consumption (Scope 2) por FTE (in kWh)	4,375	7,512
Average energy intensity in kWh/m² (excl. Solar PV)	140 kWh/m²	172 kWh/m²
Change in total NL energy use compared to 2012	88%	82%
Absolute reduction in total NL Energy Use compared with situation 2012	-66%	-56%
Average km travelled by lease car per FTE in the Netherlands	2,922	4,499

Note: These figures are only based on the Netherlands due to incomplete data for other countries.

자료: ABN AMRO(2020), "Non-financial data & Engagement".

ABN AMRO 은행은 Scope 3의 세부적인 자산포트폴리오배출량을

PCAF의 권고 사항에 따라 [표 6-4]와 같이 공시하고 있다. 포트폴리오상 자산을 기업대출 및 비상장주식, 상업용 부동산과 모기지 및 그 외 범위로 구별하고, 기업대출은 다시 지역으로 구별RoW, NL한 후 각각의 포트폴리오상 탄소배출량, 자산 규모 및 배출 강도를 표기했다. 비교가능성을 위해 2개 연도2020년과 2019년 자료를 모두 표기했다. 각 자산별 적용된 데이터 품질을 표 주석에 표시했는데 상업용 부동산은 4이며, 나머지는 가장 낮은 점수인 5의 품질을 보고했다. 아직까지 자산포트폴리오배출량 측정에 데이터의 신뢰성이 낮음을 의미하는데, 이는 향후 시간이 경과함에 따라 점수가 높아질 것으로 기대한다.

[표 6-4] ABN AMRO 은행의 대출 포트폴리오의 온실가스 배출량

자료: ABN AMRO(2020), "Non-Financial Data & Engagement".

추가적으로 PCAF에서는 탄소집약적인 산업예: 에너지, 전력, 시멘트, 철강, 자동차에 대해 자산분류에서의 또는 부문 수준에서의 절대배출량 데이터를 분리하여 공개하도록 요구하고 있다. 이에 ABN AMRO 은행은 [표 6-5]와 같이 포트폴리오의 산업별 온실가스 배출량을 보고했다.

[표6-5] ABN AMRO 은행의 포트폴리오 산업별 온실가스 배출량

	GHG Emissions (kton)					GHG Emissions (kton)		
	2020	2019	Delta			2020	2019	Delta
Agriculture (A)	4,799	3,969	830	Scientific and technical activities (M)		9	6	2
Minerals (B)	6,168	8,235	(2,066)	Administrative services (N)		76	96	(20)
Industry (C)	1,957	1,842	114	Regional administration (O)		0	2	(2)
Utilities (D)	2,685	1,544	1,141	Education (P)		13	14	(1)
Water distribution (E)	247	310	(63)	Healthcare (Q)		154	141	13
Construction (F)	49	37	13	Recreation (R)		12	14	(2)
Retail (G)	528	796	(268)	Other Services (S)		8	9	(1)
Transport (H)	2,486	2,668	(182)	Activities of households as employers (T)		-	-	
Leisure (I)	44	36	8	Extraterritorial organisations (U)		-	-	
Information and communication (J)	24	47	(23)	No Sector		2,382	3,491	(1,129)
Financial Services (K)	414	449	(36)	Total kton CO₂		22,043	23,713	
Real estate (L)	8	8	1					

Excluding CB CRE

자료: ABN AMRO(2020), "Non-financial data & Engagement".

이외의 각 자산에 관한 세부적인 탄소배출량 및 방법론에 대해서도 보고하고 있다. 만약 탄소배출량 측정이 PCAF에서 제시된 바와 다르게 계산되었거나 계산 방법이 변경된 경우 주석 사항에 별도로 표기했다. 예컨대, [표 6-6]은 소매 금융 모기지상 에너지 레벨에 따른 탄소배출량을 보고한 것이다. 2019년에는 에너지 레벨에 따른 탄소배출량 측정 시 자체적으로 계산된 수치를 사용했다면, 2020년에는 PCAF에서 제시한 매개변수를 사용하여 이를 계산했기에, 작년과의 비교가능성 문제가 생길 수 있어 관련 사항을 아래 주석으로 공시한 것이다.

ABN AMRO 은행은 자산포트폴리오배출량 측정 및 공시와 관련된

[표6-6] ABN AMRO 은행의 에너지 레벨에 따른 탄소배출량 방법론 변경에 따른 주석 사항 공시

CO₂ emissions: Retail Banking mortgages

Energy label	A+++	A++	A+	A	B	C	D	E	F	G	No label	Total
a Percentage in portfolio				17%	16%	29%	9%	8%	10%	10%	1%	100%
b. Number of objects				129,028	123,726	217,192	68,002	59,501	73,130	78,376	10,792	759,747
Total CO₂ emissions in kton				435	526	969	320	287	352	408	56	3,353

The emissions for other (non-labels) has changed due to the use of PCAF parameters in 2020 as opposed to the self-calculated average that we have been using last years.
ABN AMRO average energy label C in its portfolio.
These calculations deviate from the PCAF loan-to-value approach. Instead, a 100% attribution factor is applied.

자료: ABN AMRO(2020), "Non-financial data & Engagement".

PCAF의 요구 사항을 대부분 반영하고 있으며, 나아가 PCAF의 권고 사항까지 충실히 지키고자 노력하고 있다. 이를 통해 ABN AMRO 은행의 이해관계자에게 자사의 기후변화위험과 노출 정도를 상세히 보고하고 있다. 다만, 측정에 필요한 데이터가 충분히 확보되지 않아 데이터 품질 수치가 낮은 것은 당면 과제로 보인다.

2_ 국내 사례

2021년에 KB금융그룹이 국내 최초로 PCAF의 방법론을 적용하여 자산·업종별 탄소배출량을 측정하고 평가를 실시한 내용을 2020년 지속가능 보고서에 포함시켰다. 본 절에서는 KB금융그룹의 PCAF를 이용한 기후변화 이행리스크 관리 공시 사례를 살펴보겠다.

KB금융그룹은 TCFD 권고안을 준수하기 위해 기후변화리스크 관리 체계를 구축했다. KB금융그룹은 정부의 환경규제 강화 기조 확대 및 기업의 탄소배출권 부담금 증가로 인해 고탄소배출 산업의 가치 하락, 담보가치 하락, 부도위험 증가가 나타날 것으로 예상했다. 이에 KB금융그룹은 기후변화 이슈에 따른 재무적 영향을 최소화하기 위해 PCAF의 자산분류를 이용하여 기업대출, 사채, 주식 발전 PF프로젝트 파이낸싱, 상업용 부동산 등 주요 자산군의 업종별 위험 및 노출도를 파악하고 이를 투자 및 대출 의사결정에 반영할 계획임을 발표했다.

이를 위해 KB금융그룹은 [그림 6-5]와 같이 업종별로 구별하여 탄소배출량을 측정한 후 이에 대한 익스포저 비중을 공시했다. 대표적인 화석연료 산업인 발전·에너지 업종은 '집중 관리 섹터', 철강, 석유화학 등 고탄소배출 업종은 탄소배출 및 산업계 노력 정도 등에 따라 '유의 섹터' 또는 '관심 섹터'로 지정하여 관리해나간다는 계획을 밝혔다.

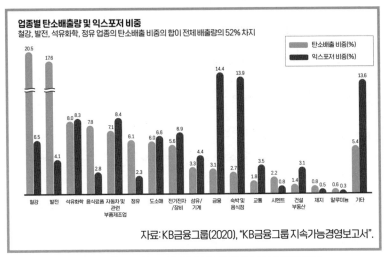

업종별 탄소배출량 및 익스포저 비중
철강, 발전, 석유화학, 정유 업종의 탄소배출 비중의 합이 전체 배출량의 52% 차지

자료: KB금융그룹(2020), "KB금융그룹 지속가능경영보고서".

[그림 6-5] KB금융그룹 업종별 탄소배출량 및 익스포저 비중

또한 객관적인 기후리스크 분석을 위해 전문 평가기관과 함께 자산 포트폴리오의 익스포저를 분석하고, PCAF 방법론을 적용하여 자산/업종별 탄소배출량을 산정·평가함으로써 Scope 3에 대한 자산포트폴리오배출량을 [그림 6-6]과 같이 공시했다.

KB금융그룹은 PCAF에서 제안한 자산분류 중 기업대출, 회사채, 발전 PF, (상장)주식, 상업용 부동산을 대상으로 분류한 후 자산별 절대배출량을 공시했다. 여기서 자산 포트폴리오의 탄소배출량은 PCAF의 방법론에 기초하여 산정했으며, 현재 배출량 데이터 확보가 가능한 자

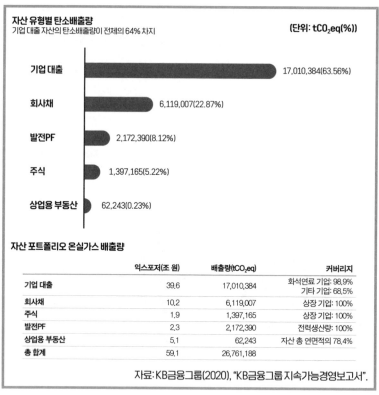

자산 유형별 탄소배출량
기업 대출 자산의 탄소배출량이 전체의 64% 차지

(단위: tCO$_2$eq(%))

자산 유형	탄소배출량
기업 대출	17,010,384(63.56%)
회사채	6,119,007(22.87%)
발전PF	2,172,390(8.12%)
주식	1,397,165(5.22%)
상업용 부동산	62,243(0.23%)

자산 포트폴리오 온실가스 배출량

	익스포저(조 원)	배출량(tCO$_2$eq)	커버리지
기업 대출	39.6	17,010,384	화석연료 기업: 98.9% / 기타 기업: 68.5%
회사채	10.2	6,119,007	상장 기업: 100%
주식	1.9	1,397,165	상장 기업: 100%
발전PF	2.3	2,172,390	전력생산량: 100%
상업용 부동산	5.1	62,243	자산 총 연면적의 78.4%
총 합계	59.1	26,761,188	

자료: KB금융그룹(2020), "KB금융그룹 지속가능경영보고서".

[그림 6-6] KB금융그룹 자산 유형 탄소배출량

산으로 범위를 한정했다. KB금융그룹은 기업대출, 회사채, 주식의 경우 총 익스포저가 30억 원 이상인 기업과 30억 원 미만인 기업 중 규제 대상기업배출권거래제, 목표관리제을 분석대상으로 했다. 위 자료를 통해 KB금융그룹의 이해관계자는 의사결정에 필요한 여러 정보를 산출할 수 있다. 예컨대, 위 자료를 이용하여 [표 6-7]과 같이 경제적 온실가스 배출 강도를 추정할 수 있다.

[표 6-7] KB금융그룹의 경제적 온실가스 배출 강도

구분	투자한 금액(원)	배출량(tCO₂e)	경제적 온실가스 배출강도 (tCO₂e/조(원))
기업대출	39.6조	17,010,384	429,555
회사채	10.2조	6,119,007	599,903
주식	1.9조	1,397,165	735,350
발전 PF	2.3조	2,172,390	944,517
상업용 부동산	5.1조	62,243	12,205
총합계	59.1조	26,761,188	452,812

[표 6-8] KB금융그룹의 PCAF의 주된 권장 사항 및 요구 사항의 충족 여부

PCAF의 주된 권장 사항 및 요구 사항	충족 여부
자산의 분류 또는 부문에 대한 모든 절대배출량 공개	충족
6가지 자산분류에 대해 자산포트폴리오배출량이 포함된 대출 및 투자 비율 공개	충족
7가지 온실가스를 이산화탄소로 환산하여 보고	충족
기관은 대출 및 투자의 절대배출량(Scope 1과 2의 합) 공개	불충족
자사의 Scope 1, 2 공개	충족
금융기관은 대출 및 투자의 Scope 3 절대배출량을 개별적으로 공개	충족
탄소집약적인 부문(예: 에너지, 전력, 시멘트, 철강, 자동차)에 대해 자산분류에서의 또는 부문 수준에서의 절대배출량 데이터를 분리하여 공개	일부 충족
프로젝트 자금의 Scope 1 및 2의 평생 절대배출량을 평가하고 보고	불충족
경제적 배출 강도 보고	일부 충족
데이터 및 데이터 품질 관련 요구 사항	불충족

절대배출량은 기업대출이 가장 높지만 융자와 투자액 대비 배출량이 가장 높은 것은 발전 PF임을 알 수 있다. 즉, KB금융그룹 포트폴리

오상 발전 PF가 기후변화위험도가 가장 높기 때문에 향후 발전 PF의 투자 및 여신 비율을 낮출 필요성이 있음을 보여준다. 이와 같이 KB금융그룹은 PCAF에 따라 자산포트폴리오배출량을 공시했지만 PCAF를 적용한 최초의 공시이다 보니 [표 6-8]과 같이 PCAF에서 제시한 주된 권장 사항 및 요구 사항을 완벽하게 충족하지는 못했다.

자산분류 및 자산포트폴리오배출량에 대한 부분은 대부분 충족했으나 대출 및 투자의 절대배출량 및 프로젝트 자금의 Scope 1 및 2의 평생 절대배출량, 데이터 및 데이터 품질 관련 요구 사항은 측정의 어려움 및 적용상의 이슈로 인해 충분한 내용을 공시하지 못했다. 특히 부족한 점은 데이터 및 데이터 품질 관련 주된 요구 사항을 거의 충족하지 못했다는 것이다. 데이터 품질은 수치에 대한 신뢰성을 직접 가늠할 수 있는 매우 중요한 자료지만 이에 대한 내용이 거의 없다는 점은 향후 보완해야 할 과제로 보인다.

4

국내 금융기관의
PCAF 도입을 위한 제언

　산업계가 주도한 PCAF의 활동 과정은 기후변화와 탄소중립으로의 변화가 기업들에 위험이자 큰 기회라고 보는 산업계의 인식을 보여주었다. 이것이 가능하기 위해 산업계는 더욱 견고하고, 명확하며, 통일된 자산포트폴리오배출량을 공개해야 한다. PCAF는 이 같은 중요한 요구 사항에 대처하여 금융계의 기후와 관련된 공시에서 큰 발전을 이룰 수 있는 계기가 될 것이다. 국내에서도 더 이상 PCAF는 다른 국가의 이야기가 아니다. 이미 KB금융그룹, 신한금융그룹, IBK기업은행이 PCAF에 참여하고 있다.

　우리나라의 금융기관 감독당국인 금융위원회, 한국은행 등은 이미 TCFD 지지를 선언했다. 이는 자산포트폴리오배출량이 의무공시화될 것임을 알리는 신호탄이라고 볼 수 있다. 금융기관이 기후변화에 대응하여 자산포트폴리오를 관리하고 TCFD에 따라 기후변화위험을 공개하기 위해 PCAF는 필수적이다.

국내 은행들이 PCAF를 도입하여 기후변화에 효과적으로 대처하기 위해서는 다음의 사항을 고려할 필요가 있다. 첫째, PCAF의 도입 목적을 명확히 해야 한다. 단순히 외부 ESG 점수 및 평가 등급의 향상 혹은 홍보효과를 노리고 도입해서는 안 된다. PCAF는 자산포트폴리오배출량을 측정하는 방법을 제공하여 향후 기후변화에 따른 위험도를 관리하고 공시하도록 유도하는 것이 목적이다. PCAF 도입에는 많은 비용이 소요되기 때문에 기후변화와 관련하여 비용 이상의 실질적 효과를 창출해야만 한다. 따라서 그 도입의 목적과 효과에 대해 명확히 이해한 후 PCAF를 도입해야 한다.

다음으로, PCAF 도입 시 다른 이니셔티브와의 연계가 이루어져야 한다. 예컨대, TCFD의 권고안에 따라 탄소배출량을 공시할 때 측정 방법론으로 PCAF를 활용한다면 TCFD 정보의 신뢰성과 가치관련성이 향상되는 시너지 효과를 창출할 수 있다.

마지막으로, 데이터의 제한이 탄소회계를 시작하지 않는 근거가 될 수 없음을 인지해야 한다. 앞선 사례가 보여주듯이 PCAF 도입을 주도하고 있는 ABN AMRO 역시 가장 품질이 낮은 데이터를 써서 자산포트폴리오배출량을 공시하고 있다. 금융기관들은 한정된 데이터 속에서도 가장 합리적인 자산포트폴리오배출량을 구하기 위해 노력해야 한다. 이와 관련하여 끊임없이 최신, 최고 품질의 데이터를 확보하기 위해 노력하고, 이를 활용하여 기후변화 영향 분석의 신뢰성을 높여야 한다.

PCAF는 금융기관의 탄소배출량 공시의 첫 발걸음이다. 당연히

PCAF는 절대적이거나 완벽하지 않으며, 다양한 모델링과 가정이 존재하는 한 앞으로도 완벽해질 수 없을 것이다. PCAF 방법론의 지지자들조차도 많은 수정이 필요하다고 주장한다. 그럼에도 불구하고 PCAF가 기후금융의 시작이자 중심이라는 사실에는 변함이 없다. 미국의 주요 은행에 자금 배출량을 공개하도록 촉구한 투자자 옹호 그룹 As You Sow의 대표인 Danielle Fugere는 '완벽한 시스템은 없다'고 인정하면서도 PCAF 뒤에 많은 추진력이 있다는 점은 매우 분명하며, 다양한 측면에서 표준이 되고 있음을 주장했다. 그녀의 말처럼 향후 기후금융의 표준화는 막을 수 없을 것이며, 그 중심에 PCAF가 있을 것이다.

부록 1

자산포트폴리오배출량 측정 방법론

본 부록에서는 PCAF의 탄소회계보고기준에 제시된 6개의 자산별 탄소배출량을 측정하는 방법에 대해 자세히 다룬다. 자산별 탄소배출량 측정 방법에는 자산분류의 정의, 배출량의 종류 및 Scope, 탄소배출량의 특징, 탄소배출량 계산 공시, 요구되는 데이터 등의 내용이 포함되어 있다. 먼저 자산은 다음과 같은 [그림 부록 6-1]과 같이 분류된다.

[그림 부록 6-1]과 같이 최초에 자산은 기업자금, 프로젝트 자금, 고객자금의 총 3가지로 나뉜다. 여기서 기업자금은 다시 비상장주식, 기업채권, 비상장기업의 자본자산, 대출로 나뉜다. 프로젝트 자금과 고객자금은 개인과 가정에 조달되는 주택담보대출, 차량캐피탈 자금을 지칭한다. 최초 자산을 6가지 항목으로 분류했다면, 다음 단계에서는 자산 유형별로 수익자금 및 활동 부분으로 재분류한다. 먼저, 수익은 사용항목이 있는 경우와 없는 경우, 2가지로 구분한 후 이를 바탕으로 활동

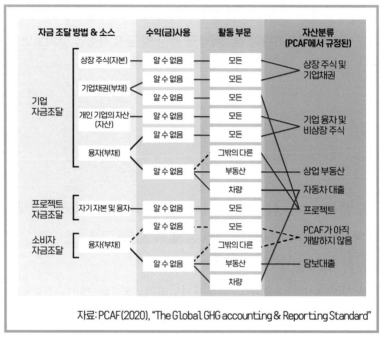

[그림 부록 6-1] 자산포트폴리오배출량 계산 시 자산분류 방법

부분으로 나눈다. 활동 부분에서는 부동산과 차량 이외에는 모든 항목 또는 그 밖의 항목으로 구한 후 최종적으로 6가지 자산 유형으로 구분한다.

간략하게 예를 들어보자. A은행이 임대사업을 영위하는 B기업에 부동산 담보대출을 해주었고 A기업은 대출받은 자금으로 임대업을 영위하는 건물에 리모델링을 수행하여 임대비용을 높였다고 가정하자. 첫번째 분류에서 기업자금조달, 두 번째 분류에서는 융자가 된다. 다음으로 대출자금이 수익향상을 위해 사용되고 있으며, 활동 부분에서 부동산자산에 속하기 때문에 최종적으로 상업용 부동산으로 분류된다.

6가지 자산 중 핵심 자산인 '상장주식 및 사채'와 '기업대출 및 비상장주식'에 대한 금융기관의 탄소배출량 측정 및 공시 사항을 살펴보면 다음과 같다. [15]

1_ 상장주식 및 사채

본 범주에 속한 자산은 주식, 사채, 주식시장이나 거래소에서 거래되는 자산을 포함한다. 친환경 채권, 국채, 파생상품 금융상품선물, 옵션, 스왑은 이 자산분류에 해당되지 않는다.

본 자산에서는 대출자 및 피투자기업의 Scope 1과 2의 배출량을 모두 보고한다. Scope 3의 배출량을 보고하기 위해 PCAF는 단계적 접근방식을 따르며, 기업이 활발하게 활동하는 부문즉, 수익을 얻는 곳에 따라 보고를 요한다. 별도의 보고를 통해 완전한 투명성을 확보하고 이를 대출자 및 피투자기업의 Scope 1과 2의 배출량에 추가할 때 잠재적으로 중복 측정된 부분을 인정한다. 만약 금융기관은 데이터 가용성 또는 불확실성으로 인해 필요한 Scope 3의 배출량을 보고할 수 없는 경우 이를 충분히 설명해야 한다.

PCAF는 Scope 3의 차용자와 투자자의 배출(량)이 보고되어야 하는 부문에서 자세한 사항을 제공하도록 요구한다. 2021년부터는 에너지와 석탄 부문에 요구했고, 2024년부터는 운송, 건설, 건물, 직물 및 산업 부문에 요구하며, 2026년부터는 모든 부분에 Scope 3의 배출량을 요구한다. 상장주식 및 사채에 대한 귀속부하량은 다음 식을 통해 계산된다.

- **상장주식:** 대출자 및 피투자기업 = 미지불 금액/현금을 포함한 기업가치(EVIC)
- **사채:** 대출자 및 피투자기업 = 미지불 금액/자본 + 부채(총 자산)

상장주식의 경우 분자는 미지불 금액Outstanding이며, 분모는 현금을 포함한 기업가치Enterprise Value Including Cash; EVIC다. EVIC는 다음과 같이 정의된다. 회계연도 말 시점 보통주의 시가 총액, 회계연도 말 시점 우선주의 시가 총액, 총 부채 및 소수주주지분의 장부가액의 총합이다. 부정적 기업가치의 가능성을 피하기 위해 현금 또는 현금등가물을 공제하지 않는다. 여기서 현금을 포함하는 이유는 일부 회사에서 기업이 보유 중인 현금이 과도하게 많아 분모가 과소계상되어 전체 온실가스 배출량이 과대추정되는 경우가 존재하기 때문이다. 따라서 보유 중인 현금을 포함한 기업가치를 분모로 사용한다. 다만, 편의성을 위해 2023년까지 EVIC 대신 시가총액을 사용해도 무방하다.

사채의 경우 분자는 상장주식과 동일하게 미지불 금액이며, 분모는 자본과 재무상태표상 부채다. 만약 재무상태표가 없거나 구하기 어려울 경우 분모에 총 자산을 사용해도 무방하다. 위와 같이 측정된 귀속부하량지분을 바탕으로 다음과 같이 온실가스 배출량을 계산할 수 있다.

상장주식;

온실가스 배출량(Scope 3) =

Σ[미지불 금액/현금을 포함한 기업가치(EVIC)] × 기업의 온실가스 배출량

사채 ;

온실가스 배출량(Scope 3) =

∑[미지불 금액/자본 + 부채(총 자산)] × 기업의 온실가스 배출량

여기서 기업의 온실가스 배출량은 총 3가지 방법으로 추정 가능하다. 첫 번째 방법은 보고 자료를 이용하는 것으로, 탄소배출량을 직접적으로 획득할 수 있을 경우 온실가스 배출량으로 그대로 사용한다. 탄소배출량을 직접적으로 획득할 수 있다는 것은 대출자 또는 피투자자의 공시 자료사업 보고서, 지속가능 보고서 등를 통해 획득할 수 있거나 검증된 제3의 공급업체예: CDP를 통해 획득 가능한 경우를 의미한다. 두 번째 방법은 직접적으로 탄소배출량을 확보할 수 없을 경우 탄소배출량을 계산하기 위해 필요한 주요 물리적 활동을 기반으로 추정하는 것이다. 탄소배출량 데이터는 신뢰할 수 있는 독립기관에서 발행하거나 승인한 물리적 활동별로 나타난 검증된 배출량 요소를 이용하여 측정하는 것이다. 마지막은 탄소배출량을 직접적으로 획득할 수 없고, 물리적 활동을 기반으로 나타난 검증된 배출량 요소도 이용할 수 없는 경우에 경제적 활동을 기반으로 배출량을 추정하는 방법이다. 탄소배출량 데이터는 공식 통계 데이터 또는 경제적 활동별로 표현된 지역별 또는 부문별 평균 배출량 요소를 제공하는 검증된 EEIOEnvironmentally Extended Input Output표를 사용하여 추정한다. 배출량 요소를 획득하는 데 사용 가능한 EEIO 데이터베이스로는 EXIOBASE, GTAP, WIOD 등이 있다. 대부분의 상장주식 및 사채에 대한 자산포트폴리오배출량은 앞에서 제시한 방법 1, 2, 3을 통해 측정할 수 있을 것으로 예상된다.

그러나 특정 방법을 사용할 수 없거나 새로운 방법이 개발된 경우 배출량을 계산하기 위해 대체 방법을 사용할 수 있다. 다만, 보고하는 금

[표 부록 6-1] 상장주식 및 사채에 대한 데이터 품질 점수표에 대한 개괄

(1점 = 가장 높은 데이터 품질, 5점 = 가장 낮은 데이터 품질)

데이터 품질	자산포트폴리오배출량 추정 방법		각 방법을 사용할 시점
1점	방법 1: 보고된 배출량	1 a	기업 및 EVIC의 지분 및 대여한 금액이 알려져 있다. 기업의 검증된 배출량 사용이 가능하다.
		1 b	기업 및 EVIC의 지분 및 대여한 금액이 알려져 있다. 기업에 의해 계산된 미검증된 배출량 사용이 가능하다.
2점	방법 2: 물리적 활동 기반 배출량	2 a	기업 및 EVIC의 지분 및 대여한 금액이 알려져 있다. 보고된 기업 배출량은 알려져 있지 않다. 배출량은 기업의 에너지 소비량에 대한 주요 물리적 활동 데이터와 해당 주요 데이터에 특정한 배출량 요소를 사용하여 계산된다. 관련 과정 배출량이 추가된다.
3점		2 b	기업 및 EVIC의 지분 및 대여한 금액이 알려져 있다. 보고된 기업 배출량은 알려져 있지 않다. 배출량은 기업의 에너지 생산량에 대한 주요 물리적 활동 데이터와 해당 주요 데이터에 특정한 배출량 요소를 사용하여 계산된다.
4점	방법 3: 경제적 활동 기반 배출량	3 a	기업 및 EVIC의 지분 및 대여한 금액과 기업 이윤이 알려져 있다. 이윤 단위당 부문에 대한 배출량 요소가 알려져 있다. 예: 부문에서 얻은 이윤의 유로당 tCO_2e
5점		3 b	기업의 지분 및 대여한 금액이 알려져 있다. 자산 단위당 부문에 대한 배출량 요소(예: 부문에서 얻은 자산의 유로당 tCO_2e)가 알려져 있다.
		3 c	기업의 지분 및 대여한 금액이 알려져 있다. 이윤 단위당 부문에 대한 배출량 요소(예: 부문에서 얻은 이윤의 유로당 tCO_2e) 및 해당 부문의 자산 회전율이 알려져 있다.

자료: PCAF(2020), The Global GHG accounting & Reporting Standard.

융기관은 위에서 정의된 3가지 방법 이외에 대체 방법을 사용하는 이유를 반드시 설명해야 한다. 사용된 데이터 방법론에 따라 데이터 품질을 계산하는 방법은 [표 부록 6-1]을 기준으로 한다.

상장주식 및 사채에 대한 자산포트폴리오배출량 측정 및 활용 시에는 몇 가지 제한 사항이 존재한다. 첫째, EVIC를 분모로 사용하면 시장가격변동으로 인해 관리대상 자산의 규모가 변경되는 경우다. 시장가격의 변동은 상대적 자산포트폴리오배출량배출 강도의 특정 비율을 감소시킨다. 따라서 시간 경과에 따른 EVIC 변화에 대한 인플레이션을 통해 보정 등의 작업이 추가적으로 필요하다.

시장가격변동에 보정을 적용하는 것은 결과에 큰 영향을 미칠 수 있으며, 일관성 없이 적용되는 경우 서로 다른 금융기관 간의 결과 비교가능성이 크게 감소할 수 있다. 예컨대, 환율이나 인플레이션 등으로 인해 시장가격변동이 큰 국가에서는 보정 작업을 하지 않으면 비교가능성이 크게 약화된다. 따라서 PCAF에서는 가급적 금융기관은 보정되지 않은 절대배출량을 최소한으로 보고하도록 요구한다. 보정된 결과는 금융기관이 선택적으로 별도로 보고할 수 있다. 금융기관이 이러한 조정을 적용하기로 결정한 경우, 이를 투명하게 공개하고 그 방법을 공개하여 진행해야 한다.

다음으로 일정 규모 이상의 상장주식 및 회사채 포트폴리오에 대해 탄소배출량을 측정할 때 다양한 출처의 정보를 결합해야 한다. 이때 해당 정보를 적합하게 결합하기 위해서는 식별코드가 있어야 한다. 예컨대, 국내에서는 주식코드, KISCODE가 대표적이며 해외에서는 블룸버그 티커가 있다.

마지막으로 발행자의 절대배출량을 총 자본 및 부채에 귀속시키는 것과 관련하여 잠재적인 부작용이 존재할 수 있다. 일반적으로 발행인이 절대배출량분자을 감소시키도록 장려함으로써 낮은 배출량을 달성할 수는 있지만, 권장되는 계산 방법은 분모발행자의 자본 또는 부채 포지션를 증가시킴으로써 계산상 탄소배출강도가 줄어드는 유사한 효과를 얻는 것이다. 이는 탄소의 절대적 감소가 아니라 상대적 감소를 나타내는 것으로, 2050 탄소 Net Zero를 달성하기 위한 목표와는 일치하지 않는다. 따라서 이해관계자들은 자산포트폴리오배출량의 절대치 역시 중요할 수 있음을 인지해야 한다.

2_ 기업대출 및 비상장주식

대출 및 비상장주식은 기업대출 및 기업에 대한 자본투자비상장주식를 의미한다. 여기서 모든 기업대출은 모든 대출 및 신용한도가 포함되며, 비상장주식의 대출과 함께 주식투자도 포함된다. 금융기관에서 제공하는 신용장, 브리지론일시적 사전 주택담보대출 등의 금융상품의 경우 재무제표상 기록되지 않은 대출신용한도 역시 자산분류에 포함한다. 다만, 재무제표상 대출된 자산은 다양한 경우가 존재하기 때문에 PCAF에서는 향후 세부적 지침을 추가로 발표할 예정이다. 비상장주식의 경우 투자펀드를 지칭하는 사모펀드는 해당 자산분류에 포함하지 않는다. 사모펀드 또한 PCAF에서 세부적인 자산분류법을 개발하여 발표할 예정이다.

본 자산에서도 앞서와 동일하게 대출자 및 피투자기업의 Scope 1과 2의 배출량을 모두 보고하며, Scope 3의 배출량을 보고하기 위해 PCAF는 단계적 접근 방식을 따른다. 아울러 상장주식과 똑같이 PCAF는 Scope 3의 차용자와 투자자의 배출(량)이 보고되어야 하는 부문에서 자세한 사항을 제공하도록 요구한다. 2021년부터는 에너지와 석탄 부문에 요구했고, 2024년부터는 운송, 건설, 건물, 직물 및 산업 부문에 요구하며, 2026년부터는 모든 부분에서 Scope 3의 배출량을 요구한다. 기업 대출 및 비상장주식에 대한 귀속부하량은 다음의 식을 통해 계산한다.

비상장주식 지분: 대출자 및 피투자기업 지분 = [(금융기관의 주식 수)/총 주식 수] × 총 자본 귀속부하량 = [{(금융기관의 주식 수)/총 주식 수} × 총 자본]/총 자본 + 부채

상장기업대출: 대출자 및 피투자기업 지분 = [(금융기관의 주식 수)/총 주식 수] × 총 자본 귀속부하량 = [{(금융기관의 주식 수)/총 주식 수} × 총 자본]/현금 포함 기업가치

이를 바탕으로 비상장주식에 대한 온실가스 배출량을 다음과 같은 식으로 계산할 수 있다.

비상장주식 ;
온실가스 배출량(Scope 3) =

Σ[(금융기관의 주식 수)/총 주식 수] × 기업의 온실가스 배출량

[표 부록 6-2] 기업대출 및 비상장주식에 대한 데이터 품질 점수표에 대한 개괄

(1점 = 가장 높은 데이터 품질, 5점 = 가장 낮은 데이터 품질)

데이터 품질	자산포트폴리오배출량 추정 방법		각 방법을 사용할 시점
1점	방법 1: 보고된 배출량	1 a	기업의 대출 금액 및 자본과 부채의 총합이 알려져 있다. 기업의 검증된 배출량을 사용할 수 있다.
		1 b	기업의 대출 금액 및 자본과 부채의 총합이 알려져 있다. 기업에 의해 계산된 미검증된 배출량을 사용할 수 있다.
2점	방법 2: 물리적 활동 기반 배출량	2 a	기업의 대출 금액 및 자본과 부채의 총합이 알려져 있다. 보고된 기업 배출량은 알려져 있지 않다. 배출량은 기업의 에너지 소비량에 대한 주요 물리적 활동 데이터와 해당 주요 데이터에 특정한 배출량 요소를 사용하여 계산한다. 관련 과정 배출량이 추가된다.
3점		2 b	기업의 대출 금액 및 자본과 부채의 총합이 알려져 있다. 보고된 기업 배출량은 알려져 있지 않다. 배출량은 기업의 생산에 대한 주요 물리적 활동 데이터와 해당 주요 데이터에 특정한 배출량 요소를 사용하여 계산한다.
4점	방법 3: 경제적 활동 기반 배출량	3 a	기업의 대출 금액, 자본과 부채의 총합, 이윤이 알려져 있다. 이윤 단위당 부문에 대한 배출량 요소(예:부문에서 얻은 이윤의 유로당 tCO_2e)가 알려져 있다
5점		3 b	기업의 대출 금액이 알려져 있다. 자산 단위당 부문에 대한 배출량 요소(예: 부문에서 얻은 자산의 유로당 tCO_2e)가 알려져 있다.
		3 c	기업의 대출 금액이 알려져 있다. 이윤 단위당 부문에 대한 배출량 요소(예: 부문에서 얻은 이윤의 유로당 tCO_2e) 및 부문에 대한 자산회전율이 알려져 있다.

자료: PCAF(2020), The Global GHG accounting & Reporting Standard

상장기업 대출;

온실가스 배출량(Scope 3) =

Σ [(금융기관의 주식 수)/현금 포함 기업가치] × 기업의 온실가스 배출량

기업대출 및 비상장주식의 자산포트폴리오배출량은 대출자와 피투자기업의 배출량 관련 데이터를 이용하여 계산할 수 있는데 직접적인 배출량 데이터의 확보 여부, 데이터 신뢰성 여부 등에 따라 앞서 언급한 3가지 방법론보고 자료를 이용하는 것, 주요 물리적 활동 기반으로 추정하는 것, 경제적 활동을 기반으로 추정하는 것으로 계산된다. 나아가 사용한 방법론에 따라 데이터 품질을 공시해야 하는데, 데이터 품질을 계산하는 방법은 [표 부록 6-2]와 같다.

기업대출 및 비상장주식에 대한 자산포트폴리오배출량을 계산하는 데에는 다음과 같이 몇 가지 제한 사항이 존재한다. 먼저, 데이터 품질에 대한 이슈다. 방법 3, 즉 경제적 활동을 기반으로 자산포트폴리오배출량을 계산하는 경우 지역별 또는 부문별 평균값을 적용하기 때문에 신뢰성에 문제가 있을 수 있다. 특히 일반화하거나 무리한 가정을 한 경우 계산의 견고성이 떨어지고 대출자별 또는 피투자기업별 데이터에 기초한 계산에서보다 큰 불확실성을 만든다. 또한 특정 지역에 대한 통계 데이터 또는 인정된 EEIO표는 보고하는 금융기관이 사용하는 부문 분류에 비판적으로 매핑될 필요가 있는데, 이는 부문들이 일대일로 매핑되지 않을 수 있고 결국에는 자산포트폴리오배출량이 과대평가 또는 과소평가될 수 있기 때문이다.

다음으로, 측정 불일치의 문제다. Scope 1, 2, 3 배출량을 포함하는 대

출자 또는 피투자기업별 배출량 데이터로 포트폴리오의 일부를 측정하고, 다른 부분을 범위 1, 2 배출량만 포함하는 지역별 또는 부문별 평균 배출량 데이터로 측정하면 측정의 불일치가 발생할 수 있다. 완화 방법으로는 금융기관이 주어진 부문 내 포트폴리오 크기에 충분한 대출자별 또는 피투자기관별 데이터를 보유하고 있는 경우, 해당 데이터를 이용하여 지역별 또는 부문별 평균 데이터의 정확성을 높일 수 있다.

또 다른 제한 요소는 배출 시점에 대한 부분이다. 계절적 변동성 또는 시간적 변동성이 높은 산업에 속한 기업대출(혹은 포트폴리오)의 경우, 연말 대출 잔액을 사용하면 연말과 겹치지 않는 계절 동안 발생하는 활동을 포함하지 못할 수도 있다. 마찬가지로, 서로 다른 결산월을 사용하는 금융기관은 동일자산에 대해서도 결과가 서로 다르게 나타날 수 있다. 다만, 국내의 주요 은행은 결산월이 대부분 12월로 일치한다.

마지막으로, 상장주식 및 사채와 동일하게 EVIC를 분모로 사용할 시 시장가격변동으로 인해 관리대상 자산의 규모가 변경되는 경우다. 앞서 언급한 바와 동일하게 시장가격의 변동은 상대적 자산포트폴리오 배출량배출 강도의 특정 비율을 감소시키게 되어 비교가능성을 하락시키므로 인플레이션을 통한 보정 등의 작업이 추가적으로 필요하다. 기업대출 및 비상장주식 역시 상장주식 및 사채와 동일하게 EVIC를 조정하는 경우 이를 투명하게 진행시켜야 한다.

부록 2

보고 권장 사항 및 요구사항

본 부록에서는 PCAF의 보고 권장 사항 및 요구 사항에 대한 전문을 제시한다. 여기는 기본적인 원칙, 목적, 보고 빈도, 형식 등에 관한 사항을 포함하고 있다.

1) 보고 및 요구 사항

① 원칙: 금융기관의 탄소회계 및 보고는 목적적합성, 완전성, 일관성, 투명성, 정확성의 원칙을 기반으로 해야 한다.

② 목적: 금융기관의 보고는 특정 사업목표(예: 기후 관련 변화위험 식별 및 관리, 특정 배출량 감소 목표)와 일치해야 한다.

③ 빈도: 금융기관은 재무회계 주기에 따라 연간 최소 한 번 이상 고정된 시점에 공시를 해야 한다. 금융기관은 선택한 시점이 해당 보고 연도의 배출량에 대한 대표적 견해를 제공하고 보고 날짜에 가까운 시기(직전/직

후)에 생긴 대규모 변경 사항이 결과에 영향을 미치는지 여부를 투명하게 공개해야 한다.

④ **재계산 및 유의성 임계값:** 금융기관은 GHG Protocol 기업가치사슬 (Scope 3) 회계와 보고표준 요건에 맞게 기준 재계산 정책을 수립하여 일관성, 비교가능성, 보고된 온실가스 배출량의 시간 경과에 따른 관련성을 보장하기 위해 (기준 연도) 자산포트폴리오배출량 재계산이 필요한 상황을 정의해야 한다. 해당 기준 연도 배출량 재계산 정책의 일환으로, 금융기관은 기준 연도 배출량 재계산을 유발하는 유의성 임계값을 설정하고 공개해야 한다.

⑤ **보고 형식:** 금융기관은 사업 보고서, 웹 사이트, 금융기관이 적합하다고 판단하는 기타 공개적으로 이용이 가능한 출처와 같이 공개적으로 이용이 가능한 보고서에 공개해야 한다.

⑥ **과거 실적:** 사업목표에 적합하고 관련이 있는 경우, 금융기관은 다양한 비교 기간(예: 연도) 동안의 자산포트폴리오배출량을 공개해야 한다.

2) 공개 범위

① 금융기관은 5장에서 다룬 모든 관련 자산분류 또는 부문에 대한 모든 절대배출량을 공개하고 예외 사항을 정당화해야 한다.

② 금융기관은 5장에서 다루는 6개의 자산분류에 대해 자산포트폴리오배출량 목록이 포함된 총 대출 및 투자 비율을 공개해야 한다(예: 제한 및 제외 사항을 염두에 둔 금융기관의 자산 분류별 총 대출 및 투자).

3) 가스 및 단위

① 금융기관은 UNFCCC에 따라 의무화된 교토의정서에서 규정하고 있는 7가지 온실가스가 가치사슬에서 배출되는 경우, 이를 국가 목록에 포함시켜야 한다. 해당 가스는 이산화탄소CO_2, 메탄CH_4, 아산화질소N_2O, 수소불화탄소HFC, 과불화탄소PFC, 육불화황SF_6, 삼불화질소NF_3다.

② 이 7가지 가스는 IPCC가 발표한 지구온난화 잠재력 100년과 GHG Protocol에서 발표한 AR5 값 또는 IPCC에서 가장 최근에 발표한 평가보고서를 사용하여 이산화탄소 등가물CO_2e로 변환되어야 한다.

③ 금융기관은 자산포트폴리오배출량을 이산화탄소의 양CO_2e 또는 기타 적절한 측정 변환값(예: $ktCO_2e$, $MtCO_2e$)으로 표시해야 한다. 특정 GHG의 배출(예: 메탄 배출)이 중요하고 관련성이 있는 경우, 금융기관은 이러한 배출에 대한 별도 공개를 고려해야 한다.

④ 가치사슬에서 발생하는 유기 CO_2 배출은 범위에 포함되지는 않지만 공개 보고서에 포함되어 별도로 보고되어야 한다.

4) 절대배출량

① 기관은 대출 및 투자의 절대배출량Scope 1과 2의 합을 공개해야 한다. 금융기관의 사업목표에 부합하는 경우, 대출 및 투자의 Scope 1과 2 절대배출량을 서로 별도로 보고해야 한다.

② 이 표준에 나와 있는 Scope 3, 15개 카테고리를 보고하는 것을 넘어서, 금융기관은 자사의 Scope 1, 2 및 관련 Scope 3 배출량 카테고리를 GHG Protocol 기업가치사슬Scope 3 회계 및 보고표준과 같은 선상에서 측정하고 보고해야 한다.

③ 5장의 관련 방법에서 요구하는 경우, 금융기관은 대출 및 투자의

Scope 3 절대배출량을 개별적으로 공개해야 한다. 금융기관은 데이터 가용성 또는 불확실성으로 인해 필요한 Scope 3 정보를 제공할 수 없는 경우, 이를 설명해야 한다.

④ 금융기관은 특히 가장 탄소집약적인 부문(예: 에너지, 전력, 시멘트, 철강, 자동차)에 대해 자산분류에서의 또는 부문 수준에서의 절대배출량 데이터를 분리하여 공개해야 한다.

⑤ 금융기관이 특정 프로젝트의 초기 투자기관 또는 대출기관인 경우, 해당 기관은 보고 연도 동안 자금을 조달한 프로젝트의 Scope 1 및 2 평생 절대배출량도 평가하고 보고해야 한다.

5) 배출 방지 및 배출 제거

① 절대배출량 외에도 금융기관은 적절한 방법을 사용할 수 있을 때 대출 및 투자와 관련된 배출 제거를 보고해야 한다. 신재생에너지 프로젝트의 배출 제거를 보고해야 할 수도 있다.

② 금융기관이 탄소 제거 또는 배출 방지를 공개하기로 선택한 경우, 금융기관의 Scope 1, 2, 3 목록과는 별도로 절대적인 탄소 제거 또는 절대배출량 방지를 공개해야 한다.

6) 배출 강도

① 금융기관은 이러한 값이 사업목표와 관련이 있는 경우, 경제적 배출 강도를 보고해야 한다.

② 경제적 배출 강도는 투자 또는 대출된 백만 유로 또는 달러당 이산화탄소 등가물의 양으로 포트폴리오, 자산분류, 부문 수준에서 $tCO_2e/M€$ 또

는 tCO₂e/M$로 표시되어야 한다.

③ 사업목표와 관련하여 금융기관은 부문별 활동(예: 부동산의 경우 $tCO_2e/㎡$, 전력 설비의 경우 tCO_2e/MWh, 철강기업의 경우 $tCO_2e/tonne$)을 사용하여 부문별 물리적 배출량 강도를 보고해야 한다.

7) 데이터 및 데이터 품질

① 금융기관은 사용 가능한 가장 최신 또는 기타 적절한 데이터를 사용해야 한다. PCAF는 금융 보고와 배출량 요소 또는 채무자나 투자자의 배출량 데이터와 같이 필요한 데이터가 확보되는 데 시간차가 있다는 것을 인식하고 있다. 이러한 경우, 데이터가 다른 연도를 나타내는 것은 허용된다.

② 금융기관은 배출량을 계산하는 데 사용되는 활동 데이터, 가정, 배출량 요소 및 모든 관련 게시 날짜를 포함해 데이터 유형 및 출처에 대한 설명을 제공해야 한다. 투명성을 위해 설명이 작성되어야 한다.

③ 금융기관은 보고된 배출량 데이터의 품질에 대한 지분금액에 가중치를 부여한 점수를 게시하거나 게시할 수 없는 이유를 설명해야 한다.

④ 금융기관이 Scope 3 배출량을 보고하는 경우, 가중 데이터 품질 점수는 Scope 1 및 2와 별도로 보고되어야 한다.

⑤ 5장의 각 자산분류 방법에 제공된 데이터 계층 구조 표는 데이터 품질 공개에 대한 지침으로 사용되어야 한다. 금융기관은 데이터 품질 평가 방법을 설명하고, 이것이 시간이 지남에 따라 개선될 것임을 인정해야 한다.

⑥ 시간이 지남에 따라 가능한 경우, 데이터는 최소한 제한된 보증 수준으로 검증되어야 한다. 금융기관은 데이터의 검증 여부와 그 수준을 공개해야 한다.

7장

기후 관련
금융리스크 관리

허규만 , 표동진

금융회사는 에너지를 직접 생산하거나 화석연료 등의 좌초자산을 재고자산으로 보유하지 않는다. 이런 이유로 금융산업은 지구 온난화 및 이산화탄소 배출 감소 등의 기후변화에 직접적으로 위험이 노출된 산업이 아니라고 생각하기 쉽다. 그러나 금융 생태계 측면에서, 금융산업 또는 개별 금융회사는 다양한 경제주체들 간의 자금중개를 통해 수익을 창출한다. 이 과정에서 실물경제에 대한 기후변화의 부정적 영향은 금융회사의 직접 보유자산인 대출채권과 투자자산의 가치하락으로 이어지고, 차입 또는 투자대상 기업의 신용도 하락 또는 영업이익의 감소는 금융회사의 수익 악화로 직결될 수 있다. 따라서 금융산업도 기후변화 위험에 직접적으로 노출되어 있다고 해도 과장은 아닐 것이며, 기후변화는 금융회사의 수익성 및 건전성에 엄연히 영향을 미치는 새로운 유형의 리스크임을 부인할 수 없다.

일반적으로 금융 리스크는 경제주체가 경제활동 과정에서 맞닥뜨리게 되는 경제적 손실의 발생 가능성을 의미한다. 동일한 맥락에서 기후 리스크는 기후변화로 인한 모든 위험을 통칭하기보다는 기후변화로 인해 금융회사가 처한 경제적 손실의 측정에 초점을 둔다. 이를 위해 이 장에서는 기후 리스크의 인식 및 측정에 대해 현재까지 발표된 대표적인 방법론들을 소개하고자 한다. 시간이 갈수록 구체적이고 선진화된 방법론들이 발표되고는 있으나 이 장에서 제시하는 방법론들에 대한 충분한 이해를 통해 혜안을 얻을 수 있다면 더욱 복잡한 모형으로의 이해를 위해 사고를 확장하는데 충분할 것으로 기대한다.

1

기후변화에 따른
금융회사의 위기와 기회

1_ 기후리스크 관리의 필요성

　WEF는 2017~2021년까지 5년 연속 '기상이변Extreme Weather'을 글로벌 잠재리스크 중 발생시 충격이 가장 큰 리스크로 예상하면서, 기후변화 대응 실패Climate Action Failure 및 환경 리스크Environmental Risk를 포함한 기후변화 관련 리스크를 시스템 리스크Systemic Risk의 주요 발생가능 리스크 요인으로 주목하고 있다. 1)

　이에 따라 2015년 파리협약 이후 각 나라들은 신성장 동력 측면에서 기후 관련 정책을 최상의 정책 목표로 설정하고, 동시에 금융을 온실가스 배출 감축 및 기후 복원력Climate-Resilient에 기여하는 가장 현실적이고 실천 가능한 수단으로 활용할 것을 합의하였다. 한편 아프리카 및 동남아시아의 일부 후발 개도국 또는 저개발국가들이 '에너지 불평

등Energy ilnequality'에 따른 국가간 부의 양극화 심화 등을 들어 반발하고 있어2), 실질적인 저탄소경제로의 전환을 위해서는 앞으로 우리나라를 포함한 선진국들에 대해 2015년 파리협약 당시보다 더 높은 수준의 이행이 요구될 가능성이 높다.

그렇다면 금융의 어떤 특성이 지구온난화 등의 기후변화를 늦추거나 저탄소경제로의 이행에 효과적인가. 인류의 역사와 더불어 금융업은 자금중개 및 자기투자 기능을 통해 성장산업에 자금을 효율적으로 수혈함으로써 경제발전을 지원해 왔다.3) 이런 맥락에서 기후위기 타개를 위한 가장 현실적인 대안 중 하나가 금융회사를 통해 자금이 자연스럽게 저탄소경제에 긍정적인 방향으로 수혈되도록 유도하는 것이다. 이러한 이유로 각국의 금융감독당국은 금융규제에 기후변화의 영향 및 대응을 포함하려고 노력중인 가운데 기후리스크가 금융시스템을 통해 시스템 리스크로 확대될 가능성을 면밀히 살피고 있다.4)

이를 두고 일각에서는 탄소집약적 산업을 도태시키기 위한 의도적 개입이라는 확대 해석의 오해가 있다. 금융규제를 통해 의도적으로 탄소집약적 산업의 부도율을 올리거나 신용등급을 낮춤으로써 자금을 회수하여 해당 산업을 퇴출시킨다는 것이다. 하지만 이는 지나치게 부정적인 해석으로서, 금융산업이 탄소집약적 산업의 체질을 변화하도록 유도하는 방향으로 자금을 공급한다는 것이 더욱 합리적인 해석일 것이다. 예를 들어, 화석연료 발전소의 의지와 기술력에 따라 화석연료 연소 방식을 수소혼합 기술 방식 등으로 변경하고자 한다면 금융회사가 이의 이행을 위한 자금을 지원할 수 있다. 이 과정에서 금융회사 또한 신규 수익 창출의 기회를 모색할 수 있다.

기후와 경제발전을 공존시켜야 한다는 전 지구적 경제·사회의 패러 다임 변화는 엄청난 체계 변화를 야기할 것이기 때문에 막대한 수준의 자금 공급이 필요하다. 따라서 공공금융만으로는 불가능하기 때문에 경제의 혈맥을 담당하는 금융기관의 역할과 책임이 중시될 수밖에 없 는 상황이다. 특히 민간 금융은 위기에 상응하는 기회를 좇아 수익을 추구하는 속성이 있기 때문에 정책당국을 통한 공적자금에 비해 더욱 효율적인 자금 배분이 가능하다. 이처럼 기후변화에 대한 대응에 따라 산업과 기업의 명암이 달라질 수 있다는 점을 잘 활용한다면, 금융산업 은 기후변화의 위기 속에서 새로운 수익 창출의 기회를 모색할 수 있을 것이다.[5]

동시에 금융회사는 기존과 다른 새로운 유형의 리스크인 기후리스 크에 사전적으로 대비할 필요성이 더욱 커지고 있다. 일례로 미국 손 해보험산업은 2017년 허리케인 하비Harvey, 어마Irma, 마리아Maria로 인해 950억 달러의 보험금을 지급하면서 그해 3분기 당기순이익이 전 년 대비 32.6% 급감하였다.[6] 이후 손해보험회사들은 뒤늦게 자연재해 발생 확률을 보험료에 반영하였으나, 보험료 상승으로 인해 피보험자 의 경제적 부담이 가중되면서 보험 가입이 감소되어 결과적으로 보험 료 수입이 감소되었다.

허리케인과 같은 기상이변을 통한 물리적 피해 이외에도 금융회사 는 정부 정책의 변화에 따라 영향을 받을 수 있다. 앞으로 정부 정책의 방향은 저탄소경제로의 전환이기 때문에 다양한 산업들의 명암이 엇 갈릴 것이다. 예를 들어, 정부가 탄소배출 가격을 생산제품에 포함하 면 건설업은 시멘트 및 철강 등의 원자재 가격 상승을 고스란히 떠안게 된다. 또한, 탄소집약적 에너지인 디젤 및 휘발유 기반의 교통원가 상승은 운송비용의 증가로 이어질 것이다. 이처럼 정부 정책에 따라 향후 탄소발자국이 큰 산업 및 기업들의 현금흐름 또는 수익성이 감소되면 해당 기업은 예상부도율Probability of Default; PD 상승과 신용등급 하락 등에 직면할 수 있다. 이는 결국 자금 공급자인 은행의 대출채권과 투자회사의 투자자산 가치 하락으로 이어질 것이다. 한편 전기차 등 탄소발자국이 상대적으로 적은 전기 모빌리티 산업이나 재생에너지 사업, 탄소절감 기술개발 산업 등에서는 엄청난 규모의 자금수요가 발생할 수 있다.

그렇다면 기후리스크에 대한 건전한 리스크 관리 체계는 어떻게 구축할 수 있는가. 우선적으로 관리 대상인 리스크의 원천, 즉 리스크 요소에 대한 이해가 선행되어야 한다. 이자율의 속성에 대한 이해 없이 이자율 리스크를 측정하거나 관리할 수 없는 것과 같은 이치이다. 그렇다고 해서 기후리스크 요소에 대한 이해가 기후과학 전문가 수준일 필요는 없다. 아직도 일부 학자들은 기후변화의 규모나 심각성 수준 등에 대해 회의적이거나 이를 부정하기도 한다.[7] 따라서 금융리스크 관리 측면에서는 지구과학 전문지식의 함양을 위해 지나친 노력과 시간을 소비하기보다 금융시스템 또는 개별 금융회사의 포트폴리오 분석을 통해 기후리스크의 발생 경로 및 측정가능 자산의 구분 등에 초점을 두고, 관련 익스포저의 산출을 통해 포트폴리오 리밸런싱의 필요성 등을 검토하는 것이 더욱 생산적일 것이다.

또한 기후리스크는 장기간에 걸쳐 영향을 미치는 만큼 정량적 분석 못지않게 리스크 관리 담당자의 혜안과 통찰에 기반한 정성적 분석이 중요하다. 따라서 뒤에서 설명할 기후리스크 관리 도구인 시나리오 분석 등의 모델링 역량뿐만 아니라 기후변화에 대해 산업 또는 차입기업이 처한 상황의 이질성에 대한 이해, 기업들의 관련 기술에 대한 투자 및 적응 가능성에 대한 평가 역량 등이 중요하다. 즉, 금융회사는 리스크 관리의 목표를 단기적인 규제자본 측면에서의 건전성 확보 수준을 넘어 중장기적으로 지속가능한 수익 확보를 통한 지속가능성까지로 확장할 필요가 있다.

2_ 기후금융: 자율과 규제 사이에서

글로벌 금융기관들이 ESG 투자, 녹색채권 등을 통해 기후금융 시장을 확대해 나가는 이유는 무엇일까. 2008년 글로벌 금융위기 이후 제기된 '착한 금융'에 대한 의무감이나 책임감에 따른 것인가 혹은 '기후변화 대응'과 '경제성장'을 모두 달성해야 하는 '신 기후경제'로의 패러다임 변화에서 새로운 투자기회를 찾기 위한 노력인가. 이유가 무엇이든 간에 중요한 점은 이미 기후리스크를 금융회사의 주요 리스크로 인식하고,[8] 어떤 방식으로 기존의 리스크 관리 체계에 통합할지를 활발히 고민 중이라는 점이다. 일례로, JP Morgan은 1988년 바젤 I 의 규제자본 도입 이전부터 시장리스크 관리를 위해 VaRValue-at-Risk[9]로 경제적 자본을 측정하여 관리해 왔고, 2015년부터는 스트레스 테스트 및 Climate VaR 등을 통해 기후리스크를 경제적 자본 관리에 포함하여 관리하고 있다.

금융감독당국 입장에서 최근의 기후금융에 대한 세계적 흐름 중 하나는 각국의 감독 정책을 새롭게 수립하여 기후금융에 점차 강제성을 부여하는 방향으로 전환하고 있다. 금융감독당국의 강제성을 두고 금융회사의 자율성을 훼손할 수 있다는 비판이 제기될 수 있다. 일면 타당한 견해일 수 있으나 금융회사는 태생적으로 이익의 극대화를 추구할 수 밖에 없기 때문에 규제가 없는 사회적 비용에 대해서는 크게 관심을 갖지 않는 속성이 있다. 특히 규제대상이 아닌 리스크를 자발적으로 관리할 유인을 스스로 묵인할 수 있다Bowen & Diezt 2016. 이런 이유로 전 세계 금융감독당국과 중앙은행은 기후리스크를 주요 규제대상으로 삼고 관련 리스크의 인식 및 측정에 더욱 초점을 맞춰 나가고 있다.

영국, 프랑스, 이탈리아, 네덜란드 등 각국의 금융감독당국 및 중앙은행들은 기후변화가 금융시스템을 불안정화시키는 시스템 리스크의 주요 요인이라는 연구 결과를 속속 제시하고 있다. 이에 따라 개별 금융회사에 대한 미시건전성 규제뿐만 아니라 금융안정성 차원에서의 거시건전성 규제에도 초점을 두고 있다. 이를 위해 BIS비율 등의 바젤 규제체계를 공표하는 바젤은행감독위원회Basel Committee on Banking Supervision; BCBS 뿐만 아니라 국제보험감독자협회International Association of Insurance Supervisors; IAIS 및 국제증권관리위원회기구 International Organization of Securities Commissions; IOSCO 등의 글로벌 금융규제 기구들은 기후 관련 금융리스크의 인식 및 측정을 통한 규제자본 대상으로의 편입 방안을 면밀히 논의 중이다. 2020년 1월 국제결제은행Bank for International Settlement; BIS은 기후변화 관련 금융 리스크를 '그린스완'이라고 명명하고, 기존의 금융 리스크에 비해 현저히 측정이 어렵지만 언젠가 닥쳐올 리스크로서 이를 무시할 경우 금융안정성의 붕괴 가능성을 경고했다. [10] 그러나 BIS 산하 BCBS가 제시하는 은행 규제자본 산출에 대한 현행 바젤 기준에서 기후리스크는 평판리스크Reputational Risk의 하위 수준 정도로 간주되거나 아예 무시되고 있는 실정이다. 게다가 2023년 전면시행 예정인 바젤III 기준에서도 기후리스크에 대한 구체적인 측정 방법 등은 포함되어 있지 않다. [11] 다행히 BCBS는 NGFS 등과 협업하여 관련 규제체계의 마련을 면밀히 검토 중임에 따라 조만간 구체적인 방법론이 제시될 것으로 기대한다.

아울러 각국의 중앙은행들도 금융시장의 최종 대부자로서 관련 절차에 기후리스크를 포함하기 위해 노력 중이다. 중국은 2016년 G20 회의 당시 의장국으로서 기후 이니셔티브를 주도하기 위해 녹색금융Green Finance을 의제로 상정하였다. 인민은행The People's Bank of China은 정부 부처들과 협력하여 녹색 공시Green Disclosure 및 녹색신용평가Green Credit Ratings 기준을 수립하고, 2018년 이후 은행의 녹색금융 실적 평가에 적용하고 있다. 네덜란드 중앙은행De Nederlandesche Bank; DNB은 2016년에 거시건전성 감독 측면에서 기후리스크 관리의 중요성을 인식하고 기후리스크 실무단Climate Risk Working Group을 구성한 후 2019년에 UN의 책임투자원칙Principles for Responsible Investment; PRI에 서명한 첫 번째 중앙은행이 되었다. 프랑스 중앙은행Banque de France은 온실가스 배출에 대한 정보를 발표한 첫 번째 은행이며, 현재 '녹색금융을 위한 중앙은행 및 감독기구간 글로벌 협의체Network for Greening the Financial System; NGFS'의 사무국을 맡고 있다.

한편 국내 금융시장은 아직까지 변화에 둔감한 상황이다. 글로벌 금융기관들이 파리협약 이후 십수년도 안되는 짧은 기간 동안 기후금융에 대한 인식 전환으로 관련 시장을 넓혀가는데 반해, 국내 금융회사들은 자체적인 실천 방안이나 관련 리스크 관리의 체계를 마련하는데에도 소극적이다. 금융업 전반에는 아직도 기후금융을 '사회적 책임 Corporate Social Responsibility; CSR' 정도로 여기는 경향이 만연해 있다. 일부 대형 금융회사들조차 평가 기준이 명확하지 않은 평가기관으로부터 ESG 관련 인증을 받거나 ESG 관련 지수의 편입 홍보 등에만 에너지를 낭비하는 등 신규 비즈니스 기회를 창출하려는 시도는 딱히 눈에 띄지 않는다. 관련 정부 부처의 정책도 배출권 거래를 활성화하거나 환경 관련 기술투자 지원에만 그치는 수준이다. 민간이든 정부든 기후금융을 신성장 동력원으로 추진하려는 의지가 미온적이다. 다행히 2019년 한국은행에 이어 2021년 5월 금융위원회 및 금융감독원이 NGFS에 가입함으로써 앞으로 금융감독당국을 통해 국내 경제 및 금융산업에 대한 영향과 관련 데이터 분석 등을 바탕으로 한 기후리스크 감독방안이 제시되면 금융기관들도 이에 따라 실천적 방안을 마련할 것으로 기대된다. 이제 우리도 더 이상 산업계 등이 주장하는 비용 논리에 막혀 업계 스스로의 자정 능력을 기다리기에는 시간이 부족하다. 금융산업이 실물경제의 흐름을 바꿀 수 있도록 조속히 판을 깔아줘야 한다. 글로벌 금융기관들이 신 기후경제 속에서 신규 비즈니스 기회를 만들어가듯 우리 금융기관들도 국내 뿐만 아니라 우리의 경제력이 미치는 국가들에 기후금융 관련 비즈니스 모델을 창출하고 국내 실물경제도 견인하는 신성장 동력원으로 삼아야 한다.

3_ 기후리스크와 TCFD의 관계

2015년 파리협약 이후 금융안정위원회Financial Stability Board; FSB는 금융시장 참여자들이 기후 관련 리스크를 이해하는 데 도움이 되도록 민간 주도의 기후변화 관련 리스크와 기회 요인 등의 재무공시를 위한 테스크포스Task Force on Climate-Related Financial Disclosures; TCFD를 설립하였다. TCFD는 업계 중심의 상향식Bottom-up 자율규제라는 점에서 기존의 하향식Top-down 규제체계와 다른 특성을 보인다. TCFD 권고안이 강행 규정은 아니지만 2020년 기준 전 세계 280개 이상의 기구들이 TCFD 권고안 지지문에 서명하였고, 상위 수준의 이니셔티브들이 TCFD의 통상적인 체계 위에 수립된 개선된 가이드라인을 발표하였으며,[12] 다양한 산업그룹들은 권고안의 이행을 위한 접근법을 개발 및 운영 중이다. 따라서 TCFD 권고안은 앞으로 금융산업을 포함한 다양한 업계가 기후리스크와 기회 요인을 평가하도록 추진력을 제공할 것이다.

따라서 금융회사의 리스크 담당자는 기후리스크 측정 및 관리 외에 공시까지 담당할 수 있도록 역량을 확대할 필요가 있다.

TCFD 권고안은 측정지표 및 대상, 리스크 관리, 전략, 지배구조의 4가지 핵심 요소에 대한 지침을 제공한다. 여기서 주목할 점은 TCFD 권고안이 단순히 기후리스크에 노출된 익스포저의 공시만을 요구하지 않는다는 것이다. 해당 권고안에는 기후리스크의 철저한 관리를 위해 금융회사와 일반 기업에 대한 주요 기후리스크 요인의 인식 및 측정 결과와 더불어 아래와 같은 기후리스크에 대한 시나리오 분석 결과까지의 공시를 권고하고 있다.

- 단기, 중기 및 장기별 기후리스크 및 기회 요인의 인식
- 기업의 비즈니스, 전략 및 자금계획에 대한 기후리스크 및 기회 요인
- 2℃ 또는 더 낮은 온도 시나리오 등 다양한 기후 관련 시나리오들에 대한 회복력

금융회사의 기후리스크 관리에 대한 금융감독당국과 중앙은행의 관심이 지속적으로 증가함에 따라, 유럽내 금융감독당국은 은행의 내부 자본적정성 평가절차Internal Capital Adequacy Assessment Process; ICAAP 등의 리스크 감독·검사에 기후변화 관련 금융리스크에 대한 관리 계획, 구체적인 처리 절차 및 입증 과정 등을 규제화하려고 노력 중이다. 이를 계기로 2017년 12월 8개 금융감독당국과 중앙은행은 금융부문의 기후리스크 관리 및 환경 개발에 대한 기여, 지속가능한 경제로의 이행을 지원할 목적으로 NGFS를 설립한 후 다음 분야에 초점을 맞춰 작업을 진행하고 있다.

- 기존 대출을 '친환경Green', '환경 중립적Neutral'과 '환경 부정적 Brown' 대출 그룹으로 구분하여 공시금융회사의 자율경영공시 또는 바젤 기준 필라3의 리스크 공시하고, 현행 감독체계를 각각의 그룹에 맞춰 변경
- 기후 관련 리스크 평가를 위한 체계적 분석 도구(예: 시나리오 분석 등) 개발
- 감독당국과 중앙은행이 녹색금융의 규모 확장을 촉진할 수 있는 역할에

대한 윤곽 수립

2019년 영국의 건전성감독청Prudential Regulation Authority; PRA과 금융감독청Financial Conduct Authority; FCA은 기후금융 리스크 포럼 Climate Financial Risk Forum; CFRF을 설립하여 금융감독당국과 업계 간에 모범사례 등을 공유함으로써 업계뿐만 아니라 금융감독당국의 리스크 관리 역량을 동반 제고해 나가고 있다. 이를 통해 여타 국가 대비 기후변화에 선도적으로 대응함으로써 금융부문의 선진화를 공동의 목적으로 한다. CFRF 회원은 감독당국인 PRA, FCA와 은행, 보험 및 자산관리회사의 임원급으로 구성되어 있다. 또한, PRA는 전 세계 감독당국 최초로 은행과 보험회사에 대해 기후리스크 관리에 대해 선진 방법론을 개발토록 공식 권고안을 발표하면서 금융회사가 현행 리스크관리 체계와 지배구조에 기후리스크를 포함하여 관리하고, 시나리오 분석과 공시를 실시하도록 요구하고 있다. 해당 권고안은 5절에 제시하였다.

ECB는 2019년 리스크 평가 보고서ECB's supervisory risk assessment for 2019에서 기후 관련 리스크가 유로내 개별은행 뿐만 아니라 유로 지역을 대상으로 금융안정성의 위협요인이 될 수 있음을 제시하였다. ECB는 뒤에서 설명할 기후리스크의 2가지 전달 경로인 물리적 리스크와 이행리스크가 은행의 고객 및 은행 모두에게 영향을 미칠 수 있기 때문에 은행이 해당 리스크에 대한 익스포저를 철저히 관리하도록 적절한 조치를 취할 필요가 있음을 언급하였다.

한편, 공시 개선 작업은 막대한 업무를 수반할 수 있다. 시장은 금융회사가 기후리스크를 어떻게 관리할지에 대한 정보뿐만 아니라 시장에 잠재적으로 영향을 미칠 수 있는 유용한 정보까지 제공하도록 요구하고 있다. 이를 위해 TCFD는 추가 작업을 진행 중이며, G20 국가에서 공적 자금 성격의 부채나 지분이 투여된 기업들은 그들의 금융 보고서 Financial Filings에 기후 관련 데이터를 포함한 주요정보를 공시하도록 법적으로 의무화될 것이다. 또한, IOSCO는 ESG 문제를 중요하게 나루기 위해 증권 발행시 추정 공정가치에 현재 및 잠재적 영향을 포함하여 공시할 것을 권고하고 있다. 따라서 공시 개선 작업은 시장의 직접 투자자뿐만 아니라 다양한 이해관계자들이 기후 관련 리스크를 고려하는데 도움이 되는 방향으로 진행되어야 한다.

이처럼 금융감독당국과 중앙은행 등 금융규제에 권한을 가진 기관들이 관련 절차에 기후리스크를 포함시키면서 향후 정부와 금융감독당국의 정책이 변화될 가능성이 더욱 높아짐에 따라 금융회사는 기후리스크를 평판리스크의 하부 리스크로 관리하던 수준으로 넘어 하나의 주요 정책리스크Policy Risk로 고려하여야 한다.

2

기후 관련
금융리스크

1_ 기후리스크와 주요 금융리스크 간의 관계

지구과학 관점에서 기후리스크는 독립된 형태의 리스크로 볼 수 있다. 그러나 금융 측면에서 기후리스크는 금융회사의 주요 리스크인 신용리스크, 시장리스크, 유동성리스크, 운영리스크 등과 같이 독립적인 형태로 존재하기 보다는 해당 리스크들에 영향을 미쳐 손실발생 가능성을 증폭시키는 교차리스크Transverse Risk의 특성을 가진다. 예를 들어, 신용리스크 관점에서 은행의 건전성 및 수익성은 대출 포트폴리오의 건전성, 대출차입자의 상환 의지, 담보가치의 변화, 은행의 자금조달 역량, 은행이 보유한 트레이딩 자산 관련 거래상대방 신용리스크 등에 관련된다.

그러나 앞으로는 여기에 기후리스크를 포함할 필요가 있다. 기상이

변은 기업의 공급사슬 붕괴 뿐만 아니라 영향이 심한 지역 내에 위치한 생산시설의 가동 능력을 감소시키는 등 기업의 고유 영업에 손실을 끼친다. 이는 기업가치의 하락으로 이어져 해당 기업을 익스포저로 보유한 금융회사는 신용리스크 확대를 경험할 수 있다. 또한 기후변화로 침수 가능 지역이 확대되면 해당 지역에 속한 주거용 및 상업용 부동산의 담보가치도 저하된다. 이것 또한 관련 금융회사의 신용리스크를 증가시킨다. 저탄소 관련 법률의 제정 및 적용 시기에 따라 관련 산업은 좌초자산이 발생하거나 보유자산의 가치 하락 등을 경험할 수 있고, 이 또한 관련 금융회사의 신용리스크를 증가시킬 수 있다.

이처럼 특정 산업 및 기업의 적응 비용이 산업 및 기업의 성장을 저해할 수 있는 반면, 법률에 저촉되는 영업이 없는 기업들에게는 규제차익이 발생하므로 차주별 신용등급 평가에 해당 내용이 반영되어야 한다. 아울러 금융회사는 주요 차주에 대한 기후리스크 측정을 공시에서 누락하는 등 리스크의 식별 및 공시가 부적절한 경우 금융감독당국에 대한 규제리스크 뿐만 아니라 투자자에 대한 평판리스크에도 노출된다. 기후리스크의 이러한 교차리스크 특성 때문에 금융회사와 금융감독당국은 어떤 방식으로 기후리스크를 현행 리스크 관리 체계 내에 포함시킬지를 고민하여야 한다. 금융회사의 전사적 차원에서 또는 금융산업의 금융안정성 차원에서 기후변화가 야기할 금융리스크를 어떻게 효율적으로 관리할 수 있을지를 두고 심도 깊이 함께 고민하여야 한다.

그런데 문제는 현재까지 해당 리스크의 인식 및 측정에 대해 표준화되거나 공인된 방법이 없다는 것이다. 일반적으로 금융계약은 만기가 길어질수록 채무자의 채무불이행 가능성, 체계적 위험 및 관련 규제 신설 등의 불확실성 등이 증가하기 때문에 리스크도 커진다. 따라서 기후변화의 부정적 영향은 금융회사의 단기자산 및 부채보다는 장기자산 및 부채의 가치에 더욱 크게 영향을 미칠 수 있다. 시장리스크와 같이 리스크의 인식 및 측정이 자산 및 부채의 가격결정에 기반하여 측정되는 리스크의 경우에는 기후변화 영향을 할인율 등에 반영하는 방안도 고려해볼 수 있겠으나 이 또한 적정 할인율에 대한 합의가 쉽지 않을 것이다. 따라서 BCBS 등이 새로운 바젤 기준 등을 제시하기 전까지 기후리스크의 교차리스크 특성을 반영하는 통합 리스크 관리 체계의 가장 효과적인 방법은 기존대로 주요 리스크를 분석한 후 리스크별로 기후리스크의 영향을 추가 조정하는 방법이 가장 이상적이다.

그러나 금융회사별 리스크 관리 역량의 차이 등을 고려할 때 적용 가능한 대안으로는 기후리스크를 별도의 개별리스크로 인식하는 방안도 고려해 볼 수 있다. 가령 경기대응완충자본의 형태처럼 잠재적 기후변화 영향을 보수적으로 추정한 후 이에 대비하여 자본을 매년 추가 적립해 나가는 것이다. 중요한 점은 세련된 리스크 측정방식을 찾는데 시간을 낭비하기보다는 보수적 차원에서라도 기후리스크에 조속히 대비하는 것이다.

금융회사가 기후변화의 영향을 평가하기 위해서는 현행 리스크관리 체계로부터의 사고의 전환이 필요하다. 단기적으로는 저탄소경제로의 이행을 촉진하는 정부 정책의 시행 및 사회적 요구 등이 증가하고 있고, 중장기적으로는 기후변화가 명백히 금융회사 재무상태표 상의 리스크 수용능력 등에 영향을 미친다는 사실을 인식할 필요가 있다. 이를 위해 금융회사는 기후리스크 관리를 위한 실무절차를 마련하고 조직문화를 바꿀 필요가 있다. 이와 관련하여 네덜란드 중앙은행Dutch Central Bank은 아래 사항들을 제시하였다.

1. 기후 관련 리스크의 체계적 인식의 필요성
2. 기후리스크 지표의 선별 및 관련 데이터를 기존 리스크 관리시스템에 통합 관리
3. 시나리오 분석 등 선진 방법론의 구축 마련
4. 현행 리스크 체계에 대한 기후리스크의 통합 관리

2_ 기후리스크

NGFS 및 G20의 지속가능 녹색금융 연구그룹Sustainable Green Finance Study Group; SGFSG은 기후변화가 직접적인 충격에 따른 물리적 리스크Physical Risk와 저탄소경제로의 이행에서 발생하는 이행리스크의 2가지 경로를 통해 금융 안정성에 영향을 미친다고 분석하였다 GFSG 2016, NGFS 2018[13] 또한 TCFD의 권고안에서도 기후리스크를 물리적 리스크와 이행리스크로 구분한다.

1) 물리적 리스크
물리적 리스크는 급격한 기상이변 및 점진적인 기후변화의 영향에

따른 손실발생 가능성으로서, 물리적 피해에 따른 직접적 손실과 중간 경로를 통한 간접적 손실을 포함한다. 즉 기후변화 영향의 전달 경로 측면에서 물리적 리스크는 가뭄, 홍수, 태풍 등의 개별적인 기상이변에 따른 '급격한 물리적 리스크Acute Physical Risk'와 해수면의 상승, 강수량의 변화 및 평균온도 상승 등 기후패턴의 장기 변동으로부터 발생하는 '점진적인 물리적 리스크Chronic Physical Risk'로 구분된다.

한편, IPCC(2014)는 CO_2 배출량의 증가가 지구 온도 상승에 영향을 미침에 따라, 전 세계 수많은 지역에서 폭염의 장기화가 주기적으로 발생하고, 극심한 강수 이변이 더욱 빈번해지며, 다수의 집중호우 지역이 증가하고, 해수 온도 상승의 영향으로 해양이 점차 산성화되면서 해수면 평균이 상승할 것으로 예측하였다. 이러한 변화는 물리적 리스크의 발생 가능성을 높여 개인 및 기업 등의 개별 경제주체뿐만 아니라 경제 전반에 걸쳐 부정적인 영향을 미칠 것이다. 따라서 물리적 리스크에는 급격한 기상이변과 점진적인 기후변화로부터 발생하는 직접적인 영향예: 부동산 피해, 기업의 생산시설 가동중단 등 뿐만 아니라 간접적인 영향예: 공급사슬의 붕괴, 총수요의 감소 등 모두를 포함하여야 한다.

물리적 리스크의 직접적 영향에 대해 다음과 같은 상황을 가정해 볼수 있다. 태풍의 빈도와 강도가 증가하면 더 많은 주거용 및 상업용 부동산이 홍수해에 피해를 입게 된다. 만일 홍수권이 점차 넓어진다면 은행은 부동산담보부 대출의 담보물건인 부동산의 가치 하락 상황을 고려해야 하고, 해당 지역에 대한 기존대출의 일부 회수, '부도시 손실율Loss Given Default; LGD'의 상향 조정, 신규 대출에 대한 '담보인정비율

Loan-to-Value ratio; LTV'의 조정 등을 고민할 것이다. 또한 손해보험사는 보험금 지급이 증가하게 되므로 회사의 수익성 유지를 위해 보험료를 인상할 유인이 발생할 수 있다.

이때 보험료를 너무 많이 올린다면 피보험자는 보험 가입이 어렵거나 정부 보조금을 필요로 할 수 있다. 이를 예방하기 위해 금융감독당국이 보험료 상승에 개입한다면 손해보험회사들은 해당 시장에서의 철수를 고민할 수 있다. 마지막으로 부동산 투자회사 및 보험사 등이 장기적인 정기 수입을 목적으로 보유하는 상업용 부동산의 가치가 하락한다면 보유 투자자산의 수익률 저하에 직접적인 영향을 받게 된다.

이어서 물리적 리스크의 간접적 영향을 예상해 보자. 기업의 유통망이 더욱 글로벌화 되면서 기업의 제조시설이 본사로부터 멀리 떨어진 지역 또는 다른 나라에 위치할 경우 해당 지역 및 국가에서 발생하는 기후변화에 대해서 즉각적인 대처가 사실상 어렵다. 일례로, 2011년 태국에서 발생한 홍수는 당시 전 세계 2위였던 태국의 컴퓨터 하드디스크 생산에 직접적인 영향을 미쳤을 뿐만 아니라 하드디스크 생산업체의 붕괴 영향으로 유로 지역, 일본 및 미국내 전화 제조업체 등의 다양한 글로벌 기업들이 간접적 영향을 받게 되었다. 특히 태국에 생산 시설을 갖춘 수많은 일본 기업들은 생산 중단의 위기에까지 처하면서 수익성에서 심각한 타격을 입었다.[14]

태국 홍수의 영향은 실물경제 뿐만 아니라 금융시장에도 영향을 미쳤다. 피해 기업들이 재난보험을 가입한 보험회사들은 엄청난 보험금을 지급하게 되어 수익이 급격히 하락하였고, 그중에 일부 보험회사는 도산하였다. 그리고, 해당 기업들과 거래하던 은행들은 해당 기업들의 영업이익 하락 영향으로 '예상부도율'이 높아져 신용도 하락에 따른 자산 건전성 악화로 이어졌다. 이러한 상황은 급격한 물리적 리스크의 간접적 영향이 금융시장의 안정성에 급격한 영향을 미친 사례 중 하나일 뿐이다.

2) 이행리스크

이행리스크는 저탄소경제로의 이행 과정에서 발생 가능한 경제적 혼란과 재정적 손실 등에 관련된 리스크를 의미한다. 저탄소경제로의 이행은 전력 생산, 제조, 교통 및 건설 등의 다양한 산업 부문에 영향을 미친다. 아울러, 이행 속도는 관련 산업들의 붕괴 규모에 영향을 미칠 수 있다.

재정, 경제 분야의 글로벌 씽크탱크인 경제정책협의체Council on Economic Policies; CEP에 따르면, 이행리스크의 3가지 변화가 금융부문에 관련된다. 첫째, 탄소가격의 상승 및 탄소배출의 제한 등과 같은 정책의 변화이다. 둘째, 저탄소 기술개발 등의 기술변화이다. 마지막으로, 환경보호에 대한 가계의 관심이 증가하면서 녹색소비가 증가하는 등의 선호의 변화이다.

이 3가지 요인은 기업들에게 새로운 시장 상황에 적응하도록 비즈니스 모델을 변경해야 하는 경제적 부담을 수반한다. 15) 따라서 기후변화 관련 정책 및 법률이 제정되고 관련 기술이 개발될수록 금융회사는 기업 자산의 비용과 기회 요인을 반영하여 자산가치를 재평가해야 할 필요성이 높다. 재평가는 결국 자산가치를 변화시키기 때문에 금융회사가 감당할 수 있는 리스크 수준에 직접적으로 영향을 미칠 것이다. 정부는 탄소배출에 대한 특정산업 또는 특정 기업의 자발적이고 단계적인 활동이 지연될수록 적극적으로 관여하려 할 것이다. 정부 관여로 경제주체의 자발적인 감축 기회가 줄어들수록 정부는 산업계 및 개별 기업에 대해 더 많은 즉각적인 조치를 단행하려 할 것이기 때문에 결과적으로 정부 정책의 변화는 이행리스크를 증가시키는 대표적인 요인이다.

이행리스크의 직접적인 영향 사례를 살펴보자. University College London은 현재도 석탄 매장량의 약 2/3가 지하에 매장되어 있는데, 그것들을 채굴하여 사용할 경우 2°C 시나리오 달성이 불가능하므로 더 이상의 석탄 채굴을 금해야 한다는 연구 결과를 발표하였다. 각국 정부가 이 결과를 따르기로 합의한다면 화석연료를 주원료로 사용하는 전기발전 산업은 엄청난 양의 좌초자산Stranded Assets을 보유하게 되고, 해당 보유자산의 수명이 다하기도 전에 감가상각하거나 전손처리하여야 하므로 손실이 막대할 것이다. 현행 석탄 투자를 계속할 경우 중국은 2030년까지 90억 달러의 좌초 석탄자산이 발생한다고 한다.

프랑스의 지속개발 및 국제관계 연구소Institute for Sustainable Development and International Relation에 따르면, 2°C 시나리오 달성을 위해서는 2005년 이후 프랑스에 건설된 석탄발전소의 약 20~25 퍼센트 만이 2030년까지 투자에 대해 수익을 창출할 수 있다고 한다. 따라서 향후 석탄 발전을 통한 전기 발전을 제한하도록 정부가 정책을 결정한다면 해당 기업들에 대출해준 은행들은 해당 대출을 부실채권으로 재분류해야 하는 등의 자산건전성 재평가를 필요로 한다.

또한, 보험사와 투자회사가 투자목적으로 이러한 발전소의 채권을 보유하고 있다면 이들 금융회사 또한 투자손실을 겪을 것이다. 이를 위해 보험회사는 기후변화 영향에 따른 보험금 지급을 위해 부채리스크를 적절히 관리해야 한다. 특히 장기 투자자산의 가치하락 영향이 중요하다. 실제로 글로벌 다국적 보험사의 최고리스크관리자Chief Risk Officer; CRO들로 구성된 2019년 CRO 포럼에서는 보험사가 단기적으로는 이행리스크에 따른 자산가치 하락에 노출되어 있다고 평가하면서도, 중장기적으로는 물리적 리스크를 보험사의 자산가치 뿐만 아니라 지속가능성장을 주도하는 핵심 리스크 요인으로 평가하였다.

증권회사 등 자산운용 및 투자회사는 투자자와 금융감독당국으로부터의 TCFD 및 탄소공개프로젝트Carbon Disclosure Project; CDP[16] 등의 기후 관련 공시에 대한 요구뿐만 아니라 투자자에 대한 책임투자원칙 Principles for Responsible Investing; PRI 관련 공시에도 적극적으로 대응해야 한다. 여기에는 기후변화가 투자수익률에 미치는 기간별 영향 분석, 명확한 리스크 관리 전략 및 결과, 투자대상 자산 또는 기업의 효율적인 기후리스크 관리 증거 및 구체적인 행동 절차 등이 포함되어야 한다. 일각에서는 아직까지 투자회사들의 공시가 PRI에 따른 구체성이 결여되어 기후위기를 무시하고 있다는 비판도 있다. 그러나 자산관리자는 투자자를 대신하여 기후 관련 이슈들을 관리하는데 도움이 되는 방향을 제시해야 할 책임이 점차 증가할 것이다.

한편 물리적 리스크와 이행리스크의 구별은 시나리오 분석에서 기후변화 영향의 충격 경로를 식별하는 데 도움이 된다.

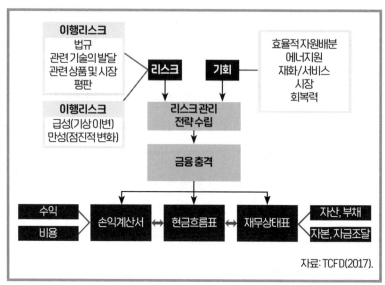

[그림 7-1] 기후리스크 및 기회 요인이 금융회사의 재무 상태에 미치는 영향

3_ 시나리오 분석

1) 시나리오 분석의 개요

기후 관련 금융리스크의 영향 분석을 위한 여러 방법론 중 시나리오 분석이 가장 효율적이고 선도적인 분석 방법론으로 각광받고 있다. 시나리오 분석은 '만약what if'라는 물음에 기초하여 특정 변수의 극단적이지만 발생 가능한 움직임 하에서 결과값의 기대치를 추정하는 경제학 또는 통계학적 방법론이다. 금융 분야에서의 시나리오 분석은 미래 특정기간 동안의 주요 리스크 요인의 변화에 따른 특정 자산 및 포트폴리오의 가치 또는 BIS자기자본비율 등의 변화 움직임을 추정할 때 사

용된다.

여기서 주요 리스크 요인은 독립변수로서, 특정 자산의 가치, 개별 금융회사 및 금융산업의 건전성 등에 영향을 미칠 수 있는 거시경제 및 금융변수 등을 의미한다. 따라서 시나리오 분석의 기간은 특정자산의 경우 투자기간이 되겠지만, 금융회사 및 금융산업의 자본적정성을 분석할 경우에는 통상 3~5년간의 결과를 추정한다. 이처럼 시나리오 분석은 스트레스 테스트 및 민감도 분석을 포괄하는 상위의 개념이다. 그러나 스트레스 테스트가 주요 리스크 요인들의 부정적이거나 극단적인 움직임에 따른 결과 추정에 초점을 맞춘다면, 시나리오 분석은 주요 리스크 요인들의 다양한 움직임에 따른 다양한 결과 도출에 주목한다. 한편 기후리스크에 국한하여, 기후리스크 관련 시나리오 분석은 금융시스템 스트레스 테스트와 방법론에서 일부 차이가 있다. 이에 대해서는 아래에서 자세히 설명한다.

시나리오 분석의 첫 단계이자 가장 중요한 단계는 독립변수의 미래 움직임을 가정하는 '시나리오 생성'이다. 전통적인 스트레스 테스트에서는 시나리오를 '동태적 확률일반균형Dynamic Stochastic General Equilibrium; DSEG 모형' 등의 거시경제모형 또는 계량적 모형으로 생성한다. 분석기간 동안의 독립변수 간 상호연계성을 기반으로 독립변수들이 어떻게 변화할지를 추정한 시나리오를 가치평가 모형 또는 스트레스 테스트 모형에 투입하여 알고자 하는 종속변수 추정치를 산출한다. 예를 들어, 은행 또는 금융감독당국이 자본적정성에 대한 금융시스템 스트레스 테스트를 실시하고자 한다면, 먼저 BIS자기자본비율에 중요한 영향을 미치는 주요 거시경제 및 금융변수들에 대해 3~5년간의 시나리오를 추정한 후 이를 근거로 3~5년간의 추정재무제표를 만들어 기간별 BIS자기자본비율을 추정할 수 있다.

2) 기후리스크에 대한 시나리오 분석

시나리오 분석은 다양한 CO_2 배출 경로에 근거하여 기후변화가 경제 및 금융에 미치는 영향을 분석한다. 다만 이 분석기법을 활용하기 위해서는 금융 리스크 관리 기법을 이해하고 있다는 전제하에 기후 시나리오를 거시경제 및 금융변수, 특정산업 및 개별기업의 재무성과 등에 결합하여야 하는데, 이는 녹록지 않은 작업이다. GARP Risk Institute(2019)의 설문 결과, 다수의 글로벌 금융회사들은 시나리오 분석이 기후리스크 관리를 위한 효과적인 접근법이라고 생각하고 있지만, 해당 분석이 기존의 금융안정성 스트레스 테스트와 다른 측면이 있기 때문에 실제 금융회사가 경제적 자본 관리 목적으로 활용하기까지는 상당한 시일이 소요될 것이라고 전망하고 있다.

뒤에서 깊이 있게 설명하겠지만, 기후리스크 시나리오 분석의 모태가 되는 기후 시나리오는 상위 수준의 산업 부문에 대한 영향만을 제시하기 때문에 개별 금융회사가 시나리오 분석을 실시하기 위해서는 해당 금융회사의 포트폴리오에 맞춰 하위 산업 부문 및 개별 기업에 대한 시나리오를 별도로 추정해야 한다. 따라서 금융회사가 현실적인 시나리오를 개발하기까지는 상당한 시간과 노력이 필요할 것이다. 이처럼 기후 관련 금융리스크 관리에는 아직까지 공인된 방법론이 없고 선진 금융감독 당국의 방법론에도 여전히 해결해야 할 문제점이 존재한다. 그럼에도 시나리오 분석은 현재까지 기후 관련 금융리스크의 영향을 분석하기 위한 가장 효과적인 대안인 상황이다.

기후리스크는 물리적 리스크와 이행리스크의 2가지 경로를 통해 영향을 미치므로 각각에 대한 시나리오 분석 방법론에도 차이가 있다. 이러한 차이는 다음 절에서 소개될 UNEP FI 및 Acclimatise(2018)의 물리적 리스크 시나리오 분석[17]과 UNEP FI, Oliver Wyman 및 Mercer(2018)의 이행리스크 시나리오 분석[18]에서 확인할 수 있을 것이다. 한편, 일부 기관은 두 리스크를 통합한 방법론을 제시하기도 한다.[19]

각각의 리스크별로 다른 형태의 시나리오를 이용한다. 이행 시나리오 모형은 특정 산업 부문이 특정 목표 온도 및 정부 정책 등에 어떻게 반응하는지를 평가하는 통합평가모형Integrated Assessment Model; IAM 으로 추정된 시나리오를 이용한다. 우리가 등산할 때 정상에 도달하는 경로가 다양하듯이 인류가 지구의 목표 온도에 도달할 수 있는 방법도 다양하기 때문에, 기후변화 시나리오는 어떤 정상에 도달할 것인지 또는 정상에 도달하는 속도를 어떻게 조절할 것인지에 따라 시나리오 간에 세부적인 차이가 발생한다. 예를 들어, 저탄소경제로의 점진적인 이행을 위한 시나리오Orderly Scenario와 급격한 이행을 가정한 시나리오Disorderly Scenario는 다를 수밖에 없다.

기후변화가 금융 안정성 또는 개별회사의 건전성에 미치는 영향을 평가하기 위해서는 GDP, 실업률, 이자율 변화 등의 다양한 경제 및 금융변수들이 기후변화에 따라 어떻게 변화하고 재차 금융시장의 금융 안정성 또는 개별 금융회사의 자본적정성 등에 어떠한 영향을 미치는지에 대한 2차 효과를 고려한 기후 시나리오가 있어야 의미있는 결과를 도출할 수 있다. 현재까지 발표된 기후변화 시나리오는 대체로 정책 입안자 등에 도움이 되도록 CO_2 배출, 온도 변화 및 해수면 상승과 같은 환경 변화의 변수 측면에서 구성되었다. 다시 말해 거시경제 시나리오처럼 구체적인 경제 및 금융 파라미터들로 구성되지 않았기 때문에 금융 감독당국 또는 개별 금융회사의 시나리오로는 부적합할 수 있다.

이의 보완을 위해 2℃ Investing Initiative(2019)는 기후 스트레스 테스트의 시나리오 구성에 대한 가이드라인을 제시히였다. [20] 이 가이드에서는 금융감독당국 또는 개별 금융회사가 시나리오 설계시 기존의 금융안정성 스트레스 테스트에서 사용되는 주요 지표에 기후 지표를 포함하여 설계하고, 지구 기온의 4℃ 및 6℃ 상승 등에 대한 전 세계의 물리적 리스크 뿐만 아니라 이행리스크를 통합하도록 권고한다. 즉, 기후변화로 야기되는 물리적 리스크의 GDP 영향을 어떻게 예측할 수 있는지에 대한 새로운 접근법을 제시하고 있다.

3) 금융시스템 스트레스 테스트와 기후 시나리오 분석 간의 차이

앞서 제시한 바와 같이 기후리스크에 대한 시나리오 분석은 기존의 거시경제 시나리오에 기반한 금융시스템 스트레스 테스트와 다른 방법론을 취해야 한다. 이해를 위해 두 방법론 간의 대표적인 차이는 다음과 같다.

첫째, 금융시스템 스트레스 테스트는 경제 및 금융변수의 단기간 내 극단적인 충격이 발생 가능하다는 가상적인 시나리오Hypothetical Scenario[21]를 전제로, 금융산업의 안정성 또는 개별 금융회사의 자본 적정성에 대한 복원력이 시간의 흐름에 따라 어떻게 변화하는지 살펴보는 것을 목적으로 한다. 이를 위해 발생 가능성이 낮지만 발생시 대규모의 손실을 야기하는 테일 리스크Tail Risk의 추정에 초점을 둔다. 한편 기후 시나리오 분석은 발생 가능한 리스크를 대상으로 이의 영향 평가에 초점을 둔다. 따라서 금융시스템 스트레스 테스트의 분석 시계horizon는 상대적으로 단기인 3~5년인 반면, 기후 시나리오는 10~30년의 장기이다. 분석 시계가 길다는 것은 더 큰 불확실성을 안고 있는 분석 방법론임을 의미한다.

그럼에도 기후 시나리오 분석에 있어 단기 분석이 효과적이지 않은 이유로 Villeroy de Galhau(2018)는 기후리스크 특성상 금융리스크와 같이 단기간내 감지하기 어렵고, 모든 금융회사가 리스크에 대처하기 위해 동시에 질서정연하게 자신의 익스포저를 줄여나갈 것이라는 가정을 버려야 한다고 주장한다. 따라서 기후 시나리오 분석은 규제수단이기보다는 금융회사의 포트폴리오에 대한 물리적 리스크 및 이행리스크에 대한 민감도 수준의 점검 수단으로 보는 것이 타당할 것이다. 또한 금융회사는 분석의 정확성을 추구하기 보다는 적시성 있는 분석을 통해 경영전략 또는 포트폴리오 리밸런싱을 결정하는 참고지표로 사용하는 것이 적절하다.

둘째, 기후 시나리오 분석은 금융시스템 스트레스 테스트에 비해 이용 가능한 데이터가 제한적이다. 금융안정성 스트레스 모형은 거시경제 환경 변화에 따라 차입자의 예상부도율이 어떻게 변화하는지를 정량화하기 위해 과거 데이터Historical Data를 이용할 수 있다. 하지만 기후변화 관련 글로벌 수준의 정책 공조와 전방위적인 산업구조 변화는 우리가 지금껏 경험해보지 않은 전대미문의 변화이기 때문에, 기후 시나리오 분석에 실증적으로 활용할 만한 과거 데이터는 사실상 없거나 극소수이다. 따라서 비교 대상으로 삼을 만한 과거 데이터의 부족 문제를 어떻게 극복할지가 기후 시나리오 분석 모형 개발의 중요 포인트라고 할 수 있다.

Pierre(2018)는 현행 신용평가 방식 등이 기후리스크를 신용리스크에 적절하게 반영하지 못하는데 있어 현재 시장 참여자들이 현재 이용하는 자산가격 결정모형의 한계를 지적하였다. 현행 자산가격 결정모형은 과거 데이터에 의존하여 계산된다. 금융안정성 스트레스 테스트의 시나리오는 과거가 미래를 대변할 수 있다는 가정에 따라 과거 데이터 간의 인과관계를 모형화하여 미래지향적인 시나리오를 추정한다. 그러나 금융 관련 기후 데이터는 과거 데이터가 없거나 평가에 충분하지 않은 상태에서 잠재적인 미래에 대한 평가를 위해 미래지향적인 시나리오를 필요로 한다.

기후리스크 관련 시나리오는 변수간의 복잡한 인과관계의 반영 이전에 과거에 관찰된 적이 없는 데이터에 기반하여야 한다는 것이 제일 큰 문제이다. 이 부분이 기후리스크에 대한 시나리오 분석의 가장 큰 난제이다. 아직까지 전 세계적으로 관련 모형들의 개발은 초기 단계이지만, NGFS, UNEP FI, BOE 등에서 일부 의미있는 통찰력을 제공하고 있다. 따라서 BCBS 등의 글로벌 금융규제기구 등이 바젤 규제 체계를 더욱 강화하는 것이 금융시장의 안정성 확보 차원에서 매우 시급한 과제이다.

셋째, 금융시스템 스트레스 테스트에서는 거시경제 악화가 대체로 모든 산업 부문에 부정적인 영향을 주는 형태로 설계한다. 그러나, 기후 시나리오 분석에서는 저탄소경제로의 이행과정에서 패자와 승자가 함께 존재한다는 사실을 감안해야 한다. 기후변화가 산업 부문별로, 동일 산업에서도 세부 산업 부문별로, 심지어 동일 세부 산업 부문 내에서도 기업별로 상이하게 영향을 미칠 수 있다는 점이 금융안정성 스트레스 테스트와의 결정적인 차이 중 하나이다. 경제주체 간에 이질성이 존재한다는 것은 기후 시나리오 분석의 시계 내에서 경제주체별로 기후변화의 영향에 대한 적응과 완화를 위한 시간적 여유가 달리 적용된다는 의미이다. 다시 말해서, 금융시스템 스트레스 테스트에서 차입자는 일방적으로 경제 충격의 영향을 받는 정적인 경제주체라면, 기후 시나리오 분석에서 차입자는 기후변화 이행 과정에서 다양한 형태의 합종연횡 등의 적응과 완화를 시도하는 동적인 경제주체이다.

그래서 금융시스템 스트레스 테스트가 주로 하향식 접근방법을 사용하는 것과 달리, 기후 시나리오 분석에서는 하향식 접근방법과 상향식 접근방법을 혼합하여 분석하는 것이 더욱 효과적이다. 앞서 설명한 바와 같이, 기후변화에 따라 산업 부문간, 하위 부문간, 기업간 기후변화의 영향이 상당히 상이할 수 있기 때문에 하향식 접근방법으로만 분석한다면 금융회사가 노출되어 있는 기후리스크를 정확히 포착하는데 한계가 있을 것이다. 따라서 거시경제 변수의 변화로만 차주의 신용리스크 변화를 평가하는 것은 기후변화의 본질적 리스크를 과소 또는 과대추정하는 결과로 이어질 수 있다. 이의 예방을 위해 기후 시나리오 분석에서는 차입자 단위로 리스크를 평가할 필요가 있으며, 이 과정을 통해 금융회사의 기후리스크 관리에 대한 역량 및 통찰이 모형에 반영될 것이다.

마지막으로, 시나리오의 범위 측면에서 금융안정성 스트레스 테스트에 이용되는 시나리오와 기후 시나리오 분석에 대한 시나리오는 차이가 크다. 예를 들어, 금융안정성 스트레스 테스트의 시나리오는 개별 국가의 경제시스템 또는 글로벌 경제시스템에 국한한 수리적 모형으로 생성하지만, 기후리스크 관련 시나리오는 경제학, 자연과학, 지구과학, 농림수산학 등 여러 분야에 걸친 세부 모듈들을 통섭적으로 적용하여 도출한다. 가령, 일반적인 거시경제모형에서는 경제주체의 에너지 수급 패턴의 변화가 기후변화에 영향을 미치는 경로를 고려하지 않지만, 기후변화 시나리오를 생성하기 위한 통합평가모형에서는 경제주체들의 다양한 경제활동에 따른 환경적 영향의 경로가 일반균형General Equilibrium의 경로로 포함되어야 한다. 그리고 기후변화 자체가 노동 또는 자본의 생산성에 피드백 효과로 영향를 미치는 경로도 포함되어야 하기 때문에 더 넓은 범위에서의 일반균형 모형을 필요로 한다. 다시 말해서, 기후변화 시나리오는 경제시스템, 기후변화 정책, 기술개발 등이 상호작용하며 어떤 경로를 따라 발전해나갈지에 대한 정량적 서사Quantitative Narrative라고 할 수 있다.

이런 이유로 기후변화 시나리오는 미래 경로의 예측치라기보다는 목표를 달성해 나가는 과정에서 관련 주요 변수들이 내적 정합성을 유지한 상태로 발생 가능한 경로Plausible Path로 보는 것이 타당하다. 이에 금융감독당국은 기후 시나리오는 전 지구적 또는 국가적 시각에서의 산업단위의 리스크 요인 경로에 대한 정보를 담고 있기 때문에 개별 금융회사가 독자적으로 기후 시나리오를 개발하는 것이 불가능하다는 점을 인식할 필요가 있고, 금융회사는 시나리오 생성보다 이를 금융회사의 포트폴리오에 따라 세부산업 및 기업단위로 정교하게 모형화하는 것에 힘을 쏟아야 한다.

3

물리적 리스크에 대한
시나리오 분석

　본 절에서는 물리적 리스크에 대한 은행의 시나리오 분석을 설명한다. 이를 위해 기후리스크가 은행 대출 포트폴리오에 내재된 신용리스크에 어떠한 영향을 미치는지를 살펴본다. [22) 아울러 보험이 기상이변 등 기후리스크에 대한 리스크 경감수단으로서 기후리스크 측정에 반영될 수 있는지를 고민해 본다. 마지막으로 부문별 생산성Sector Productivities 측면에서 기후변화와 예상부도율 간의 관계, 기후변화 영향을 고려한 부동산 담보부대출의 담보인정비율 조정 필요성 등에 대해 살펴본다.

　기후리스크 평가는 간단한 작업이 아니다. 특히 앞서 제시한 대로 시나리오를 만들기 위해 경제변수 및 금융변수와 기후변수 간의 복잡한 인과관계를 어떻게 고려할 것인지, 과거 데이터의 부재에도 불구하고 어떤 방식으로 미래지향적인 시나리오를 생성할 것인지 등을 극복해

나가야 한다. PRA 등 선진 금융감독당국들이 지속적으로 통찰력 있는 모형을 제시하고는 있지만 이 또한 아직까지는 초기 수준에 머물러 있다. 그리고 무엇보다도 개별 금융회사가 기후 관련 데이터에 접근하기에는 많은 제약이 있다. 그럼에도 관련 분야의 연구가 초기인 만큼, 지속적인 연구 노력만이 난관을 헤쳐나갈 수 있는 유일한 방법이다.

1_ 기후리스크를 감안한 신용리스크 측정 방안

신용리스크는 일반적으로 '거래 상대방이 계약에 명시된 채무를 이행하지 못하거나 신용도 하락에 따라 발생할 수 잠재적인 손실 위험'을 의미한다. 따라서 대출계약뿐 아니라 투자계약에도 신용리스크는 존재한다. 그러나 이해의 편의를 위해 대상의 범위를 은행의 대출계약으로 한정하면, 은행은 차입자의 상환능력에 기반하여 신용리스크를 측정한다. 이때 차입자의 수익창출 능력, 자본 및 대출담보 등의 세 가지 요인이 신용리스크를 결정하는 주요 요인이다. 여기서 수익창출 능력은 차입자의 현금흐름과, 자본은 차입자의 재무상태와, 담보는 담보가치와 관련된다. 따라서 현금흐름, 재무상태 및 담보가치가 불량할수록 신용리스크는 증가하고, 기후리스크가 이 세 항목에 부정적인 영향을 미칠수록 신용리스크는 더욱 가중된다.

저탄소경제로의 이행 과정에서 탄소발자국이 큰 기업은 막대한 규제비용에 직면할 가능성이 높기 때문에 이들 기업에 자금을 대여하거나 투자한 금융회사는 신용리스크 증가에 대한 방안을 고려해야 한다. 이때 해당 규제비용에 따른 신용리스크를 다른 차입자에게 전가한다면 차입자의 현금흐름에 부정적인 영향을 미쳐 신용도 하락 요인으로 작용하게 된다. 이는 앞서 제시한 바와 같이 금융회사의 대출 건전성 악화 및 투자자산의 가치하락으로 이어지기 때문에 궁극적으로 금융회사의 기후리스크 관련 규제비용을 증가시킨다. 이러한 이유로 금융회사는 기후리스크를 신용리스크에 반영한 기후 신용리스크Climate Credit Risk를 최대한 정확히 평가할 필요가 있다.

1) 기후리스크가 차입자의 현금흐름에 미치는 영향

물리적 리스크는 다양한 경로로 기업의 영업활동을 통한 현금흐름에 부정적인 영향을 미칠 수 있다. 기상 이변에 따른 생산량 감소, 운송 중단에 기인한 공급사슬의 붕괴, 원자재 수급의 어려움 및 비싼 대체재로 변경시 발생하는 생산원가의 증가, 생산시설의 손실로 인한 자본비용의 증가 등이 대표적이다. 이외에도 물리적 리스크 증가에 따른 보험사의 인수 거절 등의 간접적인 영향도 있을 것이다. 이러한 영향의 정도는 산업 부문별 특성, 주요 생산시설의 지리적 위치 및 경기변동 등에 따라 확대될 수 있다.

이행리스크 또한 다양한 방식으로 현금흐름에 영향을 미칠 수 있다. 정부 정책의 변화에 따른 좌초자산의 발생, 좌초자산 또는 탄소집약적 산업의 노동자 파업 등의 생산능력 저하로 인한 수익의 감소, 신기술 및 대체 기술에 대한 연구개발비의 증가, 탄소발자국이 큰 재화 및 서비스에 대한 소비자 인식 변화에 따른 총매출의 감소, 탄소배출 및 하수처리 등 생산 필요 지출비용 발생 등이 그것이다. 그것들은 주로 기후변화에 대한 정부 정책 및 규제의 변화에 따른 영향이다.

이때 간단히 순현가법Net present Value으로 기업가치를 평가한다면, 위험이 일정하다고 가정하더라도 기업의 원가 상승과 수익 감소는 영업활동으로 인한 기대 현금흐름을 낮추기 때문에 기업가치를 하락시킨다. 결과적으로, 기대 현금흐름의 감소는 기업의 부채상환능력에 직접적인 악화요인이므로, 기후리스크는 기업의 기대 현금흐름을 감소시켜 기업가치 하락뿐만 아니라 기업의 부채상환능력을 야기하므로 당연히 신용리스크 관리가 필요하다.

2) 기후리스크와 자본 및 담보 간의 관계

태풍 등의 급격한 물리적 리스크는 해안지대의 주거용 또는 상업용 부동산과 기업의 생산시설 등에 영향을 미쳐 차입자의 보유자산 가치 하락에 직접적인 손실을 발생시킨다. 아울러 기후변화에 취약한 지역이나 국가에 생산시설 등을 갖춘 대기업의 경우에는 물리적 리스크 발생에 따라 자산의 대규모 상각을 염려해야 한다.

이행리스크 또한 기업의 자산가치에 간접적으로 심각한 영향을 초래한다. 특히 좌초자산 보유량이 많을수록 자산가치 및 기업가치를 재산출해야 하는 상황에 직면한다. 앞으로는 기업의 가치평가에 탄소배출량을 현금흐름 또는 할인율에 감안해야 할 것이다. 우리나라만 하더라도 국가온실가스감축목표Nationally Determined Contribution; NDC를 2030년까지 2018년 순배출량(6억 8,630만톤) 대비 35% 이상 감축하기로 탄소중립법안이 통과됨에 따라 향후 에너지 효율성 기준 등이 더욱 엄격해질 수 밖에 없는 상황이다.[23] 이러한 정부 정책의 변화는 차입자의 자산가치 재평가뿐만 아니라 신용도 산정의 핵심적인 요소인 자본과 담보에 영향을 미치기 때문에 기후 신용리스크의 관리 필요성은 선택이 아니라 필수이다.

2_ 분석 전반의 흐름에 대한 개요[24)]

여기서는 신용리스크에 대한 물리적 리스크의 측정 방법론을 개략적으로 살펴보고자 한다. 기존 방법론들이 아직까지는 개념적인 수준이어서 실무적으로 구현 가능한 방법론이 완성되기에는 적잖은 시일이 걸릴 것으로 예상된다.[25)] 현행 물리적 리스크 방법론들은 산업 부문별 실적에 대한 리스크 측정, 차입자에 대한 기후리스크와 신용리스크 간의 통합평가방법을 주로 제시하고 있다.[26)]

물리적 리스크는 다양한 직간접적인 방식으로 여러 산업 부문에 걸친 은행 차입자들의 재무성과에 잠재적 영향을 미친다. 이러한 복잡성이 물리적 리스크의 측정을 복잡하게 만든다. 따라서 개별 은행의 초기 계량평가 작업은 그간의 선행연구 결과에 의존하여 진행하여야 할 것이다. 다행히 2018년 UNEP FI와 Acclimatise는 개별 은행이 이용 가능하고 공개적으로 접근 가능한 데이터와 모형을 통해 은행이 내부적으로 사용 가능한 기후변화 시나리오와 방법론의 개발을 목표로 실시한 사전 분석Pilot Project 결과를 발표하였다. 이에 대한 기본 원칙과 고려사항 등은 아래의 [표 7-1]과 같다.

[표 7-1] 물리적 리스크 평가 방법론의 기본 원칙과 고려 사항

원칙	고려 사항	처리 방안
방법론은 은행 내부적으로 수행하기에 적합해야 함	• 방법론은 은행의 기존 데이터, 분석 능력, 분석 도구 등을 고려하여 결정함 • 은행은 차입자의 지역별 특성을 반영한 고정자산 데이터를 보유하지 않을 수도 있음을 가정함 • 스프레드시트 기반의 이차원적 분석 도구들은 기후리스크와 같이 공간적 성격을 갖는 리스크 분석에는 적합하지 않음	• 공간적 성격을 갖는 리스크 분석에 대한 은행의 평가 역량을 개선하기 위해서는 차입자의 고정자산 및 기후리스크에 대한 데이터를 플랫폼화할 필요가 있음 • 지리정보체계(Geographical Information Systems; GIS) 등을 이용한 공간리스크 분석은 평가의 질을 개선할 수 있으므로 이의 활용을 위한 은행의 역량 개발이 필요함
일반적인 방법론과 데이터군을 적용해야 하지만, 정확도를 높이기 위해서는 국가 또는 지역별 현실성과 편차를 반영함	• 최대한 이용 가능하고 공간 변환된 기후 관련 데이터군을 사용함	• 상위 수준의 질적 데이터군은 일부 국가에서만 이용 가능하기 때문에 은행은 영업 중인 국가에서 이용 가능한 데이터군을 식별하도록 노력해야 함
공개적으로 접근 가능한 데이터와 방법론을 활용함	• 공개적으로 접근 가능한 데이터가 부족하기 때문에 일부 잠재적인 물리적 리스크는 포함되지 않을 수 있는데, 예를 들어 기업 가치사슬의 물리적 리스크 평가 등은 포함되지 않을 수 있음	• 모형, 데이터 및 리스크 평가의 지속적인 개선이 필요함

은행의 대출 포트폴리오에 대한 물리적 리스크의 영향 평가는 리스크 전달 경로에 따라 은행의 보유 데이터, 분석도구, 평가 역량 등에 따

라 예상부도율 등의 중요 신용리스크 측정지표에 대한 영향을 평가하는 방법과 기후변화 시나리오를 이용한 평가방법으로 구분된다. 여기서는 산업별로 주로 노출된 물리적 리스크에 특성에 따라 포트폴리오 및 차입자 단위로 예상부도율을 조정하는 방법을 먼저 설명하고, 이어 은행이 차입자의 수익, 원가 및 부동산 가치에 대한 기후변화 시나리오의 영향을 평가하는 방법으로 구분하여 설명한다. [그림 7-2]와 같이 신용리스크에 대한 물리적 리스크 평가에서 가장 중요한 작업은 산업 부문별 특성 및 물리적 리스크의 특성을 고려하여 예상부도율과 담보인정비율Loan-to-Value; LTV을 추정하는 것이다.

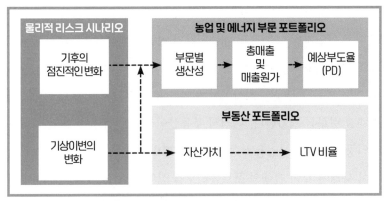

[그림 7-2] 물리적 리스크 측정 방법론의 개요

UNEP FI는 다양한 산업 부문 중에서 물리적 리스크에 민감한 산업 부문으로 농업, 에너지 및 부동산 부문을 선별한 후 기후 취약성의 정도에 따라 아래 [표 7-2]와 같이 하위 부문들을 세분화한 사례를 제시하였다.

[표 7-2] 물리적 리스크에 대한 취약 산업 부문 및 하위 부문의 구분 예시

산업 부문	산업 부문별 하위 부문
농업	농작물 생산, 목축, 목재 생산
에너지	화력 및 수력 발전, 송전, 석유 탐사 및 정제, 석유화학제품, 천연가스 탐사, 천연가스 액화, GTL 등
부동산	소매 부동산, 상업용 부동산

앞서 [그림 7-2]와 같이 농업 및 에너지 부문은 기후의 점진적인 물리적 리스크에 크게 노출되지만, 부동산 부문은 기상이변과 같은 급격한 물리적 리스크에 자산가치 변동이 민감하게 반응한다. 따라서 물리적 리스크 영향의 전달 경로에 따라 각기 다른 접근법을 적용해야 한다. 급격한 물리적 리스크에 노출되어 있는 농업 및 에너지 부문은 기후변화에 따른 차입자별 매출액 및 매출원가의 영향을 분석함으로써 예상부도율의 변화 가능성을 추정한다. 반면, 점진적인 물리적 리스크에 노출되어 있는 부동산 부문은 기상이변에 의한 부동산 가치 또는 LTV 비율의 잠재적 변화를 평가한다. 여기서 부동산이란 소매 부동산 뿐만 아니라 수익창출 목적의 상업용 부동산 모두를 포함한다.

이 사례와 같이 은행의 포트폴리오를 산업별로 구분한 후 물리적 리스크 전달 경로에 따라 분석 방법을 달리 적용함으로써 은행 포트폴리오에 포함된 광범위한 산업 부문들에 대한 분석이 가능하다. 특히 점진적인 물리적 리스크에 노출된 산업 부문에 대해서는 다수의 선행연구가 기후영향에 따른 수익성 분석을 통해 예상부도율을 조정하는 방법을 제안하고 있다. 이러한 방법론은 현재 시점의 포트폴리오를 기준으로 미래 기후변화 시나리오에 따른 미래지향적인 평가이다. 당연히 미래 시점의 포트폴리오는 현재 시점과 다를 것이다. 가령 어떤 차입자가 현재시점에 보유하고 있는 운전자산이 어떤 이유에서든 미래에 사용이 불가하다면 신규 운전자산으로 대체될 것이고, 이때 신규 운전자산으로 인해 차입자의 탄소발자국이 감소할 수도 있다.

이런 불확실성에도 불구하고 시나리오 분석을 위해서는 미래 시점의 대출 포트폴리오가 현재 시점과 다르지 않다고 가정할 필요가 있다. 이 가정은 금융시스템 스트레스 테스트에도 동일하다. 이러한 가정이 금융감독당국 입장에서는 은행간 비교 가능성을 저해시킬 수 있다. 그럼에도 불구하고 금융안정성 스트레스 테스트 또는 시나리오 분석시에는 시간의 변화에 따른 포트폴리오의 변동을 고려하지 않는다. 경제 및 금융변수의 미래 변동에 대한 복잡한 시나리오 외에 포트폴리오 변동까지 고려한다면 시의적절한 분석이 사실상 불가능 하기 때문에 이를 기반으로 한 금융회사 또는 금융감독 당국의 전략 수립이 불가하다. 따라서, 분석 목적상 현재 시점의 대출 포트폴리오가 30년 후에도 같을 것이라는 가정의 단순화가 필요하다.

은행 전체 대출 포트폴리오에 대한 영향 평가를 위해서는 산업 부문별 또는 은행의 내부정책에 따른 하위 부문별 리스크 측정치를 합산하여 산출한다. 이때 산업 부문별 예상부도율과 LTV 비율을 추정하기 위해 해당 부문의 차입자 각각을 평가하는 것보다 해당 부문을 잘 대표할 수 있는 표본을 선정하여 평가하는 것이 더욱 효율적이다. 이때 차입자 대표 표본은 다른 요건도 중요하겠지만 기후 조건의 공간적 가변성 Spatial Variability을 잘 설명할 수 있도록 표본 산출시 지역적 분포를 잘 따져야 한다.

차입자별 리스크 지표의 추정은 물리적 리스크 측정의 시작점이다. 이후 기후변화 시나리오가 마련되면 이를 통해 차입자별 예상부도율 영향 및 LTV 비율 변화 등을 단계적으로 추정해 나갈 수 있다. 즉, 물리적 리스크를 감안한 신용리스크 관리를 위해서는 기후변화를 감안한 조정 예상부도율 및 조정 LTV 비율 등이 필요하다.

해당 리스크 지표는 산업 부문별로 차입자의 최근 손익계산서에 있는 매출액, 매출원가 및 연단위 수익 정보를 활용한다. 이때 차입자의 핵심 운전자산 소재지와 산출량 등에 대한 정보가 있다면 운전자산의 소재지별 물리적 리스크를 고려하여 조정 예상부도율 등을 더욱 정확히 추정할 수 있다. 그러나 단일 차입자가 여러 핵심 운전자산을 다양한 지역에 보유하는 경우 은행이 내부적으로 운전자산별 소재지와 산출량 등에 대해 이용 가능한 데이터를 보유하지 않는 경우가 대부분이다. 이런 이유로 평가의 질 측면에서 해당 데이터를 얻기 위한 노력과 분석의 효율성이 상충될 소지가 많다. 특히 부동산 부문의 경우 부동산 소재지, 가치, 대출 규모 및 평균적인 대출 기간 등을 고려하여야 하나, 일부 데이터는 신용정보보호 관련 법률 등을 위반하지 않는 범위 내에서 수집하도록 유의하여야 할 것이다.

3_ 점진적인 물리적 리스크에 대한 시나리오 분석 예시: 에너지 및 농업 부문을 중심으로

앞서 제시한 대로 농업 및 에너지 부문과 같이 기후의 점진적인 변화에 영향을 받는 산업은 부문별 생산성 평가 후 기후변화에 따른 차입자의 수익, 총매출, 매출원가 등의 재무지표를 토대로 예상부도율의 변화를 분석하는 것이 핵심이다.

1) 부문별 생산성 변화의 평가

다수의 선행연구에 따르면 농업 및 에너지 부문의 생산성은 급격한 물리적 리스크에도 노출되어 있지만 대체로 점진적인 물리적 리스크에 더욱 민감하다. 기온, 강수량 등의 점진적인 기후변화가 다방면으로 해당 산업의 생산성과 산출량에 영향을 미치기 때문이다. 예를 들어, 강수량, 수증기, 빙하 등의 변화는 강의 흐름과 저수지 유입량을 변화시키는데, 이는 수력발전소의 전기 생산량에 영향을 미친다. 화력발전소의 열을 식히는 냉각수량이 전기 생산량과 직결되기 때문이다.

점진적인 기후변화가 산업 부문별 생산성에 미치는 영향에 대한 선행연구들을 대체로 전 세계 또는 국가별로 산업 부문별 생산성 변화를 추정할 목적으로 산업 부문의 생산성을 먼저 추정한 후 하위 부문

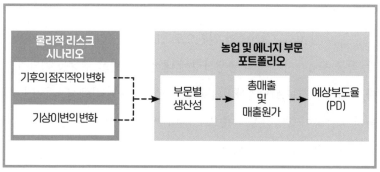

[그림 7-3] 농업 부문과 에너지 부문의 물리적 리스크 평가 절차

을 추정하는 하향식 방법을 주로 이용한다. 예를 들어, 점진적인 물리적 리스크에 따른 농업 부문과 에너지 부문의 생산성 변화를 추정한 후 하위 부문인 목축이나 화력발전소의 생산성 변화를 추정하는 식이다. 이때 기후 모형과 산업 부문별 영향 모형에 내재된 불확실성 때문에 산업 부문별 생산성의 변화 추정치가 양(+)의 결과부터 음(-)의 결과를 모두 보일 수 있다.

그러나 시나리오 분석 목적상 포트폴리오에 대한 부정적 영향을 보수적으로 평가하기 위해서는 가장 심각한 변화, 즉 가장 큰 생산량의 손실에 근거하여 평가할 수도 있다. 일례로 농업 부문의 생산성 또는 수확량은 기온과 강수량에 민감하다. 따라서 기온 및 강수량 등의 기후 데이터와 수확량 및 농작물 가격 간의 과거 데이터 간의 상호연관성을 파악한 후 다양한 기후 시나리오에 대입하여 시나리오별 손실액을 추정한다. 이 중 가장 큰 손실을 평가에 활용한다.

기후변화에 따른 수확량과 가격의 미래 변화에 대한 연구는 산업의 하위 부문별 영향을 평가하는 데에도 활용될 수 있다. 예를 들어, 세계농업모형화협회Global Agricultural Modelling Community; GAMC는 농업모형 비교 및 개선 프로젝트Agricultural Model Intercomparison and Improvement Project; AgMIP의 일환으로 밀, 쌀을 제외한 지방 종자, 밀, 쌀, 곡물 등 4가지 작물의 총생산량에 대한 기후변화 영향을 평가하였다. [27] 연구 결과, 2050년까지의 4°C 상승 시나리오 하에서 4가지 농작물의 생산량이 중앙값을 기준으로 최대 25% 감소함에 따라 향후 농산물 시장가격 상승을 예상하였다.

한편, 급격한 물리적 리스크에 따른 생산량 감소는 과거 자료 등을 활용할 수 있다. 예를 들어, 농업 부문은 기상이변 형태별 생산량 자료 등을 이용할 수 있고, 에너지 부문은 기상이변에 따른 생산중단 기간을 나타내는 '비가동 시간' 등을 이용할 수 있을 것이다. 이때 비가동 시간은 완전한 전력 공급의 중단뿐만 아니라 화력발전의 냉각수 부족 기간 동안의 전력 생산 차질에 의한 생산량 감소 등의 경우를 모두 포함한다.

2) 손익계산서 지표의 조정

산업 부문별로 미래 생산성을 추정하면 이를 기반으로 차입자별 매출액, 매출원가 등의 손익지표를 조정하여야 하는데, 이를 위해서는 다음 사항을 고려할 필요가 있다.

먼저, 분석을 용이하게 하도록 특정 국가 및 산업 부문의 생산성과 가격 변화가 특정 차입자의 연수익으로 환산된다고 가정한다. 예를 들어 농업 부문은 기후변화 영향에 따른 수확량과 가격 변동은 수익에 영향을 미치므로 생산자 입장에서 수확량 감소가 시장가격 상승으로 상쇄된다면 전체 수익 측면에서는 상대적으로 낮은 비율의 영향을 적용한다. 한편 에너지 부문의 경우 공공사업은 가격 증가를 소비자에게 전가할 수 있으나, 사기업은 독점이 아닌 이상 수급의 시장원리에 따라 수익이 달라진다. 따라서 이 경우에 가격변화는 고려하지 않고 오직 생산성의 변화만을 고려하는 것이 효율적이다. [28]

둘째, 기후변화와 부문별 생산성 간의 영향 추정시 기후적응 측면은 분석에서 제외한다. 차입자가 물리적 리스크의 감소를 위해 수행할 것으로 기대되는 순기능적 행동 등의 행동 경제학적 요소들은 분석에 반영하지 않는다. 적응 노력은 일반적으로 순기능적 성격을 가지므로 차입자의 적응 행동 등을 반영할 수 있으나, 이 경우 수익과 매출원가의 기후리스크 관련 영향이 감소됨에 따라 평가 결과를 긍정적으로 과대 추정할 가능성이 있다. 따라서 분석의 용이성 및 위기에 대한 대응을 위한 리스크 평가라는 측면에서 최대한 보수적인 가정으로 평가한다.

마지막으로, 급격한 물리적 리스크의 영향을 고려하기 위해 기상이변에 따른 가동 중단 및 생산량 감소 영향을 수익의 변화로 전환한다. 미래 기상이변의 빈도 변화는 생산량 감소를 야기시켜 미래 수익에 영향을 미친다. 이때 생산량의 비율 변화가 연수익의 비율 변화에 동등하게 영향을 미치는 것으로 가정할 수 있다. 아울러, 기상 이변에 따른 매출원가의 변동은 수익의 변동에서 유추한다. 글로벌 재난리스크 모형 전문회사인 RMS는 금융기관들에 서비스할 목적으로 가뭄 스트레스 테스트 방법론을 개발하면서 수익과 매출원가 간의 관계를 분석하였다.[29] 이는 특정 지역에서 발생한 가뭄 피해 수준을 해당 지역에서 영업중인 기업의 수익 감소 및 비용과 연계할 목적이었다. 분석 결과, 수익과 매출원가 간에 음(-)의 선형 상관성이 존재하고, 상관성의 정도는 산업별로 다르며, 수요 급증은 수요가 복구, 노동력, 장비 등의 공급을 초과하는 경우에만 비용 상승에 영향을 미쳤다. 예를 들어, 극심한 가뭄 하에서 농업 부문은 추가비용이 없는 대신 수익에 심각한 영향을 받았다. 반면 같은 조건의 정유회사는 수익 감소와 더불어 비용에서도 크게 영향을 받았다. 이는 산업 부문 또는 하위 부문별 분석시 부문별로 동일한 기상이변 하에서도 수익 감소 또는 비용 증가를 달리 경험하므로, 이를 고려하기 위해서는 부문별로 수익과 매출원가 간의 상관계수를 달리 적용해야 함을 의미한다.

3) 예상부도율의 변화 추정

수익과 매출원가 간의 영향 추정은 개별 차입자와 부문별 포트폴리오에 대한 신용리스크 변화를 평가하는 데 매우 중요한 작업이다. 이 과정을 통해 은행의 수익과 비용 요소를 활용하는 신용등급 산출 모형에 충격을 줄 비율 수준을 결정하고, 부문별 포트폴리오에 수정된 리스크 등급을 계산하는 절차를 수행한다. 영향추정의 분석 시계는 리스크 성향에 따라 달리 정할 수 있으나 일반적으로 10~30년으로 정하고, 기온별 2℃, 4℃로 기준 시나리오와 악화 시나리오를 적용하는 등 최소 총 4개의 시나리오를 적용한다. 또한, 예상부도율의 효율적인 분석을 위해 부문별 포트폴리오를 대표하는 차입자 샘플을 추출하여 평가한다. 다만, 최종 평가결과는 전체 포트폴리오를 대상으로 추정하여야 한다. 금융회사가 시스템 등의 역량을 갖추고 있다면 샘플을 통한 추정 대신에 부문별 포트폴리오를 대상으로 예상부도율을 추정하는 것이 더욱 예측가능성을 높이는 방법이다.

한편, 분석의 편의성을 높이기 위해 앞서 손익계산서 지표와 마찬가지로 신용평가 모형에서도 수익 및 매출원가와 관련이 없는 요소 및 비율은 상수로 가정한다. 예를 들어, 물리적 리스크 발생시 차입자의 경영능력 등은 현실적으로 중요한 사안이지만, 계량화가 불가능하므로 실무적으로는 변화가 없는 것으로 처리하는 것이 합리적이다.

4_ 급격한 물리적 리스크에 대한 시나리오 분석 예시: 부동산 부문을 대상으로

1) 개요

물리적 리스크에 대한 부동산 부문의 평가 방법론은 급격한 물리적 리스크의 특성을 감안하여 담보물인 부동산 가치와 LTV 비율의 잠재적인 변화 추정에 초점을 둔다.

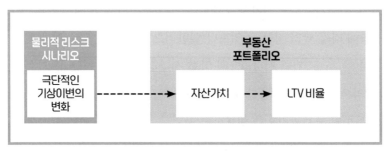

[그림 7-4] 부동산 부문의 물리적 리스크 평가 절차

해당 방법론은 주거용 부동산뿐만 아니라 수익형 부동산에도 적용된다. 다만, 수익형 부동산의 경우에는 분석 가정을 단순화하기 위하여 기상이변에 따른 차입자 수익(임대료 등)의 감소에 대한 영향은 평가에 반영하지 않는다. 상업용 부동산의 수익은 일반적인 임대방식뿐만 아니라 경우에 따라서는 이색 수익계약에 따르기도 하는 등 다양하기 때문에 모든 수익 원천을 분석에 고려하는 것은 현실적으로 불가능하여 평가에서 제외한다.

2) 기상이변에 따른 부동산가치의 변화

해외 실증분석 결과에 따르면, 태풍과 그에 따른 홍수 등은 주택의 가치를 일반적으로 평균 시장가격 대비 4년에 걸쳐 하락시킨다. [30), 31)] 또한 산불 발생시에는 2년에 걸쳐 주택가격의 추가하락 요인으로 작용한다. [32)]

이처럼 부동산 가치와 기상 이변 간에는 광범위한 요소들이 상호작용하는데, 여기에는 보험 가입 여부, 부동산 소유자의 리스크 성향 등이 관련된다. 예를 들어, 공공기관, 보험 관련 협회 또는 보험회사가 물리적 리스크 관리를 위해 홍수 등의 위험지역 데이터를 보유하고 있다면 해당 데이터에 신규 편입되는 지역은 위험성이 높아짐에 따라 보험료의 상승 뿐만 아니라 부동산 가치에도 부정적 영향을 미칠 수 있다. [33)] 게다가 거주자의 위험 선호도도 영향을 미친다. 어떤 사람들은 거주 지역이 비록 급격한 물리적 리스크에 크게 노출되더라도 해안가나 녹지 공간처럼 매력적인 요소를 선호한다면 해당 지역에의 거주를 결정할 것이다. [34)]

한편, 동일한 위험직면 지역에 위치하더라도 물리적 리스크의 영향을 상대적으로 덜 받는 부동산은 영향이 큰 부동산 대비 가치가 상승할 수 있다. 영향이 큰 부동산 간에도 거주자의 개선 또는 유지 작업 등 기후변화의 적응 또는 완화 노력이 큰 경우 그렇지 않은 부동산에 비해 가치가 상대적으로 높을 수 있다. [35)] UNEP FI의 실증분석 결과, 기상이변을 경험한 부동산의 가치는 약 5~20% 감소된다.

부동산 부문에 대한 평가시 위험지역에 대한 보험료 영향 등의 과거 데이터의 활용이 어렵다면 관련 요소들을 평가 방법론에서 제외하는 것이 낫다. 우리나라의 경우 주거용 부동산의 가치는 지역별로 차이가 크고, 상업용 부동산의 경우에는 입지 등의 다양한 요소들이 임대료 수익에 영향을 미친다. 따라서 은행은 과거의 기상 이변이 부동산 익스포저에 얼마나 영향을 미쳤는지를 분석해 봄으로써 개략적인 수준에서라도 리스크를 가늠할 수 있을 것이다. 이때 지역단위별 분석이 필요하다. 이는 지역별로 기상 이변이 부동산 가치에 영향을 미치는 영향이 다르다는 가정에 근거한다. 따라서 은행은 포트폴리오 내 개별 대출자산의 담보 소재지에 따라 기후 영향을 평가하여야 한다. 예를 들어, 전국 단위나 수도권 주택가격지수만을 이용하기보다는 지역별로 세분화된 주택가격지수를 이용하여 과거 기상이변으로부터의 영향을 추정해야 한다.

만일 은행 포트폴리오내 일부 부동산이 이상 기후에 영향을 받지 않는다면 분석 가정을 단순화하기 위해 해당 부동산의 가치는 평가시점의 가치로 고정한다. 특히 이행리스크 관련 요인인 적응 및 신기술 개발 등은 고려할 필요가 없다.

3) LTV 비율의 변화에 대한 결정

부동산 익스포저에 대한 물리적 리스크를 정확히 식별하기 위해서는 물리적 리스크를 감안한 수정 LTV 비율을 추정하여야 한다. 2℃ 및 4℃ 시나리오 하에서의 기상 이변 주기 데이터는 접촉확률Encounter Probability로 전환할 수 있다. 이는 부동산 담보대출의 평균 잔여기간에 걸쳐 기상 이변을 경험할 확률을 의미한다. 은행은 물리적 리스크에 노출된 주거용 및 상업용 부동산을 별도의 하위 부문으로 구분한 후 잔여대출 기간을 계산할 수 있다. 이어 각각의 하위 부문에 대해 기상이변의 접촉확률과 부동산가치 변동 추정치를 가중합산하면 온도상승 시나리오 및 기상이변 주기별 위험조정 부동산 가치를 대략적으로 추정할 수 있다. 이를 LTV 비율에 적용하면 물리적 리스크를 고려한 수정 LTV 비율을 추정할 수 있다.

5_ 물리적 리스크 측정시
보험의 리스크 경감 수단 반영 여부

재해보험 등은 차입자의 급격한 물리적 리스크에 대한 금전적 손실을 경감시키는 유용한 수단이다. 즉, 가계 및 기업이 노출된 기후리스크를 보험회사로 이전함으로써 경제적 손실이 발생하더라도 손실을 감소시킬 수 있다. 그러나 시나리오 분석 측면에서 보험은 분석의 대상에서 제외하는 것이 타당하다. 현재 시점에서는 보상범위가 불확실하고, 보험의 이용가능성, 보험료 등 가격결정에 대한 미래 시점에서의 불확실성이 존재하기 때문이다.

현재 보험산업은 다양한 산업 부문 및 지역에 보험을 활용할 수 있도록 공개적으로 이용 가능한 데이터를 충분히 보유하고 있지 않기 때문에 기후변화의 부정적 영향이 심각해질수록 부보의 대상 및 범위가 달라질 가능성이 높다. 이러한 불확실성 때문에 현실적으로 은행 차입자가 보험상품을 기후리스크 경감 수단으로 이용하더라도 시나리오 분석에 이를 포함하는 것이 오히려 분석의 시의성에 대한 제약요건으로 작용할 수 있다.

보험회사는 복잡 다변한 기후리스크에 대한 보상범위를 정하기 위해 수많은 관련 요소들을 고려하여 의사결정할 필요가 있다. 이때 고려해야 할 요소들이 광범위하기 때문에 은행의 소매 차입자 등에 대해 적절한 보상범위를 제공하는 맞춤형 상품의 개발 등이 매우 어려울 것이다. 한편, 보험회사는 업력에 따라 과거에 발생한 기상이변에 대한 보험인수 이력 등의 구체적인 자료를 보유하고 있을 수 있다. 따라서 금융감독당국 또는 관련 협회 등을 통해 해당 자료를 플랫폼화할 필요가 있다. 즉, 보험회사 간 적극적인 자료 공유를 통해 통합 데이터를 구축한다면 보험산업이 미래 기상이변에 대해 어떻게 대응해야 할지 구체적인 방향을 설정하는 데 매우 유용한 좌표가 될 것이다.

UNEP FI는 사전 분석 당시 보험을 물리적 리스크의 경감수단으로 활용할 수 있을지를 두고 호주보험위원회Insurnace Council of Australia; ICA와 영국 보험연합회Association of British Insurer 등에 다양한 설문조사를 실시하여 다음과 같은 결과를 도출하였다. 그리고 설문조사 결과에 근거할 때, 보험은 유용한 기후리스크 경감 수단이지만, 은행의 대출 포트폴리오에 대한 물리적 리스크를 평가할 목적으로 '최악의 시나리오'에 보험담보가 없는 가정을 사용하는 것이 보수적이라고 평가하였다.

· 기상이변에 의한 재산 손실은 보험담보 범위에 해당하나, 폭염의 영향은 가격(보험료) 산출이 어려워 보험담보 범위에 포함하지 않고 있다.
· 중소기업의 경우 부동산에 대해서는 보험을 가입하지만, 휴업 리스크에 대해서는 보험을 가입하지 않는다.[36] 만일 기업들이 점진적인 물리적

리스크에 크게 노출된 지역에 소재한다면, 이러한 형태의 보험은 유용한 리스크 경감수단으로 활용될 수 없다.

· 단기 보험상품은 통상 1년의 기상 예측에 따라 보험상품의 가격을 결정 한다. 따라서 보험산업이 장기적인 기후리스크에 대해 장기의 기상 데이 터 등에 근거한 새로운 상품을 도입하려는 노력이 필요하다.[37]

· 보험산업은 다양한 기후 시나리오 하에서의 기상이변에 따른 보험 손실 의 영향을 검토 중이다. 영국 보험연합회는 태풍에 따른 손실을 연구 중 이다.[38]

· 일부 보험[39]은 물리적 리스크의 경감 수단으로서 효과가 크지 않다.

4

이행리스크에 대한
시나리오 분석

이번 절에서는 금융회사가 어떻게 이행리스크를 계량화할지에 대한 개념을 소개한다. 앞서 물리적 리스크와 마찬가지로 여기서 제시하는 방법론은 이행리스크 추정을 위한 유일한 방법이 아니다. 금융회사는 역량에 따라 다양한 시나리오 구성 및 방법론을 활용할 수 있다. 여기서는 이행리스크에 대한 시나리오 분석의 이해를 돕기 위해 UNEP FI, Oliver Wyman 및 Mercer(2018)[40], NGFS 등이 제안하는 내용 위주로 소개한다.

1_ 분석 전반의 흐름에 대한 개요

1) 이행 시나리오의 구성

NGFS는 이행리스크 시나리오 분석 시 통합평가모형IAM에 기초하여 개발된 시나리오의 이용을 권고한다.[41] 현재 일반적으로 통용되는 통합평가모형들은 거시경제, 농업, 에너지, 토지사용, 대기 등의 세부 부문에 대한 모듈들을 결합하여 각 부문 간 복잡하고 비선형적인 관계를 정량적으로 모형화함으로써 이행 시나리오를 생성한다. 여기서 한 가지 주목해야 할 사실은 이행 시나리오를 생성할 때 물리적 리스크는 고려하지 않는다는 것이다. 이는 앞서 물리적 리스크 측정 시 이행리스크를 고려하지 않는 것과 같은 논리다. 즉, 분석의 용이성을 위해 경제주체들의 다양한 경제활동에 의해 파생된 기후변화가 다시 경제주체나 산업활동에 영향을 미치는 피드백 경로를 차단한다.

통합평가모형에 기초하여 생성된 시나리오는 다양한 분야에서 광범위하게 사용되고 있다. 통합평가모형은 목적 대상에 따라 전 지구적 관점에서의 목적식을 고려하여 설계된 DICEDynamic Integrated Assessment Model of Climate and the Economy 모형과 국가별로 자신만의 목적식을 극대화하기 개발된 RICERegional Integrated Assessment Model of Climate and the Economy 모형으로 구분된다. 문제는 모든 모형이 상위 수준의 산업 부문에 대한 정보 제공을 목적으로 고안됨에 따라 하위 산업 부문 또는 기업 단위의 정보는 제공하지 않는다는 점이다. 즉, 총체적 차원에서 저탄소경제로의 이행을 위해 기후변화 관련 정책들이 각 산업 부문에 미칠 영향에 대한 시나리오만을 제시할 뿐, 하위 부문 또는 기업별 영향에 대한 정보를 제공하지는 않는다.

따라서 해당 시나리오를 개별 금융회사의 이행리스크에 대한 시나리오 분석에 바로 적용하기에는 한계가 있다. 가령 차입자가 에너지 부문에 속하는 기업이더라도 원재료가 신재생에너지이거나 화석연료인지에 따라 해당 기업이 이행 과정에서 직면하게 될 리스크와 기회 요인들이 완전히 다른 양상을 보일 수 있다. 또한, 같은 석탄원료라 하더라도 이행 과정에서 탄소배출 저감기술 투자에 대한 차입기업의 의지에 따라 리스크가 현저히 다르다. 이처럼 동일 산업 부문에 속하더라도 기업별로 이질성이 존재하기 때문에 이행리스크에 대한 시나리오 분석 시 이를 고려할 필요가 있다. 따라서 금융회사는 통합평가모형의 결과를 토대로 산업 부문을 하위 부문으로 세분화하는 등의 추가적인 작업을 통해 이행 시나리오에 기반한 차입자의 예상부도율 변화를 정확하게 추정하도록 노력하여야 한다.

한편, 앞서 언급한 통합평가모형 이외에도 다양한 모형들이 기후변화 관련 시나리오에 대한 정보를 제공한다. 금융회사는 어떤 시나리오를 선택할지에 대한 판단에 직면할 수 있는데, 이때 최소한 다음의 기준을 포함할 필요가 있다.

1. 시나리오의 가용성: 이행리스크 시나리오 분석은 금융안정성 스트레스 테스트와 달리 장기적 관점에서의 이행 효과를 분석한다. 따라서 시나리오의 분석 시계를 10~30년으로 설정한다. 또한, 목표 온도 달성(2℃ 상승)을 기준 시나리오로 설정하고, 추가적으로 2℃ 미만의 목표 온도(예: 1.5℃) 시나리오를 설정한다. 이처럼 여러 경로의 시나리오를 고려할수록 정부 정책 및 규제의 이행 속도 차이로 인해 금융회사의 포트폴리오에 미치는 추가적인 효과를 세밀히 분석할 수 있다.

2. 시나리오의 지역 범위: 시나리오는 가급적 금융회사의 익스포저가 노

출된 지역과 부문의 범위를 최대한 포함하여야 한다. 특정 지역이나 특정 산업 부문에 대한 이행 시나리오가 불충분한 상태에서 시나리오 분석을 실시하게 되면 잠재적 리스크를 과소추정할 가능성이 높다.

3. 산업 부문 범위의 구체성: 시나리오에는 금융회사의 포트폴리오에 포함된 산업 부문 관련 정보를 포함할 필요가 있다. 아울러, 시나리오들이 개발되는 출처에 따라서 구체성이 상이할 수 있기 때문에, 금융회사는 시나리오를 구체성을 확인할 필요가 있다.

4. 시나리오의 지속적 관리: 이행리스크 평가에는 다양한 사회·경제적 요소 및 정책 방향이 중요 요소로 작용한다. 따라서 시나리오는 지속적이고 적시성 있게 업데이트되어야 하며, 공개적으로 이용 가능한 자료들을 최대한 활용하는 것이 바람직하다.

아래의 [표 7-3]은 NGFS가 제안하고 있는 이행리스크 관련 시나리오 Transition Scenario에 대한 정보를 담고 있다.

[표 7-3] 이행리스크 관련 시나리오 세부 내용

Category	Scenario	Policy ambition	Policy reaction	Carbon dioxide removal	Regional policy variation
Orderly	Net Zero 2050	1.5°C	Immediate and smooth	Medium use	Medium variation
	Below 2°C	1.7°C	Immediate and smooth	Medium use	Low variation
Disorderly	Divergnet Net Zero	1.5°C	Immediate and divergent	Low use	Medium variation
	Delayed transition	1.8°C	Delayed	Low use	High variation
Hot House World	Nationally Determined Contributions(NDCs)	-2.5°C	NDCs	Low use	Low variation
	Current Policies	3°C+	None-current policies	Low use	Low variation

자료: NGFS(2021).

2) 이행리스크 측정을 위한 주요 리스크 요인

현재까지의 이행 시나리오는 대체로 정책활용 목적으로 또는 학문적 차원에서 연구 및 개발되어 왔다. 따라서 개별 금융회사가 이러한 목적의 시나리오를 이행리스크 측정에 적용하기에는 한계가 있다. 앞서 시나리오 부분에서도 설명한 바와 같이 개별 금융회사는 통합평가모형의 결과를 토대로 향후 예상되는 경로가 금융회사의 포트폴리오에 포함되어 있는 산업이나 개별 기업에 어떠한 영향을 미칠 것인가에 대한 정보를 금융회사 스스로가 생성할 필요가 있다. 즉, 금융회사의 시나리오 하에서 특정 산업이나 개별 기업의 잠재적 재무성과에 크게 영향을 미칠 수 있는 주요 리스크 요인을 식별하여 이에 대한 시나리오 분석을 실시하여야 한다.

UNEP FI(2018)는 이행 시나리오의 결과물에서 다음의 4가지 리스크 요인을 제시하고 있다.

1. 온실가스 직접배출 비용 Direct Emission Costs**:** 저탄소경제로의 이행 과정에서 탄소세 부과 등의 각종 규제는 생산비용 상승을 유발하므로 탄소발자국이 큰 기업에게는 직접배출 비용이 주요 리스크 요인으로 작용한다.

2. 온실가스 간접배출 비용 Indirect Emission Costs**:** 기업은 생산과정에서 다양한 중간재를 사용하게 되는데, 이중 탄소집약적 중간재에 대한 의존도가 높은 기업은 저탄소경제로의 이행 과정에서 원가 상승을 피할 수 없다.

3. 탄소저감 관련 투자지출 Low-Carbon Capital Expenditure**:** 저탄소경제

로의 이행 과정에서 기업은 다양한 환경 규제 준수, 생산능력 유지 및 에너지 효율성 향상 등을 위해 탄소저감 설비에 투자해야 할 상황에 직면할 수 있다.

4. 수익변화 Change in Revenue: 탄소발자국이 큰 산업이나 기업은 탄소세 등 각종 규제비용이 상승함에 따라 해당 비용을 소비자에게 전가할 유인이 있다. 그러나 자칫 수요 감소로 이어져 기업의 매출이 하락할 가능성도 있다. 또한, 환경문제 및 온실가스 배출의 심각성에 대한 소비자의 인식 변화는 탄소배출량이 높은 기업은 매출에 부정적 영향을 받을 수 있다.

금융회사는 저탄소경제로의 이행 과정에서 위의 4가지 리스크 요인의 변화 양상이 기업의 예상부도율에 어떤 영향을 미칠지에 대한 정량적 평가를 수행하여야 한다. 해당 리스크 요인은 최소 요건으로서, 금융회사는 추가적인 리스크 요인을 식별하여 시나리오 분석에 포함시켜 나가야 한다. 한편, 위에서 제시한 리스크 요인들은 차입기업의 잠재적인 현금흐름에 영향을 미칠 것이며, 기업의 현금흐름 변화는 기업의 예상부도율에 영향을 미칠 것이다. [그림 7-5]는 REMIND 통합평가모형을 통해 산출한 2가지 시나리오 하에서 유럽 지역의 석유 및 가스 산업을 대상으로 위에서 제시한 4가지 리스크 요인 중 탄소배출 직접비용과 수익변화에 따른 미래 경로를 보여주고 있다.

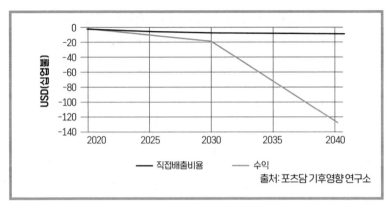

[그림 7-5] 탄소배출 직접비용 및 수익변화의 경로 예시

[그림 7-6]은 4가지 리스크 요인들을 종합적으로 고려할 경우 유로 내 석유 및 가스산업의 기후 시나리오별 잠재적 현금흐름의 경로를 보여주고 있다. 1.5℃ 시나리오는 2℃의 시나리오에 비해 전 지구적으로 더욱 적극적인 탄소저감 노력을 요구하기 때문에 해당 산업 부문의 현금흐름 감소분이 더욱 크게 하락하는 것으로 나타난다.

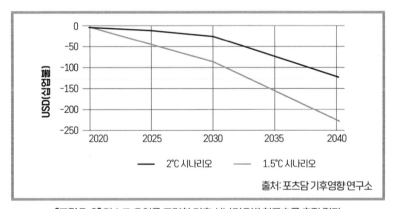

[그림 7-6] 리스크 요인을 고려한 기후 시나리오별 현금흐름 추정 결과

2_ 이행리스크 시나리오 분석 모형의 소개

본 절에서는 UNEP FI(2018)가 제안한 이행리스크 시나리오 분석 모형에 대해 좀 더 구체적으로 소개한다. 이행리스크 시나리오 분석 모형은 다음의 3가지 하위 모듈로 구성된다.

1. 이행 시나리오 모듈: 이행 시나리오 모듈은 지역별, 산업별, 시기별로 사회, 경제, 대기환경 구조 등의 경로에 대한 정보를 제공한다. 이행 시나리오는 4가지 주요 리스크 요인의 경로에 대한 정보를 제공하고, 해당 정보는 금융회사의 포트폴리오에 포함된 산업 부문별 익스포저의 위험성을 평가하는 데 사용할 주요 투입요소이다.

2. 차입자 단위의 리스크 평가 모듈: 동 모듈은 주어진 이행 시나리오 하에서 각각의 산업 부문에 대한 하위 부문의 대표 기업들에 대한 신용리스크 변화를 추정한다. 해당 모듈은 기후 시나리오 분석 과정에서 금융회사 리스크 담당자의 재량이 가장 많이 관여된다. 따라서 금융회사의 자체 신용리스크 평가 모형과 리스크 담당자의 통찰을 결합하여 이행 시나리오와 신용리스크 측정결과 간의 계량적 관계를 정립하여야 한다. 동 모듈에서 산출한 결과는 금융회사가 보유한 부문별 포트폴리오의 신용리스크를 평가하는 기초 자료로 활용된다.

3. 포트폴리오 단위의 리스크 평가 모듈: 동 모듈은 앞서 차입자 단위 리스크 평 결과를 모수Parameters로 활용하여 금융회사가 보유하고 있는 부문별 포트폴리오의 기대 손실Expected Loss을 측정한다.

이행리스크 분석 모형의 가장 중요한 특징 중 하나는 기후변화에 따른 이행리스크를 정량화하는데 있어 금융회사 리스크 관리 실무자의 재량적 판단이 큰 역할을 한다는 점이다. 이행 과정에서 발생 가능한 리스크 요인들이 개별 차입자의 부도확률에 미치는 영향을 추정하는 주요 정량적 도구로 금융회사의 신용리스크 평가 모형 사용을 권장하는데, 금융회사마다 경제적 자본 산출 모형이 다를 수 있기 때문에 신용리스크 발생 사건의 주요 요인에 대한 선정은 리스크 담당자의 전문가 판단에 맡겨야 한다. 다만, 앞서 제시한 4가지 주요 리스크 요인을 반드시 포함하여야 한다.

또한, 이행리스크 시나리오 분석은 차입자 단위의 신용리스크 측정 결과를 기초로 부문별 리스크 평가를 진행하는 상향식 방식을 채택함에 따라 결과적으로 상향식 평가방법과 하향식 평가방법이 혼합된 스트레스 테스트라 할 수 있다. 상향식 평가방식을 고려하는 이유는 동일 산업 부문에 해당하더라도 개별 기업의 특성에 따라 이행 시나리오에서 고려하는 리스크 요인별로 민감도가 상이할 수 있는 이질성을 신용리스크 변화 추정에 반영하기 위해서다.

1) 차입자 단위의 리스크 평가

이행 시나리오는 상위 수준의 산업별 영향 정보만을 제공하기 때문에 금융회사가 차입자별 신용리스크 영향을 파악하기 위해서는 차입자의 신용리스크 결정요인과 기후리스크 요인을 결합하는 작업이 필요하다. 시나리오에서 제공하고 있는 각종 거시경제 변수들이 산업 부문 내 하위 부문을 대표하는 대표 차입자들의 매출액, 매출원가, 투자

지출에 미칠 영향 등을 정량적 또는 정성적으로 평가하여 차입자의 예상부도율 추정에 활용한다. 대부분의 금융회사는 신용리스크 모형 내에 다수의 주요 신용리스크 요인을 사전에 설정해 두는 경우가 많기 때문에 이행 시나리오가 제공하고 있는 거시경제 및 산업별 변수들이 차입자의 신용리스크을 결정짓는 요인들에 미칠 영향들을 정량적 또는 정성적으로 연결할 수 있다면 시나리오별로 차입자의 예상부도율 변화를 추정할 수 있다.

이 단계에서 추정한 예상부도율 결과는 산업 부문별 포트폴리오 단위의 리스크 평가를 위해 필요한 모수 추정에 사용될 보정 기준점 Calibration Points 역할을 한다. 이 보정 기준점을 바탕으로 대표 기업들의 예상부도율 변화를 산업 부문별 신용리스크 변화 과정으로 확장할 수 있다.

2) 포트폴리오 단위의 리스크 평가

특정 이행 시나리오를 바탕으로 산업 부문내 하위 부문을 대표하는 차입자의 예상부도율을 추정해 하위 부문 단위의 신용리스크를 평가하고, 하위 부문별 신용리스크를 합산하여 산업 부문별 신용리스크을 측정한 후 이를 합산하면 금융회사의 전체 포트폴리오에 대한 신용리스크를 평가할 수 있다. 금융회사의 특정 익스포저에 대한 예상손실은 익스포저에 예상부도율과 부도시 손실률Loss Given Default; LGD을 곱하여 산출함에 따라, 예상손실 산출에 가장 핵심적인 요소는 기후변화 이행 시나리오에 따른 예상부도율의 추정이다. 이때 이행 시나리오가 예상부도율에 미치는 영향은 Merton(1974)의 구조적 신용리스크 모형

Structural Credit Risk Model에 기초한다. 동 모형의 핵심은 기업의 부채 규모를 알 수 있다면, 기업 자산가치의 확률분포를 추정할 수 있다는 것이다. 그리고 해당 자산가치 확률분포의 중심점이 이동하거나, 확률분포 꼬리가 두텁게 변한다면 부도확률은 영향을 받게 된다. 따라서 기후변화의 4가지 주요 리스크 요인에 의해 기업 자산가치의 확률분포가 어떻게 변동하는지를 추정할 수 있다면 이를 근거로 예상부도율 변화를 추정할 수 있다. 아래 [그림 7-7]과 같이 4가지 주요 리스크 요인에 따라 자산가치의 확률분포는 좌우로 이동할 수 있다

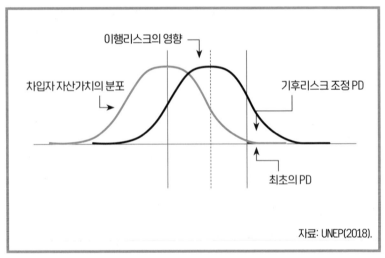

[그림 7-7] 기후변화리스크 요인에 따른 자산가치 확률분포의 이동

이에 따라 특정 이행 시나리오(c) 하에서 특정 산업 부문(k)의 하위 부문(j)에 속한 개별기업(i)의 예상부도율(PD)은 다음과 같다.

> ### 식 (7-1)
>
> $$PD_{i,j} \mid c = \Phi[\Phi^{-1}(PD_{i,\,TTC}) - \frac{1}{\alpha_k}\sum_r (s_{j,k}^r \cdot f_k^r)]$$

여기서, Φ는 표준정규분포의 누적확률밀도함수이고, $PD_{i,\,TTC}$는 기후 관련 리스크 요인이 존재하지 않는 경우 기업의 장기 예상부도율이다. f_k^r는 특정 산업 부문(k)에 대한 개별 리스크 요인(r)의 발현 상태를 나타내는 정보로서, 이행리스크 시나리오 상에서 제공되는 정보이기 때문에 개별 금융회사가 자체 추정할 필요는 없다. 마지막으로, $s_{j,k}^r$는 특정 산업 부문(k)의 하위 부문(j)에 대한 개별 기후리스크 요인에 대한 민감도로서, 각각의 리스크 요인에 부여되는 가중치이다. 즉, 이행 시나리오 과정에서의 각각의 개별 리스크에 얼마만큼 노출되어 있는지를 나타낸다.

식 (7-1)과 같이, 기후변화 이행 과정에서 발생 가능한 4가지 주요 리스크 요인들의 가중합이 예상부도율을 결정짓는 핵심요인이다. α_k는 4가지 리스크 요인이 종합적으로 특정 산업 부문(k)에 미치는 영향을 나타내는 파라미터로서, 값이 작을수록 기후 관련 리스크 요인들이 특정 산업 부문(k)의 신용리스크를 더욱 증대시킨다. 이것 외의 모수들은 앞서 차입자 단위의 리스크 평 모듈에서 도출된 보정점에 기반하여 추정한다. 이 모수들과 리스크 요인 값의 결합이 하위 부문(j)의 기후 신용도 지수Climate Credit Quality Index;CCQL이다. 즉, 기후 신용도 지수는 4가지 주요 리스크 요인을 하나의 지수로 통합하여 나타낸 것으로서, 특정 산업 부문의 하위 부문이 4가지 주요 리스크 요인 중 어느 리스크 요인에 얼마만큼 노출되어 있는지를 알 수 있다. 따라서 CCQI의 절대값이 클수록 해당 차입자의 예상부도율이 증가한다.

식 (7-2)

$$CCQI_{j,k} = \frac{1}{\alpha_k} \sum_r (s_{j,k}^r \cdot f_k^r)$$

특정 산업 부문(k)에 속한 하위 부문(j)의 개별 리스크 요인에 대한 민감도를 나타내는 $s_{j,k}^r$는 특정 산업의 하위 부문이 각 리스크 요인에 상대적으로 얼마나 취약한지를 의미한다. 각 이행리스크 요인에 대한 취약도의 상대적 순위는 일차적으로 해당 산업에 대한 신용리스크 전문가 판단에 따라 결정될 수 있고, 이후 보정Calibration 과정을 거쳐 구체적인 수치로 확정된다. 예를 들어, 금속 및 광업 부문에 철강 제조, 귀금속 및 비철금속 제조, 금속 광석 채굴, 기타 채굴 등 4개의 하위 부문이 존재한다면 직접 탄소배출 비용 관련 리스크 요인에 대한 민감도의 순위를 각각의 하위 부문에 '매우 높음', '약간 높음', '중간', '약간 낮음' 등의 4가지 수준으로 설정하고 보정 과정을 거친다.

파라미터의 전반적인 보정 과정은 다음과 같다. 해당 부문별로 상대적인 민감도 순위 수치를 신용리스크 전문가의 판단에 따라 임의로 부여한 상태에서(예: 매우 높음 = 4, 약간 높음 = 3, 중간 = 2, 약간 낮음 = 1), 부문 전체에 미치는 영향을 나타내는 α_k를 해당 부문에 존재하는 모든 차입자에 대한 정보와 차입자 단위 리스크 평가 모듈에서 도출한 기준점에 근거하여 추정한다.[42] 이후 리스크 요인에 대한 하위 부문의 민감도를 나타내는 $s_{j,k}^r$를 부문에 속한 차주에 대한 정보와 기준점을 바탕으로 정교화Fine-Tuning 과정을 거치면 모든 보정 과정이 끝난다. 주의할 점은 이행 시나리오 상에서 4가지 주요 리스크 요인을 고려하고, 개별 부문에서는 최소 5개의 대표적인 기업을 대상으로 이행 시나리오하에서의 예상부도율을 추정하여 기준점을 제공해야만 추정해야 할 파라미터들의 과소 확인Under-Identification을 예방할 수 있다는 것이다.

이러한 보정 과정을 통해 모든 파라미터에 대한 추정이 이루어지면, 식 (7-1)을 통해 해당 부문의 모든 차입자에 대한 '시나리오 내재Scenario-Implied 예상부도율'을 추정할 수 있고, 이에 근거하여 전체 부문의 예상손실을 측정할 수 있게 된다. 물론 예상손실을 측정하기 위해서는 시나리오 내재 예상부도율뿐만 아니라 부도시 손실률에 대한 정보도 필요하다. 부도시 손실률은 대출 및 담보의 종류, 기업의 잔여 자산가치 등에 영향을 받는다. 따라서 산업 부문별 또는 산업 부문 내 하위 부문별로 부도시 손실률을 다르게 적용하여 예상손실을 산출해야 할 필요가 있다. 시나리오 내재 부도시 손실률을 추정하는 방법은 몇 가지가 있는데, 가장 기본적인 아이디어는 예상부도율과 부도시 손실률 간의 실증적 관계에서 해답을 모색하는 것이다. 이미 앞서 시나리오 내재 예상부도율을 추정하였으므로, 이를 바탕으로 부도시 손실률에 대한 예측치를 도출하여 예상손실을 측정할 수 있다.[43]

이행리스크에 대한 시나리오 분석을 위해서는 산업 부문 및 그 하위 부문에 대한 분류가 무엇보다 중요하다. 금융회사가 보유하고 있는 포트폴리오에 속한 개별 기업에 대해 어떻게 산업분류를 진행하느냐에 따라 분석 결과가 크게 달라질 수 있다. 이때 산업분류 기준은 국제표준산업분류International Standard Industrial Classification;ISIC를 따르는 게 일반적이다. 아울러 하위 부문에 대한 분류가 가장 핵심적인 분류 과정이라고 할 수 있는데, 동일 부문에 속한 기업들이 이행 시나리오 상에서 발생할 수 있는 주요 리스크 요인에 공통적으로 노출되어 있는 기업들의 집합이라고 이해할 수 있다. 이때 같은 부문에 존재한다고 하더라도 기후변화에 따라 승자와 패자가 존재하기 이러한 분류 작업은 전문가의 경험과 지식, 통찰에 근거할 필요가 있다.

5

금융회사에 대한
기후리스크 관리체계 권고안

이 절에서는 2019년 금융건전성감독청PRA이 은행과 보험회사에 대해 권고한 기후리스크 관리 방안을 소개한다. 기후리스크 분야에서 선도적인 PRA의 권고안을 통해 금융회사는 기후리스크의 인식, 측정 및 모니터링 등의 다양한 절차를 어떤 방식으로 현행 리스크 관리 체계에 통합할지에 대해 혜안을 얻을 수 있을 것이다.

1_ 기후리스크 관리를 위한 전략적 접근의 필요성

금융회사는 포트폴리오의 특성, 규모 및 복잡성 등에 비례하여 기후리스크 영향이 커질 수 있다는 점을 인식하여야 한다. 금융회사는 전문지식 축적 및 기후리스크 관리 방법론의 개선 노력을 경주하여 현행

리스크 관리 체계에 기후리스크를 통합·관리할 필요가 있다.

2_ 적정한 지배구조의 수립

이사회는 금융회사가 노출한 기후리스크를 이해하도록 노력하고, 금융회사 전반의 경영 전략과 리스크 수용범위 내에서 기후리스크를 모니터링하고 처리할 수 있어야 한다. 이를 위해서는 기후리스크의 교차리스크적 특성과 해당 리스크의 발현이 일반적인 사업계획의 시계를 넘어서는 금융리스크라는 점을 고려하여 충분히 장기적인 시각으로 고려하여야 한다.

금융회사는 기후리스크 관리 및 모니터링 등의 실행 방식을 리스크 수용도 보고서Risk Appetite Statement 등으로 문서화하여 관리할 필요가 있다. 해당 보고서에는 금융회사가 직면하고 있는 금융리스크 종류별 익스포저의 상한과 임계점뿐만 아니라 특히 다음 사항들에 대한 내용이 포함되어야 한다.

- 향후 발생 가능한 리스크가 현재의 의사결정 및 장기적인 이익에 영향을 미치는 경로
- 단기 및 장기 등의 기간별 시나리오 분석 및 스트레스 테스트 결과
- 기후리스크 종류별로 발생가능하다고 예측되는 시기와 경로 등에 대한 불확실성
- 주요 리스크 요인과 외부 조건의 변화에 대한 재무상태표의 민감도

금융회사는 내부 이사회의 책임과 역할을 분명히 정하고, 필요 시 이사회 산하 위원회를 설치하여 기후리스크 관리에 대한 책임과 역할을 수행해야 한다. 이를 위해 이사회 및 산하 위원회가 리스크 관리 및 통제에 대해 효과적인 감독을 수행하고 있다는 증빙을 갖출 필요가 있다. 또한 이사회와 경영진은 기존의 리스크 관리 책임자 혹은 조직에게 기후리스크 인식 및 관리에 대한 책임을 부여해야 한다. 조직 업무 분장에 리스크 관리 책임자 혹은 조직의 책임을 명시하고, 이를 통해 금융회사의 조직구조와 리스크 수용 능력 등의 범위 내에서 리스크 관리를 적절히 수행해야 한다. 또한 이사회에 적절한 자원과 충분한 기술 및 전문성을 부여함으로써 금융감독 당국의 요청 시 금융회사는 기후리스크 관리에 최선을 다하고 있음을 확신시킬 수 있어야 한다.

3_ 리스크 관리

금융회사는 기존의 리스크 관리 체계를 통해 이사회 승인을 득한 리스크 수용도 내에서 기후리스크를 처리하여야 하고, 기후리스크의 특성이 앞서 제시한 전략적 접근의 필요성에 따라 인식되어야 함을 이해할 필요가 있다. 즉, 금융회사는 영업 규모 등에 비례하여 기후리스크에 노출된 익스포저를 인식, 측정, 모니터링, 관리 및 보고하여야 한다. 또한 금융회사는 기후리스크 관리 정책, 관리 정보 및 이사회 보고 등을 문서화하여 관리해야 하며, 적절한 업데이트를 통해 기존 리스크 관리 정책에 포함하여야 한다.

1) 리스크 인식 및 측정

금융회사는 기후리스크와 사업모델이 어떻게 연결되어 영향을 미치는지를 이해하여야 한다. 금융회사는 관련 리스크의 식별을 위해 시나리오 분석 또는 스트레스 테스트를 활용할 수 있고, 이를 통해 장단기 영향을 이해하여야 한다. 또한 금융회사는 관련 리스크의 평가를 위해 과거 데이터에만 의존해선 안 되며, 재난 모형Catastrophe Modelling[44] 등을 통해 미래 추세 등을 고려할 수 있어야 한다. 또한 금융회사는 자신의 경험을 업계 및 감독당국과 적극 공유함으로써 금융시스템에 대한 시나리오 개발 및 개선에 노력하여야 한다.

은행의 내부자본 적정성 평가ICAAP 및 보험사의 리스크 및 지급여력 평가ORSA에는 최소한 기후리스크 관련 중요 익스포저 수준과 결정 방식에 대한 평가방법이 포함되어야 한다.

2) 리스크 모니터링

금융회사는 기후리스크에 노출된 익스포저를 적절히 모니터링할 수 있도록 다양한 계량 또는 비계량 도구와 측정지표 등을 고려하고 개선하도록 노력하여야 한다. 이러한 도구 및 지표는 금융회사의 투자 또는 대출 포트폴리오가 특정 산업 부문 또는 기업에 대한 편중의 변화로부터 발생할 수 있는 이행리스크 익스포저뿐만 아니라 투자 또는 대출 기업이 공급사슬을 아웃소싱하는 경우 등에 대한 물리적 리스크 익스포저의 모니터링에도 활용되어야 한다

금융회사는 이러한 측정지표들을 통해 전반적인 영업전략 및 리스크 수용범위에 대한 경과를 주기적으로 모니터링하여야 한다. 측정지표들

은 이사회 및 산하 위원회의 의사결정을 지원할 수 있도록 정기적으로 업데이트되어야 한다. 금융회사는 기후리스크의 관리를 위해 전략을 재검토해야 하는 상황들에 대해서도 고려하여야 한다.

3) 리스크 관리 및 경감

시나리오 분석 결과 등을 통해 기후리스크의 잠재적 영향이 중요하다고 평가될 때, 금융회사는 기후리스크 경감 기법 등의 시행을 위해 시나리오 분석 결과를 활용할 수 있다. 이에 대해서는 금융감독당국에 효과를 증명할 수 있어야 하며, 이를 통해 관련 익스포저 관리에 대비한 신뢰할 수 있는 계획 및 정책 등을 갖추어야 한다. 여기에는 금융회사가 기후리스크를 감소시키는 데 활용되는 활동까지 포함되어야 한다. 한편, 기후리스크 경감 기법 등은 기후리스크 요소를 반영해야 하므로 기존의 리스크 관리와 차이가 있을 수 있다.

Solvency Ⅱ 적용 보험사는 선관주의 원칙Prudent Person Principle에 따라 기후리스크의 식별, 측정, 모니터링, 관리 통제 및 보고될 수 있는 자산에만 투자할 필요가 있다. 선관주의 원칙의 핵심 요건은 보험사의 투자리스크 감당 능력을 의미하므로, 보험사는 투자 포트폴리오의 누적리스크가 관리 수준을 초과하지 않도록 자산을 다각화하여야 한다. 따라서 Solvency Ⅱ 적용 보험사는 투자 포트폴리오가 기후리스크 수준을 초과하는지 여부를 면밀히 고려하여야 한다. 특히 이행리스크 요소를 통해 리스크가 증가할 수 있는 상황을 살핀 후 필요시 적정한 경감 수단 등을 통해 리스크 수준을 관리할 수 있어야 한다.

금융회사는 리스크 평가와 관리를 위해 고객, 거래상대방, 투자대상 기관의 현재 및 잠재적인 물리적 리스크와 이행리스크 요소에 대한 이해를 추구하여야 한다. 금융회사가 충분한 정보를 보유하고 있지 않다면 고객 및 거래상대방과의 관계를 통해 금융회사 고유의 리스크에 중대하게 고려되는 정보들을 입수하도록 노력하여야 한다. 또한 금융회사는 공개된 원천을 통해 입수한 데이터의 사용뿐만 아니라 외부 전문가를 통해 입수한 자산 단위 데이터를 함께 활용하도록 고려할 수 있다.

4) 리스크 보고 및 관리정보

금융회사는 이사회 및 산하 위원회에 기후리스크 관련 익스포저에 대한 시나리오 분석, 리스크 경감 활동 등의 리스크 관리 정보를 제공하여야 한다. 이사회 및 산하 위원회는 해당 정보를 기후리스크에 대한 금융회사의 경영 관련 사안에 대한 논의 및 의사결정 등에 활용하여야 한다.

4_ 시나리오 분석

금융회사는 전반적인 리스크 수용능력과 영업전략에 대해 기후리스크 영향을 결정하고, 전략적 계획 수립을 위해 시나리오 분석을 수행할 필요가 있다. 또한 금융회사는 시나리오 분석의 다양한 결과를 활용하여 기후리스크에 대한 영업모델의 복원력과 취약점을 분석할 수 있어야 한다.

금융회사는 시나리오 분석이 저탄소경제로의 이행이 원활하지 않은 경우까지를 포함하여 다양한 이행 경로를 도출할 필요가 있다. 시나리오 분석에는 다음 사항들이 적절히 포함되어야 한다.

- 현행 사업계획 기간 내에 발생 가능한 기후리스크 관련 익스포저에 대한 수치화된 단기 영향
- 금융회사의 현행 영업모델 및 다양한 기후 시나리오에 근거한 장기평가 결과. 예를 들어, 지구 온도 상승이 2℃를 초과하거나 2℃ 만큼 상승하는 경우에 기반한 시나리오 등이 이에 해당한다. 또한 시나리오에는 저탄소경제로의 이행이 순조롭게 진행되거나 그렇지 않은 경우까지 포함되어야 한다. 이때 장기평가의 시계는 대략 몇십 년 단위로 측정할 필요가 있다. 장기평가에 대한 시나리오 분석 목적은 계량화된 정확한 예측보다는 전략의 수립 및 의사결정에 사용되는 질적 평가를 목적으로 한다.

금융회사는 이러한 시나리오 분석 결과를 기후리스크가 자본적정성, 유동성 등에 미치는 영향을 이해하는 데 사용하여야 하며, 보험사는 보험계약자에 대한 보험금 지급능력의 영향을 포함하여야 한다. 금융회사가 시나리오 분석에 리스크 경감 활동을 포함하고자 할 경우 해당 활동은 현실적이고, 신뢰할 수 있어야 하며, 필요시 감독당국의 승인을 득해야 하는지를 고려하여야 한다. 예를 들어, 리스크에 노출된 것으로 인식되는 자산들을 매각할 수 있는 유동성 시장의 존재에만 의지해서는 안 된다. 또한 금융회사는 사전적 예방 조치Precautionary Measure로 취해질 수 있다고 식별된 활동이나 시나리오가 실현될 경우

에 취할 수 있는 조치들이 바람직한지를 고려하여야 한다.

금융감독당국은 은행에 대한 내부자본 적정성 평가ICAAP 및 보험사에 대한 리스크 및 지급여력 평가ORSA 등에 금융회사의 기후리스크 관리 평가를 반영하도록 요구할 수 있다. Solvency II 적용 보험사에 대해서는 장기 고려사항에 계속기업으로 존속할 수 있는 능력을 평가하는 것이 필수적이고, 은행에 대해서는 내부자본 적정성 평가에 시나리오 분석이 장기 사업전략의 민감도를 평가하는 데 사용되도록 반영되어야 한다. 이와 같이 시나리오 분석은 기후리스크 관리의 핵심도구이므로 금융회사는 시나리오 분석에 많은 노력을 기울여야 한다.

5_ 공시

은행은 바젤 규제의 필라3 공시체계에 따라 직면한 중요 리스크 관련 정보를 공시하여야 한다.45) 현행 공시 요구사항에 더해, 금융회사들은 기후리스크 관리 접근법의 투명성 제고를 위해 추가 공시의 필요를 고려하여야 한다. 특히, 기후리스크가 주요 리스크로 고려되는지를 평가하는 절차를 포함하여, 기후리스크를 어떻게 현행 리스크 관리 체계 및 지배구조에 포함시킬지에 대한 공시 여부도 고려하여야 한다.

금융회사는 기후리스크의 개별 요소들을 반영한 공시를 위해 적절한 접근법을 개발하고 유지하여야 한다. 특히 기후리스크의 이해와 금융회사의 개선사항 등이 반영되도록 노력해야 한다. 금융회사는 시장의 공시 요구가 더욱 많은 국가들에서 의무화될 수 있다는 가능성을 인식하고 이에 적절하게 대응할 수 있어야 한다.

금융회사는 기후 관련 금융공시의 광범위한 이니셔티브에 참여하여, 공시가 금융회사들 간의 비교가능성을 통해 이익을 얻을 수 있다는 점을 인식할 필요가 있다. 금융감독당국은 금융회사들이 TCFD를 준수하여 기후 관련 금융공시 접근법을 개발하는 데 동참하도록 유도하여야 한다.

참고 문헌

- 강병호, 김대식, 박경서, 「기후기관론」, 20판, 박영사.
- 박수련, 정연수, 기후변화와 금융안정, BOK 이슈노트, 2018.
- 보험연구원, 해외보험 동향, 제85호, 2018.
- 안영환, 김동구, 통합평가모형을 통한 파리협정 타결에 따른 국내외 경제영향 분석, 에너지경제연구원, 2017.
- 이규복, 하준경, 경제성장과 금융의 역할, 한국금융연구원, 2011.
- 최창희, 기후변화 관련 해외 보험감독 동향, KRI 리포트, 2019.
- Athukorala, W., Martin, W., Neelawala, P., Rajapaksa, D. and Wilson, C. (2016), "Impact of wildfires and floods on property values: A before and after analysis", The Singapore Economic Review, Vol. 61, No. 1. 1640002.
- Gibson, M., Mullins, J.T. and Hill, A. (2018), "Climate change and flood risk: Evidence from New York real estate", Williams College and University of Massachusetts, Amherst, USA.
- Jo Paisley and Maxine Nelson (2019), "CLIMATE RISK MANAGEMENT AT FINANCIAL FIRMS: Challenges and Opportunities", GARP Risk Institute.
- Lamond, J. (2009), "Flooding and property value. Fibre SERIES. University of Wolverhampton", UK.
- Lamond, J., Proverbs, D. and Antwi, A. (2005), "The effect of floods and floodplain designation on value of property: An analysis of past studies", 2nd Probe Conference, 16-17 November, Glasgow, p.635.
- Nelson, G.C., Valin, H., Sands, R.D., Havfik, P Ahammad, H., Deryng, D., Elliott, J., Fujimori, S., Hasegawa, T., Heyhoe, E., Kyle, P. Von Lampe, M., Lotze-Campen, H., Mason-d'Croz, D., van Meijl, H., van der Mensbrugghe, D., Muller, C., Popp, A., Robertson, R., Robinson, S., Schmid, E., Schmitz, C., Tabeau, A., and Willenbockel, D. (2014), "Climate change effects on agriculture: Economic responses to biophysical shocks", PNAS. Vol. 111, No. 9, pp.3274-3279.
- NGFS (2020), "Guide for Supervisors: Integrating climate-related and environmental risks into prudential supervision".
- Pierre Monnin (2018), "Integrating Climate Risks into Credit Risk Assessment. Council on Economic Policies", discussion note 2018/4.
- PRA (2015), "The impact of climate change on the UK insurance sector".
- UNEP FI and ACCLIMATISE (2018), "Navigating a New Climate".
- UNEP FI, Oliver Wyman, and Mercer (2018), "Extending Our Horizons".

- Soline RALITE and Jakob THOMA (2019), "Storm Ahead-A proposal for a Climate stress-test Scenario".
- World Economic Forum (2021), "The Global Risks Report 2021", 16th edition.

8장

그린뉴딜과 2050 탄소중립

김이배, 정광화

1

한국판 뉴딜

1_ 배경[1]

　정부는 2020년 7월 14일 대통령 주재 한국판 뉴딜 국민보고대회제7차 비상경제회의를 개최하여 「한국판 뉴딜 종합계획」을 확정·발표했다.[2] '한국판 뉴딜'이란 코로나19로 인해 최악의 경기침체와 일자리 충격 등에 직면한 상황에서 위기를 극복하고 코로나 이후 글로벌 경제를 선도하기 위해 마련된 국가발전 전략이다.[3] 미국의 프랭클린 루스벨트 대통령이 1930년대 대공황 극복을 위해 '뉴딜New Deal 정책'을 강력하게 추진한 것처럼 '한국판 뉴딜' 정책 추진을 통해 포스트 코로나 시대에 효과적으로 대응하고 세계적 흐름에서 앞서나가겠다는 목표다.

　문재인 대통령은 2020년 4월 22일 제5차 비상경제회의에서 포스트 코로나 시대의 혁신성장을 위한 대규모 국가 프로젝트로서 '한국판 뉴딜'을 처음 언급했으며, 5월 7일 홍남기 부총리 겸 기획재정부장관 주재 '제2차 비상경제 중앙대책본부 회의'에서 3대 프로젝트와 10대 중점 추진 과제를 담아 그 추진 방향을 발표했다. 이후 한국판 뉴딜 추진 전담조직 구성, 분야별 전문가 간담회, 민간제안 수렴 등을 거쳐 7월 14일, 제7차 비상경제회의 겸 한국판 뉴딜 국민보고대회를 통해 추진 계획이 발표되었다.

문 대통령은 국민보고대회 기조연설에서 "한국판 뉴딜은 선도국가로 도약하는 '대한민국 대전환' 선언"이라며 "추격형 경제에서 선도형 경제로, 탄소의존 경제에서 저탄소경제로, 불평등 사회에서 포용 사회로" 대한민국을 근본적으로 바꿔 "대한민국의 새로운 100년을 설계"하는 것이라고 강조했다.

2_ 한국판 뉴딜의 구조와 추진전략[4)]

한국판 뉴딜은 고용사회 안전망의 디딤돌 위에서 디지털 뉴딜과 그린뉴딜을 두 축으로 추진한다. 재정투자와 함께 제도개선을 병행해 정부의 투자가 마중물이 되어 민간의 수요를 견인하고 제도 개선 기반에서 민간의 대규모 투자와 혁신으로 이어지도록 촉매제 역할을 한다.

한국판 뉴딜은 9대 역점 분야 28개 과제를 설정하고, 디지털 뉴딜과 그린뉴딜 20개 과제 중 일자리 및 신산업 창출 효과가 크고 지역 균형 발전, 국민의 변화 체감 등에 기여할 수 있는 10대 과제를 집중 추진한다.

[표 8-1] 한국판 뉴딜의 구조

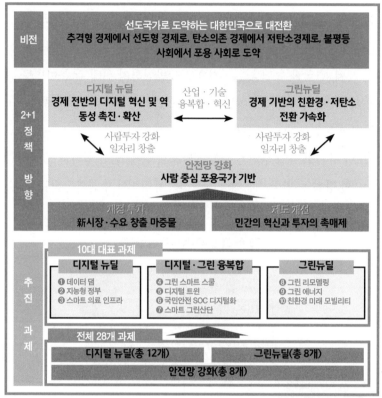

비전
선도국가로 도약하는 대한민국으로 대전환
추격형 경제에서 선도형 경제로, 탄소의존 경제에서 저탄소경제로, 불평등
사회에서 포용 사회로 도약

2+1
정책
방향

디지털 뉴딜
경제 전반의 디지털 혁신 및 역
동성 촉진·확산

산업·기술
융복합·혁신

그린뉴딜
경제 기반의 친환경·저탄소
전환 가속화

사람투자 강화
일자리 창출

사람투자 강화
일자리 창출

안전망 강화
사람 중심 포용국가 기반

재정 투자
新시장·수요 창출 마중물

제도 개선
민간의 혁신과 투자의 촉매제

추진
과제

10대 대표 과제

디지털 뉴딜
❶ 데이터 댐
❷ 지능형 정부
❸ 스마트 의료 인프라

디지털·그린 융복합
❹ 그린 스마트 스쿨
❺ 디지털 트윈
❻ 국민안전 SOC 디지털화
❼ 스마트 그린산단

그린뉴딜
❽ 그린 리모델링
❾ 그린 에너지
❿ 친환경 미래 모빌리티

전체 28개 과제

디지털 뉴딜(총 12개)　그린뉴딜(총 8개)
안전망 강화(총 8개)

자료: 「한국판 뉴딜」종합계획(2020.7.14).

3_ 한국판 뉴딜의 추진체계[5]

한국판 뉴딜의 추진체계는 한국판 뉴딜 전략회의, 한국판 뉴딜 당정
추진본부, 실무지원단으로 구성된다.

첫째, 한국판 뉴딜의 강력한 추진력 확보를 위해 대통령 주재 '한국판
뉴딜 전략회의'를 설치하여 주요한 사안을 결정한다. 둘째, 한국판 뉴

딜 당정 추진을 위해 정부 내 논의체계로 경제부총리 겸 기재부장관이 주재하는 '한국판 뉴딜 관계장관회의'를 진행하고, 민주당 정책위의장이 추진본부장을 맡는 당의 K-뉴딜위 총괄본부와 함께 당정협의를 한다. 셋째, 한국판 뉴딜을 실무적으로 뒷받침하기 위해 각 분야별로 관계부처와 유관기관이 참여하는 회의도 별도로 운영하며, '실무지원단'을 기재부에 설치해 한국판 뉴딜 실무를 뒷받침한다.

또한 부처별 사업 추진을 위한 전담조직 설치, 민관 협의회, 공공기관의 역할 강화 등 범국가적 역량을 결집하여 강력한 추진력을 확보한다.

[표 8-2] 한국판 뉴딜의 추진체계

한국판 뉴딜 전략회의(VIP 주재)
한국판 뉴딜 당정 추진본부
• (본부장) 부총리 겸 기재부장관, 당 정책위의장
• (구성) 과기부 · 환경부 · 산업부 · 고용부장관 + @ 당 K-뉴딜위 디지털 · 그린 · 안전망 분과위원장

실무지원단
(단장: 기재부 1차관)

한국판 뉴딜 관계장관회의 (주재: 부총리 겸 기재부장관)	당 K-뉴딜위 총괄본부 (본부장: 정책위의장)
디지털 뉴딜(과기부장관)	**디지털 뉴딜 분과위**(분과장)
그린뉴딜(환경부 · 산업부장관)	**그린뉴딜 분과위**(분과장)
안전망 강화(고용부장관)	**안전망 분과위**(분과장)

자료: 「한국판 뉴딜」 종합계획(2020. 7. 14).

2

그린뉴딜

1_ 배경 및 방향[6)]

코로나19를 계기로 자연·생태계 보전 등 지속가능성에 기초한 국가 발전 전략의 중요성이 더욱 부각되고 있다. 세계 주요 선진국들은 넷-제로Net-zero, 탄소중립를 선언하고, 저탄소경제 선도 전략으로 그린뉴딜을 제시하는 등 기후위기 대응 노력을 강화하고 있다. 반면, 국내의 경우에는 온실가스 배출이 계속 증가[7)]하고, 탄소 중심 산업 생태계가 유지[8)]되고 있어 경제·사회 구조의 전환이 필요하다는 목소리가 높아지고 있다.

이러한 배경에서 정부는 경제·사회의 과감한 녹색전환을 이루기 위해 탄소중립 사회를 지향점으로 그린뉴딜을 추진한다. 구체적으로 도시·공간 등 생활환경을 녹색으로 전환하여 기후·환경위기 대응을 위한 안전망을 공고히 하고, 저탄소·분산형 에너지를 확산하여 저탄소 사회로의 전환을 가속화해 나간다. 또한 경제·사회 전환 과정에서 소외받을 수 있는 계층과 영역을 보호하기 위한 대책을 추진하고, 혁신적 녹색산업 기반을 마련하여 저탄소 산업 생태계를 구축한다.

2_ 분야별 주요 내용[9]

그린뉴딜은 인프라의 녹색전환, 저탄소 에너지, 녹색산업 생태계 등 3개 분야로 구성되며, 각 분야별로 세부 추진 과제를 설정했다. 이를 정리하면 [표 8-3]과 같다.

[표 8-3] 그린뉴딜 3대 분야 8개 추진 과제

1. 도시·공간·생활 인프라 녹색전환	① 국민생활과 밀접한 공공시설 제로에너지화 ② 국토·해양·도시의 녹색 생태계 회복 ③ 깨끗하고 안전한 물 관리체계 구축
2. 저탄소·분산형 에너지 확산	④ 신재생에너지 확산 기반 구축 및 공정한 전환 지원 ⑤ 에너지 관리 효율화 지능형 스마트 그리드 구축 ⑥ 전기차·수소차 등 그린 모빌리티 보급 확대
3. 녹색산업 혁신 생태계 구축	⑦ 녹색 선도 유망기업 육성 및 저탄소·녹색산단 조성 ⑧ R&D·금융 등 녹색혁신 기반 조성

자료: 산업통산자원부(2020.7.16).

3_ 녹색금융 관련 내용[10]

한국판 뉴딜은 크게 디지털 뉴딜, 그린뉴딜의 2가지로 이루어지는데, 녹색금융 관련 사항은 그린뉴딜 "녹색산업 혁신 생태계 구축" 분야 중 "R&D·금융 등 녹색혁신 기반 조성" 추진 과제에 나와 있다.

녹색산업 혁신 생태계 구축은 미래 기후변화·환경 위기에 대응해 전략적으로 도전할 녹색산업 발굴 및 이를 지원하는 인프라 전반 확충을 통해 혁신 여건을 조성하자는 것이다.[11] 즉, 녹색산업을 발굴하고 R&D·금융 지원 등 녹색 혁신 여건을 조성한다.[12] 대표적 신규 사업으로는 스마트 그린산단 조성, 클린팩토리, 생태공장 구축사업이 있으며 온실가스 감축 등을 위한 신규 R&D 과제도 지원한다.

녹색산업 혁신 생태계 구축을 위해서는 연구개발·녹색금융 등 녹색 전환 인프라를 강화한다. 구체적으로 이산화탄소 포집·활용·저장기술 실증 및 CO_2 활용 유용물질 생산기술 개발, 노후 전력기자재와 특수차 엔진·배기장치에 대한 재제조기술 등 온실가스 감축, 미세먼지 대응, 자원순환 촉진 등 분야의 혁신적 기술개발을 지원한다. 또한 1.9조 원 규모의 녹색융자 및 2,150억 원 규모의 민관 합동 펀드를 조성하여 기업들의 과감한 투자를 뒷받침하고, 환경·에너지 관련 기업들의 원활한 자금조달을 위해 환경정보 전문기관 운영 등 녹색금융 활성화를 위한 기반을 강화해나갈 예정이다.

3

2050 탄소중립
추진전략

1_ 배경 및 방향[13]

정부는 2020년 12월 7일 홍남기 경제부총리 겸 기획재정부장관 주재 「제22차 비상경제 중앙대책본부회의」를 개최하여 2050 탄소중립 추진 전략을 확정·발표했다.

1) 글로벌 동향[14]

탄소중립에 대한 국제적 동향은 다음과 같다.

첫째, 2050 탄소중립이 글로벌 신패러다임으로 대두되고 있다. 국제적으로 파리협정2016년 발효, UN 기후정상회의2019년 9월 이후 121개 국가가 기후목표 상향동맹[15]에 가입하는 등 2050 탄소중립이 글로벌 의제화가 되었다. 특히 코로나19 사태로 기후변화의 심각성에 대한 인식이 확대되고, LEDS Long-term low greenhouse gas Emission Development Strategies, 장기저탄소발전전략의 UN 제출 시한 2020년 12월 도래 등에 따라 주요국의 탄소중립 선언이 가속화되었다. [16]

둘째, 글로벌 탄소중립지향으로 신경제질서가 형성되었으며 이로 인해 신시장이 창출되었다. 기후변화에 적극 대응하기 위해 글로벌 규제가 강화되었으며 경영활동에도 변화를 가져와 글로벌 경제질서는 변화를 맞이하고 있다. EU·미국의 탄소국경세[17] 도입 논의 본격화, EU의 자동차 배출규제 상향, 플라스틱세 신설 등 환경규제도 강화되고 있으며, IMF·BIS 등 주요 국제기구도 탄소세 인상, 기후변화위험 금융감독 관리체계 구축 등 선제적 대응을 권고하고 있다.

민간 부문에서는 글로벌 기업·금융사의 RE100[18] 참여 및 ESG 투자 확대,[19] 환경 비친화적 기업 투자 제한 등 환경을 고려한 경영활동이 확산되고 있다. 친환경 시장이 성장하여 주요국은 신시장을 선점하기 위해 투자를 확대하고 있다. 또한 태양광·풍력 등 재생에너지[20] 산업 발전 및 수소가치가 부각되고 있으며, 2차전지 시장[21]이 급성장할 전망이다. 이와 관련하여 탄소중립 선언 전후 주요국은 대규모 그린투자를 발표했다. [22]

2) 국내 동향[23]

탄소중립 실현을 위한 국내 여건은 다음과 같다. 우리에게 탄소중립은 온실가스 배출정점 이후 탄소중립 소요기간 및 산업구조, 에너지믹스 등을 감안할 때 도전적인 과제다. 한국의 온실가스 배출량은 2018년을 정점으로 감소할 전망[24]이나, 다른 국가들에 비해 배출정점 이후 탄소중립까지 소요기간이 촉박하다.[25] 또한 산업구조 면에서 높은 제조업 비중, 탄소 다배출 업종철강, 석유화학 등 비중은 탄소중립 조기 실현에 제약 요인이 된다.[26] 에너지 믹스 면에서도 우리나라의 석탄발전 비중40.4%, 2019은 주요국과 대비해볼 때 높은 상황이다.[27]

이렇듯 우리나라의 탄소중립 이행 과정에서 기업과 국민의 부담이 발생할 우려가 있다. 기업의 경우 산업구조 변경(고탄소 → 저탄소) 및 에너지 전환(석탄 → 신재생)에 따라 산업계 부담 증가 및 경쟁력 약화가 우려된다. 국민의 입장에서는 기존 산업(예: 화력발전, 내연차 등)의 기반 약화로 인한 일자리 감소 및 전기요금·난방비 등 공공요금 상승 등 물가 상승이 우려된다.

3) 탄소중립의 의의[28]

탄소중립은 그 대응 여부에 따라 우리 경제·사회의 미래를 좌우하게 될 것이다. 무역의존도가 높은 우리 경제·산업 구조의 특수성을 고려해 볼 때 탄소중립은 새로운 국제질서 대응을 위해 변화가 불가피한 사항이다.

탄소중립을 지향하는 국제경제 질서의 대전환 시대에 탄소중립 대응 여하에 따라 미래의 우리 모습은 다른 경로를 밟을 것이다. 탄소중립에 미온적으로 대응할 경우, 주력산업의 투자 및 글로벌 소싱 기회 제한 등 수출, 해외 자금조달, 기업신용등급 등에 부정적 영향이 초래될 것이다. 특히 EU·미국 등이 탄소국경세 도입 시 석유화학·철강 등 고탄소 집약적 국내 주력 산업은 상당한 타격을 받을 전망이다.

반면에 산업구조 저탄소화 및 신산업 육성 등 탄소중립에 선제적으로 대응할 경우, '탄소중립 + 경제성장 + 삶의 질 향상'을 동시에 실현할 가능성이 높아질 것이다. 우리가 보유한 배터리·수소 등 우수한 저탄소 기술, 디지털 기술, 혁신역량 등은 탄소중립 실현에 강점으로 작용할 수 있다. 이러한 강점을 살려 한국판 뉴딜을 통해 디지털과 그린을 융합한 혁신적 사업들을 성공적으로 추진할 경우 탄소중립의 가속화가 가능할 것이다.

[표 8-4] 우리 혁신역량·부문별 기술의 우수성을 보여주는 지표·사례

분야	지표·사례
수송	・전기차 배터리 세계시장 점유율 1위(34.5%, '20) ・'19년 수소차 글로벌 판매 1위(현대 4,803, 63%) ・연료전지 발전량 세계 40%(韓 408MW, 美 382MW 등, '19)
에너지	・ESS(Energy Storage System) 세계시장 점유율 1위 ・한국의 'ESS 안전시험 방법 및 절차'가 국제표준안으로 채택
과학기술	・친환경 바이오화학산업의 근간이 되는 시스템대사공학기술 세계 최초 확립 ・페로브스카이트 태양전지기술(→ 세계 최고 효율 25.5% 달성)
순환경제	・한국의 1인당 폐기물 발생량: 300kg ↔ OECD 평균: 500kg ・한국의 폐기물 재활용률: 86.1% ↔ OECD 평균: 30%
산업 전반	・블룸버그 혁신지수: '12년 이후 9년 연속 세계 Top 3 ※ R&D 집중도 2위, 제조업 부가가치 3위 ・IMD 디지털 경쟁력 평가 8위('20년)

자료: 기획재정부(2020.12.7).

우리에게 탄소중립은 새로운 발전 기회를 가져다줄 수 있다. 특히 코로나19를 계기로 기후변화의 심각성에 대한 국민들의 높은 관심을 행동으로 연결하는 사회적 합의 도출이 긴요하다. 이러한 과정에서 과거

경제개발을 짧은 기간 안에 이루어냈으며, 전 국민이 동참한 외환위기·국제금융위기 극복 저력을 활용할 필요가 있다.

결론적으로, 탄소중립은 탄소중립 지향의 새로운 글로벌 경제질서가 형성되는 대전환 시대에 어렵지만 가야 할 길이다. 이의 성공적 정착을 위해 전향적 사고와 능동적 혁신이 필요하다.

2_ 2050 탄소중립 추진전략[29)]

[표 8-5] 2050 탄소중립 추진전략

비전	"적응적(Adaptive) 감축"에서 "능동적(Proactive) 대응"으로 : 탄소중립, 경제성장, 삶의 질 향상 동시 달성		
	3+1 전략 추진		
3대 정책 방향	**적응** 경제구조의 저탄소화	**기회** 신유망 저탄소산업 생태계 조성	**공정** 탄소중립 사회로의 공정전환
10대 과제	① 에너지 전환 가속화 ② 고탄소 산업구조 혁신 ③ 미래 모빌리티로 전환 ④ 도시·국토 저탄소화	① 신유망산업 육성 ② 혁신 생태계 저변 구축 ③ 순환경제 활성화	① 취약 산업·계층 보호 ② 지역중심의 탄소중립 실현 ③ 탄소중립 사회에 대한 국민인식 제고
탄소중립 제도적 기반 강화	■재정　　■녹색금융　　■R&D　　■국제협력 ⇨ 탄소가격 시그널 강화 + 탄소중립 분야 투자확대 기반 구축		
추진 체계	[조직] 2050 탄소중립위원회 + 2050 탄소중립위원회 사무처 [운용] 사회적 합의 도출 + 전략적 우선순위 설정 ⇨ 단계적 성과 확산		

자료: 기획재정부(2020.12.7).

2020년 12월 7일 기획재정부가 발표한 2050 탄소중립 추진전략에서는 비전을 '적응적 감축'에서 '능동적 대응'으로라고 설정하고 이를 위해 3대 정책 방향과 10대 과제, 탄소중립 제도적 기반 강화를 선정했다.

3_ 정부의 기본 방향 및 10대 중점과제[30]

앞서 기술한 3+1 전략과 10대 중점과제의 일정 및 주관부처를 [표 8-6]으로 제시했다.

[표 8-6] 10대 중점과제의 일정 및 주관부처

기본 방향	10대 중점과제	정책	일정	주관부처
경제구조의 저탄소화	에너지 전환	「에너지 탄소중립 혁신 전략」 마련	'21.4분기	산업부
	고탄소산업	탄소중립 산업 대전환 추진전략(제조업 르네상스 2.0) 마련	'21.4분기	산업부
		전통 중소기업 저탄소경영 지원 방안 마련	'21.4분기	중기부
	미래 모빌리티	수송 부문 미래차 전환 전략 마련	'21.4분기	산업부 등
	도시·국토	건물 부문 2050 탄소중립 로드맵 수립	'21.4분기	국토부
		「자연·생태기반 온실가스 감축·적응 전략」 마련	'21.4분기	환경부 등
		2050 탄소중립을 위한 농식품 분야 기후변화 대응 기본계획 수립	'21.1분기	농식품부
		해양수산 분야 2050 탄소중립 로드맵 수립	'21.4분기	해수부
		2050 탄소중립 산림 부문 전략 마련	'21.3분기	산림청

신유망 저탄소 산업생태계 조성	신유망산업	수소경제이행 기본계획(수소경제로드맵 2.0) 수립	'21.2분기	산업부
	혁신생태계	그린 분야 혁신 벤처·창업 생태계 조성 방안 마련	'21.2분기	중기부 등
		「녹색 유망기술 상용화 로드맵」수립	'21.3분기	환경부
	순환경제	K-순환경제 혁신 로드맵 수립	'21.4분기	환경부
탄소중립 사회로의 공정전환	신산업체계로 편입	지역에너지산업 전환 연구	'21.3분기	산업부
		중소벤처기업 신사업 개척 및 재도약 촉진 방안 마련	'21.2분기	중기부
	지역 중심	「지역사회 탄소중립 이행 및 지원 방안」마련	'21.3분기	환경부
	국민 인식	「탄소중립 등 학교 환경교육 지원 방안」마련	'21.4분기	교육부 등
		「탄소중립 사회에 대한 국민 인식 제고 전략」마련	'21.3분기	환경부
		가정·기업·학교 등 분야별 기후행동 매뉴얼 마련	'21.2분기	환경부
탄소중립 제도적 기반 강화	배출권 거래제	「배출권 거래제 기술혁신·이행 로드맵」 수립	'21.4분기	환경부
	녹색금융	기후리스크 관리·감독 추진계획 수립	'21.1분기	금융위
		금융권 녹색투자 가이드라인 마련	'21.1분기	금융위
		기후환경 정보공시 확대 방안 마련	'21.2분기	금융위
		녹색금융 분류체계」수립	'21.2분기	환경부
		스튜어드십 코드 시행성과 평가 및 개정 검토	'21.4분기	금융위
	연구개발	탄소중립 R&D 전략 마련	'21.1분기	과기부
		CCU 로드맵 수립	'21.2분기	과기부
		탄소중립 R&D 투자 전략 수립	'21.1분기	과기부
		(가칭)2050 탄소중립 10대 R&D 프로젝트 기획	'21.2분기	과기부
	국제협력	P4G 정상회의 개최 및 녹색의제 주도	'21.2분기	외교부
		그린뉴딜 ODA 비중 확대 로드맵 수립	'21.1분기	외교부

자료: 기획재정부(2020.12.7).

4_ 녹색금융 활성화[31]

정부가 발표한 2050 탄소중립을 위한 추진전략 중 녹색금융 활성화 관련 내용은 2050 탄소중립을 위한 「3 + 1」 전략의 틀, 기본 방향 중 '탄소중립 제도적 기반 강화'의 하나로 나와 있다. 이러한 3대 핵심 정책 방향 못지않게 중요한 것이 「3 + 1」 전략 틀의 마지막인 '탄소중립 제도적 기반 강화'다. 탄소중립은 30여 년에 걸친 장기목표로, 탄탄한 제도적 기반이 전제되어야 하기 때문이다. 이를 위해 정부는 기술개발, 재정 지원, 녹색금융 등 다양한 제도에서 탄소중립 친화적 제도설계를 적극 추진해나갈 것임을 밝히고 있다.

녹색금융의 경우 정책금융기관의 녹색 분야 자금 지원 비중을 확대하고 저탄소 산업구조로의 전환을 위한 기업 지원도 뒷받침해나갈 계획이다. 아울러 기업의 환경 관련 공시의무의 단계적 확대 등 금융시장 인프라 정비도 적극 추진해나갈 방침이다.

녹색금융 활성화를 위한 구체적인 내용은 다음과 같다. 첫째, 정책금융의 선도적 지원을 확충할 것이다. 녹색 분야에 대한 정책금융 지원의 양적·질적 확충을 도모한다. 자금 지원 확충 측면에서 정책금융기관의 녹색 분야 자금 지원 비중을 현재 6.5%에서 2030년 약 13% 수준으로 2배 확대한다는 목표를 설정했다. 또한 정책형 뉴딜펀드20조 원를 마중물로 핵심 기관들의 선도적 역할을 강화하여 시중자금의 녹색투자 확대를 유도할 것이다. 저탄소 산업구조로의 전환을 위한 기업 지원도 뒷받침한다. 녹색 분야 전환기업(예: RE100) 지원 프로그램의 지속적 활용 등 사업재편을 지원하며, 전환 과정에서 적응하지 못한 기업의 부실이 실물경제로 전이되지 않도록 '기업구조혁신펀드' 확대를 통한 구조조정을 지원한다.

둘째, 민간자금 유입 확대를 유도한다. 녹색금융의 판단기준을 위한 녹색분류체계를 마련하며, 금융회사의 녹색 포트폴리오 확대 견인을 위한 인프라를 정비한다. 구체적으로 경영시계가 단기화되기 쉬운 금융회사 경영목표에 녹색금융이 내재화되도록 「금융권 녹색투자 가이드라인」을 제정하며, 저탄소 사회로의 전환 과정에서 발생 가능한 리스크 식별, 녹색 인센티브 고려 등을 건전성 규제체계에 반영한다.

셋째, 금융시장 인프라를 정비한다. 기업이 직면한 환경리스크 및 관리시스템 등 환경정보가 폭넓게 공개되도록 기업의 환경 관련 공시의무를 단계적으로 강화한다. 책임투자 기조 확산을 위한 시장자율 규율체계도 정비한다. 또한 스튜어드십 코드 시행(2016년 12월) 성과 평가를 바탕으로 환경 수탁자 책임 강화를 위한 개정을 검토하고, 책임투자를 유인하기 위해 기관투자자가 자발적 또는 의무적으로 녹색투자에 나서도록 「책임투자 가이드라인」에 유인체계를 반영할 것을 검토한다.

4

2050 탄소중립 비전

1_ 배경[32)]

기후위기 대응을 위해 관계부처 합동으로 수립한 '2050 장기저탄소 발전전략Long-term low greenhouse gas Emission Development Strategies; LEDS'과 '2030 국가온실가스감축목표Nationally Determined Contribution; NDC, 5년 주기 제출' 정부안이 2020년 12월 15일 국무회의에서 확정되었다. 이번 정부안은 15개 부처가 참여한 '범정부협의체'에서 공동으로 마련한 것으로서 전문가 간담회, 국민 토론회 등 폭넓은 사회적 논의와 녹색성장위원회 심의·의결을 거쳤다.

국제사회는 지난 2015년 채택한 파리협정을 통해 지구의 평균 온도 상승을 산업화 이전 대비 2℃ 이내, 나아가 1.5℃ 이하로 제한하기 위한 첫걸음으로 2020년까지 회원국들이 유엔에 자국의 장기저탄소발전전략과 국가온실가스감축목표를 제출하기로 합의했다. 장기저탄소발전전략은 2050년까지 탄소중립을 달성하기 위한 장기 비전과 국가 전략을 제시하며, 국가온실가스감축목표는 2030년까지 국제사회에 감축이행을 약속하는 구속력 있는 온실가스 감축목표를 포함하고 있다.

2_ 장기저탄소발전전략[33]

장기저탄소발전전략의 정부안 제명은 '지속가능한 녹색사회 실현을 위한 대한민국 2050 탄소중립 전략'으로서 '2050년 탄소중립[34]'을 목표로 나아가겠다'라는 비전 아래 5대 기본 방향과 부문별 추진전략을 제시했다.

[표 8-7] 탄소중립 5대 기본 방향

① 깨끗하게 생산된 전기·수소의 활용 확대
산업(화석연료 → 전기·수소), 수송(내연기관 → 친환경차), 건물(도시가스 → 전기화)
② 디지털 기술과 연계한 혁신적인 에너지 효율 향상
·**산업**: 고효율기기 보급 확대, 공장 에너지 관리시스템 보급, 스마트 그린산단 조성 ·**수송**: 지능형 교통시스템(C-ITS), 자율주행차(교통사고↓, 효율↑), 드론택배 ·**건물**: 기존 건물 → 그린 리모델링, 신규 건물 → 제로에너지빌딩, 발광다이오드(LED) 조명, 고효율 가전기기
③ 탈탄소 미래기술 개발 및 상용화 촉진
미래기술: 철강 → 수소환원제철/석유화학 → 혁신소재, 바이오플라스틱/전력 → CCUS
④ 순환경제(원료·연료 투입↓)로 지속가능한 산업 혁신 촉진
원료의 재활용·재사용(철스크랩, 폐플라스틱, 폐콘크리트) 극대화, 에너지 투입 최소화
⑤ 산림, 갯벌, 습지 등 자연·생태의 탄소 흡수 기능 강화
유휴토지(갯벌, 습지, 도시숲) 신규조림 확대, 산림경영 촉진(산림연령↓, 목재이용↑)

자료: 환경부(2020.12.15).

3_ 국가온실가스감축목표[35)]

세계 각국은 2015년 12월 파리협정 채택 이전 국가온실가스감축목표를 유엔에 제출했으며,[36)] 2021년 파리협정의 본격적 이행을 앞두고 2020년까지 이를 갱신하기로 합의한 바 있다. 우리나라는 2015년 6월 국가온실가스감축목표를 제출한 이후 '2030 국가온실가스감축 수정 로드맵(2018년 7월)'을 마련하고 「저탄소 녹색성장 기본법 시행령」을 개정(2019년 12월)하는 등 감축목표 이행을 위해 노력해왔으며, 그간의 노력을 바탕으로 이번 국가온실가스감축목표 갱신안을 마련했다.

이번 갱신안의 주요 내용은 경제성장 변동에 따라 가변성이 높은 '배출전망치 방식'의 기존 목표를 이행 과정의 투명한 관리가 가능하고 국제사회에서 신뢰가 높은 '절대량 방식'으로 전환하여 '2017년 배출량 대비 24.4% 감축'을 우리나라의 2030년 국가온실가스감축목표로 확정한 것이다. 아울러 보충적인 감축목표 이행 수단으로 국제탄소시장, 탄소흡수원 활용계획을 포함했으며, 감축이행의 확실성을 높이기 위해 국외 감축 비중을 줄이고 국내 감축 비중을 높였다. 한편, 2050 탄소중립

[표 8-7] 탄소중립 5대 기본 방향

	절대량 방식	배출전망치(BAU) 방식
2030 목표	'17년 배출량 대비 24.4% 감축	'30년 배출전망치(BAU) 대비 37% 감축
채택 국가	유럽, 미국, 일본 등 100여 개국	멕시코, 터키, 에티오피아 등 80여 개국
특징	•명확한 감축의지 표명 •이행 과정의 투명한 관리·공개 •국제사회의 높은 신뢰	•경제성장 변동에 따른 BAU 가변성 •국제사회의 낮은 신뢰

자료: 환경부(2020.12.15).

을 목표로 나아가는 장기저탄소발전전략 비전을 고려하여, 2025년 이전까지 2030년 감축목표를 상향할 수 있도록 적극 검토할 계획임을 명시했다.

9장

우리나라
기후금융 정책

김이배, 정광화

1

녹색금융 배경 및
관련 국내외 동향

1. 녹색금융의 배경

과거에도 기후금융녹색금융1)에 대한 논의가 제기되었으나 녹색산업에 대한 정의가 구체적으로 정립되지 않았으며, 녹색투자에 대한 유인이 부족했다. 이러한 이유 등으로 인해 기후금융의 지속적인 추진에 한계가 존재했다.

최근 ESG의 열풍, 그린뉴딜 및 탄소중립의 의제화에 따라 녹색 분야로의 자금흐름 전환 및 녹색산업에 대한 자금공급 확대 논의가 재부각되었다. 이러한 우리나라의 사회적 추세에 따라 기후금융이 금융 분야의 중요한 한 축이 되고 있다. 특히 기후변화로 인한 금융권 리스크의 선제적 대응에 대한 필요성이 높아지고, 국내외 투자자 수요에 따른 환경정보 공개 확대 필요성도 지속적으로 제기되고 있다.

녹색금융이란 친환경적인 산업과 기업으로 자금이 흐르게 하는 것을 의미한다. 예를 들어, 태양광, 풍력 등 신재생에너지를 생산하기 위해 필요한 자금을 은행이 대출해주거나 기업이 탄소를 덜 배출하는 공정으로 전환하기 위해 채권을 발행하여 필요한 자금을 조달하는 것을 말한다. [2]

2. 녹색금융 관련 국내외 동향[3]

국제사회는 금융권의 기후·환경변화 대응 및 사회적 책임 등과 관련된 '지속가능금융'에 대해 다양한 논의를 전개하고 있다. 최근 국제논의 동향을 연대순으로 살펴보면, 먼저 1997년 교토의정서에서는 37개 주요 선진국들(한국 제외)의 온실가스 배출량 감축 수준을 지정했다. 2015년 파리기후협약에서는 195개국의 협약 당사국들 모두 온실가스 배출량 감축 수준을 지정했다. 이후 2017년 TCFD는 기후변화와 관련된 재무·금융정보 공시 권고안을 마련했고, 같은 해에 NGFS라는 기후·환경 관련 금융리스크 관리를 위한 협의회가 발족되어 2019년 4월에 「녹색금융 촉진에 관한 6개 권고안」을 발표했다.

이와 관련하여 공공기관 기후리스크 평가 방법론 공유, 자산 포트폴리오에 지속가능성 요소 반영 등 당국·기관의 기후·환경리스크 관리 역할을 중시하는 방향으로 녹색금융 추진 방향 및 이행 과제에 대한 공감대가 형성되고 있다.

우리나라도 과거부터 관련 논의가 몇 차례 제기되었으나 녹색산업의 정의 미비, 녹색투자 유인 부족 등으로 지속적인 추진에 한계가 있었다. 다만, 최근 그린뉴딜 및 탄소중립 의제화에 따라 녹색 분야로의 자금흐름 전환[4] 및 녹색산업에 대한 자금공급 확대[5] 논의가 다시 부각되고 있다. 동시에 기후변화로 인한 금융권 리스크의 선제적 대응, 국내외 투자자 수요[6]에 따른 환경정보 공개 확대 필요성도 지속적으로 제기되고 있다. 우리나라도 빠르게 진행 중인 국제사회 움직임에 뒤처지지 않아야 한다는 공감대가 공공·민간 분야에서 공통적으로 확산되고 있다.

2

녹색금융 추진
TF 구성[7]

1_ 배경[8]

금융위원회와 환경부 등 정부는 한국판 뉴딜 종합계획 발표 후 기후·환경변화에 대해 선제적으로 대응하고, 녹색금융 정책을 체계적으로 추진하기 위해 녹색금융 추진 TF를 발족했다. 녹색금융 추진 TF는 금융위(부위원장 주재) 등 정부부처, 금융권 및 금융 유관기관, UNEP FIUN 환경계획 금융이니셔티브[9], GCF녹색기후기금[10] 등의 자문단 등으로 구성되었다.

회의에서는 최근 국내외 논의 동향, 과거 녹색금융 추진 관련 애로사항 및 향후 정책 추진 시 건의 사항 등에 대해 다양한 관계기관이 발제 및 토론을 펼쳤다. 참석자들은 관련 논의가 금융시장에 '위협 요인'이 아닌 '기회 요인'이 될 수 있도록 민관의 긴밀한 소통을 통한 일관성 있는 정책이 중요하다고 제언했다.

　금융위원회 손병두 부위원장은 국제결제은행BIS에서 제기한 '그린 스완'[11] 개념을 언급하면서, 금융권에서는 기후변화리스크를 식별하고 관리·감독하는 등 기후변화에 적극적으로 대응하는 한편, 기후변화 완화를 위한 녹색투자를 확대함으로써 지속가능성장의 디딤돌 역할을 수행해야 한다고 발언했다. 아울러 녹색금융 정책의 일관성 있는 추진을 위해 금융위원회가 적극적으로 나서겠다고 발언하면서 시너지 효과를 위한 민관의 적극적인 협조를 당부했다.

　또한 민관 합동의 TF 발족을 통해 논의 내용 중 녹색금융 활성화 관련 내용은 한국판 뉴딜 논의와 긴밀히 연계하여 범부처 공동으로 일관성 있게 추진하겠다고 밝혔다.

2_ 녹색금융 추진 방향[12]

　녹색금융 추진 TF 회의에서 제시된 정부의 녹색금융 추진 방향은 크게 3가지로 나누어 볼 수 있다.

　첫째, 기후변화가 예기치 않은 금융시장 불안을 초래하지 않도록 기후변화리스크를 선제적으로 관리해나간다. 이를 위해 금융권이 직면한 기후변화 관련 금융리스크를 식별하고, 이를 관리·감독할 수 있는 모니터링 체계를 구축해나간다. 또한 기업의 환경 관련 정보공시도 점진적으로 확대하여 금융투자 시 환경리스크가 고려될 수 있도록 제도적으로 뒷받침한다.

[표 9-1] 기후·환경변화로 인해 발생 가능한 금융리스크 사례(예시)

사례 ①	미세먼지 영향에 따른 호흡기 질환 발병률*이 높아져 질병보험금 지급 규모↑, 손해율↑ ⇨ 보험 부문 건전성 악화 우려 * 미세먼지 농도가 10㎍/㎥ 증가 시 → 기관지염 입원환자 23%, 만성폐쇄성 폐질환 외래환자 10% 증가 [출처: 질병관리본부]
사례 ②	집중호우 및 산사태로 인한 자동차 침수 피해↑ → 자동차보험 손해율↑ ⇨ 보험 부문 건전성 악화 우려 * 금번 집중호우로 인한 차량 침수 피해(4대 손해보험사 8.12, 오전 9시 기준) 　· 접수차량: 7,036대('18년 275대, '19년 443대) 　· 추정손해액: 약 707억 원('19년 24억 원)
사례 ③	지구온난화로 인한 폭염으로 농산물 피해 발생 시, 은행의 농·식품산업 대출·보증·융자 등*에 대한 상환 지연 ⇨ 은행 부문 건전성 악화 우려 * 농·식품 관련 펀드·자산 운용 등을 통한 자금 조달 시 금융기관뿐만이 아닌, 개별 투자자의 수익성 저하도 가능
사례 ④	온실가스 감축 움직임으로 탄소배출권 가격 상승* → 탄소배출기업 영업이익·담보가치 하락 ⇨ 탄소배출기업 대출은행의 건전성** 악화 우려 * ('15)11,184원(t당) → ('16)17,738 → ('17)21,143 → ('18)23,200 → ('19)40,450 ** 국내은행의 탄소배출 업종(광업, 석유정제업, 화학업)에 대한 대출, 주식, 회사채 등 규모는 약 53.3조 원('17 말, 추정) [출처: 한국은행]

자료: 금융위원회(2020.8.13)

　둘째, 그린뉴딜 사업을 통해 녹색 분야로의 자금유입을 유도하여 녹색산업에 대한 투자를 활성화한다. 정책금융기관의 선도적 녹색투자 확대단기와 녹색산업의 투자유인체계 개편중장기을 통해 시중유동성에 대해 새로운 투자기회를 제공하고, 지속가능한 녹색성장이 이루어질 수 있도록 추진한다. 특히 그린워싱13) 등 과거에 녹색금융과 관련하여 드러난 문제점이 보완될 수 있도록 녹색산업의 투자 범위 등을 관계기관과 협의하여 조속히, 명확히 마련해나간다.

[표 9-2] 최근 ESG 투자 움직임

개념		투자 결정 시 기업의 환경보호(E), 사회적 책임(S), 적정한 지배구조(G) 등 비재무적 요소를 고려하는 투자
글로벌 현황		전 세계 ESG 투자 규모는 지속적 확대 추세*이며, 유럽과 미국이 글로벌 ESG 투자의 85% 이상을 차지 * ('12)13.3조 달러(16,173조 원) → ('18)30조6,830억 달러(37,329조 원)
	유럽	ESG 기준에 부합하지 않는 산업·기업은 포트폴리오에서 제외하는 네거티브 스크리닝 전략*을 활용하여 ESG 투자 실천 * 노르웨이 국부펀드: 석탄채굴 및 발전활용 기업, 환경훼손·기후변화 유발 기업 등 스웨덴 국가연금기금: 석탄발전 기업, 담배생산 기업 등
	미국	세계 최대 자산운용사인 미국의 블랙록은 '기후변화'와 '지속가능성'을 '20년 투자 포트폴리오 최우선 순위로 삼겠다고 발표
국내 현황		• 우리나라는 국민연금*을 중심으로 ESG 정보를 활용한 책임투자에 대한 관심이 늘어나고 있으나, 아직 초기 단계 * ESG 평가기준 마련('15) → 스튜어드십 코드 도입('18.7) → 「책임투자 활성화 방안」 발표('19.11) → 기금운용원칙에 '지속가능성 원칙' 신규 명시('20) • 국내 설정된 ESG 펀드의 순자산 규모는 약 3,900억 원('20.2)으로, 아직 글로벌 수준과는 격차가 큰 상황

자료: 금융위원회(2020.8.13)

[표 9-3] 해외 사례: EU의 녹색금융활동 분류체계

▶ 산업유형 분류: 7개 대분류 항목 내 관련 있는 산업유형 명시	
농림수산업	복원, 기존 삼림 관리, 가축생산, 다년생 작물재배 등
에너지	태양광·태양열·풍력·해양에너지·수력·지열·바이오에너지발전 등
건물	재생에너지 시설 설치, 기존 건물 수리, 새 건물 건축 등
제조업	저탄소기술 제품, 원료 플라스틱, 비료와 질소화합물 등
상하수도/폐기물	대기 중 이산화탄소 직접 포집, 무독성 폐기물 분리수거·운송 등
수송	저탄소 교통 인프라, 수상시설 건축 등
정보통신	온실가스 감축 데이터 기반 솔루션 등
▶ 측정 방법: 산업유형마다 6개 목표(기후변화 완화, 적응, 물, 순환자원, 오염, 생태계)와의 연계성을 정의하고 세부 측정 방법을 명시	

자료: 금융위원회(2020.8.13)

셋째, 아울러 국제 논의 동향에 보다 적극적으로 동참하기 위해 NGFS, TCFD 등 녹색금융 관련 국제네트워크 가입도 추진한다.

[표 9-4] 국제네트워크 논의 동향

TCFD	기후변화와 관련된 재무·금융정보 공시 권고안* 마련('17) ☞ TCFD(Task Force on Climate-related Financial Disclosure) * 저탄소경제전환 과정에서 발생할 수 있는 각종 환경 관련 위험을 재무정보 공개에 반영하기 위해 지배구조, 경영 전략, 위험 관리, 목표 설정 관련 지침 제시
NGFS	기후·환경 관련 금융리스크 관리를 위한 협의회 발족('17) ☞ NGFS(Network for Greening the Financial System) ※「녹색금융 촉진에 관한 6개 권고안」발표('19.4) ① 금융안정 모니터링 및 미시적 감독에 기후변화 관련 리스크 반영 ② 투자포트폴리오 관리에 지속가능 요소 반영 ③ 공공기관의 기후리스크 평가 방법론 공유 ④ 금융-산업의 녹색금융 역량 동반 향상 및 개발도상국에 대한 기술·지식 공유 ⑤ 기후환경 관련 정보공시체계 구축: TCFD 지지 ⑥ 녹색경제활동 분류체계 마련

자료: 금융위원회(2020.8.13)

3

녹색채권
안내서 발간[14]

　　환경부는 2020년 12월 30일 녹색투자 활성화를 위한 '한국형 녹색채권 안내서'를 발행했다. 이번 안내서는 녹색채권을 발행하기 위해 준수해야 할 절차와 자금 사용처, 사업 평가와 선정 과정, 자금 관리, 사후보

[표 9-5] 녹색채권 안내서 주요 내용

핵심 요소	① 자금 사용처*, ② 사업 평가 및 선정 절차, ③ 자금 관리, ④ 사후보고 등 녹색채권이 갖추어야 할 4가지 핵심 요소를 국내 실정에 맞게 구체화 * 6개 환경목표(기후변화 완화, 기후변화 적응, 생태계 보호 등)에 부합하는 녹색사업에 자금 사용
대상 사업	녹색채권의 대상이 되는 10개 분야* 사업 및 예시 제시 * 신재생에너지 사업, 에너지 효율화 사업, 오염 방지 및 저감 사업 등
외부 검토	한국거래소의 사회책임투자 채권 세그먼트('20.6. 개설)와의 연계를 위해 발행 전 외부 검토 의무화 및 발행 후 보고 시 외부 검토 권고

자료: 환경부(2020.12.30)

고 등 녹색채권이 갖추어야 할 4가지 핵심 요소를 규정하고 있다. 안내서는 비구속적인 권고안의 성격을 띠지만 금융위원회, 환경산업기술원, 한국거래소 등 유관기관, 금융기관과 협의를 거쳐 국내 최초로 발행했다는 점에서 의미가 크다.

전 세계 녹색채권 시장 규모는 2015년 약 60조 원에서 2019년 약 300조 원으로 확대되는 등 빠른 속도로 성장하고 있다. 유럽연합은 2019년 녹색채권에 대한 구속적 기준인 녹색채권 기준을 발표했다. 일본도 2018년 녹색채권 안내서를 발간하는 등 세계 각국은 녹색채권 시장 활성화를 위해 녹색채권 안내서를 마련·운용 중이다.

이번 녹색채권 안내서는 녹색채권의 잠재적 발행자에게 발행 절차와 대상 사업을 제시하여 녹색채권 발행을 활성화한다. 또한 신뢰할 수 있는 정보제공을 통해 '무늬만 녹색Green Washing'인 채권을 방지함으로써 투자자의 녹색채권 접근성을 높이는 데 기여할 수 있다.

한편, 환경부는 녹색금융 활성화를 위해 녹색분류체계 구축, 환경책임투자 지원을 위한 표준 환경성 평가체계 구축, 환경정보 공개대상 확대 등의 정책도 추진 중이다. 특히 녹색경제활동의 판단기준이 되는 녹색분류체계는 연구 결과를 토대로 전문가 및 관계부처의 검토를 거쳐 2021년 상반기까지 마련할 예정이다. 환경책임투자에서도 다양한 평가체계에 따른 평가의 신뢰 하락을 방지하고, 금융기관의 환경책임투자를 지원하기 위해 해당 기관들이 활용할 수 있는 표준화된 평가방법론을 마련하여 제공할 예정이다.

환경부는 향후 녹색채권이 국제시장에서 차지하는 규모가 점점 커지는 만큼 국내 녹색채권 활성화를 위한 노력을 아끼지 않을 것이며,

녹색채권 안내서를 바탕으로 향후 금융기관과 녹색채권 발행 시범사업 실시를 비롯하여 녹색채권 발행 지원 방안 등을 마련할 예정이라고 밝혔다.

4

금융위원회
업무계획[15]

1_ 배경[16]

금융위원회의 2021년도 업무계획에 '녹색금융 활성화' 의제가 공식적으로 포함되어 있어 우리나라 금융에도 녹색금융이 한 분야로 자리잡게 되었다는 데 의의가 있다.

2_ 녹색금융 활성화[17]

금융위원회 2021년 업무계획 중 녹색금융 활성화 내용은 두 번째 전략인 '선도형 경제로의 대전환 뒷받침' 중 두 번째 과제로 나와 있다. 이와 관련된 구체적인 내용은 다음과 같다.

[표 9-6] 금융위원회 2021년 업무추진 방향

2021년 금융정책 추진방향

비전	"위기를 기회로 바꾸는 **금융** 새로운 도약의 계기를 창출하는 **금융** 국민과 함께하는 **금융**"

미션	미증유의 감염병발 위기를 질서있게 극복	미래를 향한 과감한 투자를 적극 뒷받침	금융산업 자체 경쟁력을 높여 한 단계 도약	금융소비자 보호를 두텁게, 금융포용성 제고

추진전략	**Ⅰ. 코로나19 금융지원 지속 및 리스크 관리** ① 코로나19 금융지원 지속 ② 한시적 금융지원조치의 점진적 정상화 ③ 잠재리스크의 안정적 관리	**Ⅱ. 선도형 경제로의 대전환 뒷받침** ① 뉴딜펀드·뉴딜금융 시장안착 도모 ② 녹색금융 활성화 ③ 디지털혁신 뒷받침 금융인프라 구축 ④ 혁신기업 금융지원 활성화
	Ⅲ. 금융산업 혁신 및 디지털금융 확산 ① 언택트 금융 활성화 ② 핀테크 육성 가속화 ③ 지역금융기관의 건전한 발전 추진 ④ 보험산업 혁신 도모 ⑤ 제재·인허가 절차개선 및 지배구조 내실화	**Ⅳ. 금융소비자 보호 및 취약계층 지원 강화** ① 최고금리 추가 인하 및 보완방안 추진 ② 자본시장 투자자 보호 강화 ③ 취약계층별 맞춤형 지원 및 보호 강화 ④ 소비자피해 집중분야 감독 강화

자료: 금융위원회(2021.1.12).

첫째, 녹색 분야 산업·사업·기업에 대한 정책금융의 선도적 지원을 강화한다. 정책금융 중 녹색 분야 자금 지원 비중을 확대('19년 6.5% →

'30년 13%)하고, 정책형 뉴딜펀드를 마중물로 시중자금의 녹색투자 확대를 유도한다. 이를 위해 녹색분류체계[18] 확립 시 녹색특화 대출·보증 프로그램[19] 신설을 검토한다. 녹색 분야 전환기업의 사업재편을 지원하고, 저탄소 산업구조로의 전환 과정에서 나타날 수 있는 기업의 구조조정 수요도 뒷받침한다.[20]

둘째, 금융권의 자발적인 기후변화 대응을 위해 제도적으로 지원한다. 저탄소 사회 전환 과정에서 발생 가능한 금융리스크 관리·감독 방안을 수립한다. 이를 위해 「금융권 기후리스크 관리 가이던스」를 마련하여 민간금융권이 자율적으로 기후리스크[21]를 식별·측정·관리할 수 있도록 유도한다. 경영시계가 단기화되기 쉬운 금융회사 경영목표에 녹색금융이 내재화되도록 「금융권 녹색금융 가이드라인」[22]도 제정 및 시행한다.

셋째, 기업·투자자들의 투자 결정 시 ESG 요소가 고려되도록 제도기반을 정비한다. 기업이 직면한 환경리스크 및 관리시스템 등 환경정보가 폭넓게 공개되도록 공시의무의 단계적 강화 방안을 마련한다. 또한 스튜어드십 코드(2016년 12월 제정) 시행성과를 평가하고, 이를 토대로 환경 관련 수탁자책임 강화를 위한 다양한 방안을 검토한다.[23] 녹색통계, 관련 자료 등이 기업·투자자들 및 금융회사 상호 간에 원활히 공유될 수 있도록 정보공유 플랫폼 구축도 추진한다.

5

녹색금융 추진계획,
추진일정, 추진 TF

1_ 녹색금융 추진계획[24)]

　「녹색금융 추진계획」은 「2050 탄소중립 추진전략」 중 녹색금융 활성화 부분을 내실화하여 12개 실천 과제를 도출하고, 향후 탄소중립 관련 범정부 차원의 논의를 거치면서 지속적으로 보완해나갈 계획이다.

[표 9-7] 녹색금융 활성화 전략

2050 탄소중립 뒷받침을 위한
녹색금융 활성화 전략

2050 탄소중립 추진전략 (안)	정책금융 선도적 지원	민간자금 유입 유도	시장인프라 정비
	· 정책금융지원 확충 · 저탄소 산업전환 뒷받침	· 녹색분류체계 마련 · 녹색 포트폴리오 확대	· 환경보호 공시공개 확대 · 책임투자 기조 확산

2021년 녹색금융 추진계획 세부과제	[1] 공공부문 역할 강화	[2] 민간금융 활성화	[3] 녹색금융인프라 정비
	① 녹색분야 자금지원 확충 전략 마련	⑤ 「녹색분류체계」 마련	⑨ 기업환경정보 공시/공개 의무화
	② 정책금융기관별 녹색금융 전담조직 신설	⑥ 「녹색금융 모범규준」 마련	⑩ 「스튜어드십 코드」 개정 검토
	③ 정책금융기관 간 「그린금융협의회」 신설	⑦ 「녹색채권 가이드라인」 시범사업 시행	⑪ 「환경 표준평가체계」 마련
	④ 기금운용사 선정지표에 녹색금융실적 반영	⑧ 금융회사 「기후리스크 관리 감독계획」 수립	⑫ 「정보공유 플랫폼」 구축

자료: 「2021년 녹색금융 추진계획(안)」(2021.1.25).

2_ 녹색금융 추진일정[25)

2021년 중 녹색금융은 12대 실천 과제를 중심으로 추진되었으며, 앞으로 주기적으로 점검할 예정이다. 이와 별도로 국제적 논의동향 등을 참고하며 신규 과제를 발굴하는 노력도 지속할 예정이다.

[표 9-8] 12대 실천 과제 및 추진기관

추진전략	12대 실천 과제	추진기관	2021년			
			1Q	2Q	3Q	4Q
1. 공공 부문 역할강화	① 정책금융기관별 녹색 분야 자금 지원 확충 전략 마련	금융위, 정책금융기관	▨	▨		
	② 정책금융기관별 녹색금융 전담조직 신설	정책금융기관	▨			
	③ 정책금융기관 간 그린금융협의회 신설	금융위, 정책금융기관		▨		
	④ 기금운용사 선정지표에 녹색금융 실적 반영	환경부	▨	▨	▨	▨
2. 민간금융 활성화	⑤ 녹색분류체계 마련	환경부	▨	초안 마련		시범 적용
	⑥ 금융권 녹색금융 모범규준 마련	금융위, 금융권협회	초안 마련	시범 적용		
	⑦ 녹색채권 가이드라인 시범사업 시행	환경부	▨	▨	▨	▨
	⑧ 금융회사 「기후리스크 관리·감독계획」 수립	금융위, 금감원	계획 수립			영향 분석
3. 녹색금융 인프라 정비	⑨ 기업의 환경정보 공시·공개 단계적 의무화	금융위, 거래소, 환경부	계획 수립			법 개정
	⑩ 스튜어드십 코드 개정 검토	금융위				▨
	⑪ 환경 표준평가체계 마련	환경부		모형 설계		시범 적용
	⑫ 정보공유 플랫폼 구축	금융위 등		▨	▨	

자료: 「2021년 녹색금융 추진계획(안)」(2021.1.25).

3_ 녹색금융 추진 TF[26)]

정부는 2020년 8월 13일, 다양한 분야에 걸쳐 있는 녹색금융 과제의 일관성 있는 추진을 위해 민관 합동의 「녹색금융 추진 TF」를 발족했다. 「녹색금융 추진 TF」는 관계부처 및 유관기관 관계자, 민간전문가 등으로 구성되며, 주요 정책 과제별로 별도 워킹그룹(반)을 만들어 세부 과제를 이행하고자 한다.

[표 9-8] 12대 실천 과제 및 추진기관

녹색금융 추진 TF
금융위·환경부, 금감원, 관계부처, 금융권, 금융 유관기관 등

전문가 자문단 (금융연구원 등)
- 주요국 국제동향 파악·공유
- 대내외 동향에 따른 영향 분석 등

금융리스크 평가·관리반 (간사: 금융위)
- 기후리스크 식별·측정·영향 분석(스트레스 테스트)
- 기후리스크 모니터링 및 관리감독체계 마련

녹색투자 활성화반 (간사: 환경부)
- 녹색경제·금융 정의·분류체계 마련
- 녹색투자 유인체계 개선

기업공시 개선반 (간사: 금융위)
- 기후·환경 관련 정보공시 가이드라인 마련
- 환경정보 공개제도 개선
- 표준 환경성 평가체계 구축
- 산업별 TCFD 대응체계 구축

자료: 「2021년 녹색금융 추진계획(안)」(2021.1.25).

6

금융권
'기후리스크 포럼' 구성[27)]

1_ 개요[28)]

금융감독원은 금융위원회와 공동으로 국내 금융권의 기후리스크 관련 인식 확대와 대응 능력 제고를 위해 각 금융업권별 주요 금융회사총 28개사를 대상으로 금융권 '기후리스크 포럼'을 설립했다. 기후리스크는 이상기후 현상으로 인한 물적 피해인 물리적 리스크와 저탄소 사회로의 이행 과정에서 발생하는 금융손실을 의미하는 이행리스크로 구분된다. 기후리스크 포럼은 전 금융권이 기후리스크 대응을 위한 종합적 논의의 장을 최초로 마련했다는 측면에서 그 중요성이 매우 크다. 또한 주요 해외 감독 당국 및 국제기구의 논의 내용을 바탕으로 금융권의 기후리스크 대응을 위한 실무적 논의를 지향하고 있다.

[표 9-10] 금융권 기후리스크 포럼 참여사

구분	은행	금투	생보	손보	여전
참여사	·국민 ·신한 ·하나 ·우리 ·농협	·증권사 - 미래에셋 - 삼성 - KB - NH ·자산운용 - 한화 - 키움 - 신한	·삼성 ·한화 ·교보 ·신한	·삼성 ·현대 ·KB ·DB ·코리안리	·카드사 - 삼성 - 신한 - 국민 - 현대 ·기타 - 현대캐피탈 - 현대커머셜 - BNK캐피탈
총 28개사	5	7	4	5	7
간사기관	은행연합회	금투협회	생보협회	손보협회	여전협회

각 업권별 대형사 위주로 우선 운영하며 향후 필요시 참여 범위를 확대
자료: 금융감독원(2021.5.13)

2021년 5월 13일, 비대면으로 전체 회의를 개최하고 현재 각 금융업권별 기후리스크 대응 실태 및 향후 포럼 운영방안 등에 대해 논의했다. 기후리스크 포럼에는 효율적 논의 진행을 위해 각 업권별 협회가 간사기관으로, 연구원금융연구원, 보험연구원 및 국제기구UNEP FI, GCF가 자문단으로 참여한다.

2_ 포럼 운영의 기대효과[29)]

기후리스크 포럼 운영의 기대효과는 다음과 같다.

첫째, 기후리스크 관련 인식 및 저변을 확대할 수 있다. 아직 초기 수

준인 국내 금융권의 기후리스크 인식 확대를 위해 동 포럼을 중심으로 금융권 내 관련 스터디 진행 및 세미나 개최 등을 추진할 예정이다. 금융감독원은 2019년에 국내 금융회사(13개사) 등을 대상으로 지속가능·기후금융 스터디 그룹을 운영한 바 있다.

둘째, 기후리스크 관리 관련 우수 사례를 발굴한다. 각 금융권역별로 기후리스크 대응 우수 사례 발굴 및 보급을 추진하여 조속한 기후리스크 대응체계 구축을 유도한다. 또한 기후 관련 데이터 확보 및 활용을 위한 실무 협조방안도 논의한다.

셋째, 기후리스크 관리·감독계획의 실무적 실효성을 확보한다. 추후 작성 예정인 「기후리스크 관리·감독계획」의 주요 내용 및 실무 적용 가능성 등에 대해 금융회사와 사전적으로 논의하여 동 계획의 실효성을 극대화한다.

넷째, 기후리스크 대응 관련 글로벌 리더십을 제고한다. 기후리스크 대응을 위한 국제기구 논의 시 동 포럼에서 논의된 국내 금융권 현실을 적극 대변한다.

7

녹색금융 협의체 가입[30)]

금융위원회와 금융감독원은 2021년 5월 17일, P4G 서울 정상회의 개최2021.5.30~31를 계기로 녹색금융을 위한 중앙은행·감독기구 간 글로벌 협의체인 녹색금융협의체Network for Greening the Financial System; NGFS에 가입을 신청했다. 가입절차는 기관장 명의의 신청서 제출 후 회원기관의 승인을 얻어 가입을 확정하는데, 통상 1개월 이내에 이루어진다.

NGFS는 기후 및 환경 관련 금융리스크 관리, 지속가능한 경제로의 이행 지원 등을 목적으로 2017년 12월에 설립된 자발적 논의체로, 2021년 5월 현재 프랑스, 네덜란드, 영국, 독일 등 70개국 90개 기관 및 14개 국제기구가 참여 중이며, 우리나라의 경우 한국은행이 2019년 11월에 이미 가입했다.

NGFS는 기후 및 환경 관련 금융리스크 감독 방안, 기후변화가 거시경제 및 금융에 미치는 영향, 기후·환경리스크 관련 데이터 구축 등 다양한 논의를 진행 중이다. 금융위·금감원은 NGFS 활동을 통해 녹색금융 관련 국제 논의에 적극적으로 참여하고, 국내 녹색금융 정책의 글로벌 정합성을 제고해나갈 계획이다. 또한 P4G 서울 정상회의 개최 등을 계기로 한국의 녹색금융에 대한 대내외 관심이 확대되고 있는 점을 감안하여 NGFS를 통해 국내 금융권의 녹색금융 추진 노력을 적극 홍보한다는 계획이다.

8

TCFD 지지 선언 및 그린금융협의회[31]

1_ 개요[32]

금융위원회는 2021년 5월 24일, 13개 금융 유관기관과 「기후변화 관련 재무정보 공개 협의체TCFD」 및 TCFD 권고안에 대한 지지 선언을 했다. 아울러 제1차 그린금융협의회를 개최하여 정책금융기관 등과 녹색금융 현황 및 향후 계획 등에 대해 논의했다.

TCFD 지지 선언 참여기관은 금융위, 금감원, 예보, 산은, 수은, 예탁원, 금결원, 주금공, 캠코, 증금, 신보, 기보, 무보, 성장금융 등 총 14개 기관이며, 그린금융협의회 참여기관은 금융위, 산은, 기은, 수은, 거래소, 신보, 기보, 무보 등 총 8개 기관이다.

2_ TCFD 주요 내용[33)]

TCFD는 G20의 요청에 따라 금융안정위원회가 기후변화 관련 정보의 공개를 위해 2015년 설립한 글로벌 협의체다. TCFD가 2017년에 발표한 권고안은 4개 주요 항목의 공개를 통해 기업이 기후변화 관련 위험과 기회를 조직의 위험 관리 및 의사결정에 반영하도록 하는 것을 목표로 하고 있다. 78개국 2,000여 개 이상 기관이 TCFD 및 권고안에 지지를 선언했으며, 국내에서도 환경부(2020.3), 기업은행(2020.6), 한국거래소(2020.10) 등 44개 기관이 동참하고 있다.

TCFD에서 권고하는 4개 주요 공개항목을 세부적으로 살펴보면 다음과 같다. 첫째인 지배구조에서는 기후변화 관련 이사회의 관리감독 및 경영진의 역할을, 둘째인 전략에서는 장/중/단기 기후변화 관련 리스크 및 기회가 경영·재무계획에 미치는 영향을, 셋째인 리스크 관리에서는 기후리스크 식별·평가·관리절차 및 리스크 관리체계 통합 방법을, 마지막인 지표 및 목표치에서는 기후리스크 및 기회의 평가·관리지표, 목표치와 성과를 공개할 것을 권고하고 있다.

10장

국내 금융기관의
기후금융 현황

김이배, 정광화

1

정책금융기관

1_ 한국산업은행

　국내 기후금융은 공공 부문인 정책금융기관에서 주도적으로 앞장서고, 5대 금융지주 등 민간 부문에서 호응하기 시작했다. 한국산업은행은 '지속가능금융'이라는 기치하에 2017년 1월 국내 최초로 '적도원칙'에 가입하여 대규모 개발사업에 여신을 제공할 때 이를 적용하고 있다. 대출 심사 시에는 개발사업이 환경과 사회에 미치는 영향과 리스크 규모 등을 파악하여 3가지 등급으로 분류한다. 분류된 위험등급에 따라 요구되는 개발사업 위험 관리 방안들이 달라지며, 차주가 이를 준수하고 있는지 서류검토와 현장실사 등을 통해 확인하고 미비점이 발견되는 경우 이를 보완할 것을 요구한다. 대출이 승인된 이후에는 환경·사회 서약조건이 반영된 금융계약서를 작성하여 대출기간 동안 관런 리스크를 지속적으로 모니터링하고 있다.

[표 10-1] 한국산업은행의 환경·사회 위험등급 분류

구분	분류기준
A등급 (고위험)	환경·사회에 심각하고 부정적인 영향을 미치며, 광범위한 지역에 그 영향이 파급될 가능성이 있는 사업
B등급 (중위험)	환경·사회에 미치는 영향 및 범위가 제한적이고, 적절한 조치를 통해 경감 및 회복이 가능한 사업
C등급 (저위험)	환경·사회에 미치는 영향이 경미하거나 없는 사업

자료: 한국산업은행 홈페이지

'적도원칙'은 대규모 개발사업이 환경파괴와 사회구성원 간 갈등(예: 원주민 강제이주 등)을 초래하는 경우, 그러한 개발사업에는 대출을 해주지 않겠다는 글로벌 금융사들의 자발적인 행동협약이다. 2003년 6월에 씨티그룹, 바클레이스, HSBC, ABN AMRO, 스코틀랜드왕립은행, HVB그룹 등 10개 글로벌 금융사들이 시작했는데, 문제가 되는 개발사업이 주로 적도 부근 국가들에서 발생한다 하여 '적도원칙'이라 했다. 2021년 7월 현재 37개국 118개 금융기관이 참여하고 있으며, 적도원칙 이행 결과를 연 1회 보고하고 있다. 한국산업은행은 적도원칙협회의 워킹그룹장으로 선임되어 적도원칙 4판의 사전준비작업을 진행했다.

한국산업은행은 2017년 6월 27일, 미화 3억 달러 규모의 외화 Green Bond를 발행하여 친환경사업을 위한 자금을 확보했다. 이후 2018년

5월 29일, 국내 최초로 원화 표시 녹색채권 3,000억 원 발행에도 성공하여 태양광사업에 5.3%, 복선전철사업에 94.7%를 배분했다. 해당 지원사업이 운영 중이라고 가정할 때 감축되는 이산화탄소 배출량은 연간 16,589톤에 달할 것으로 예상되어, 발행금액 1억 원당 52.8톤이 감축되는 셈이다. 이후 2020년에도 2,000억 원의 녹색채권을 발행하여 재생에너지태양광에 687억 원, 친환경 운송 중 철도와 친환경 선박에 각각 556억 원과 757억 원의 자금을 제공했다. 2021년 3월 25일에는 3,000억 원의 녹색채권을 발행하여 재생에너지태양광, 수소연료전지 발전, 친환경 운송철도, 선박 프로젝트에 투입할 예정이다. 한국산업은행은 「녹색·사회적·지속가능채권 표준관리체계」를 제정하고 딜로이트 안진회계법인의 인증을 받았다.

2_ 기술보증기금

담보 능력이 부족한 기업들은 기술보증기금으로부터 기술보증서를 발급받아 금융기관에서 자금을 조달할 수 있다. 기술보증기금은 기후기술보증제도를 통해 국내외 온실가스 감축 및 기후변화 적응사업을 영위하는 중소기업을 지원하고 있다. 여기서 기후기술은 온실가스 감축기술과 기후변화 적응기술을 의미하며, 기술보증기금이 별도로 정한 '기후기술판별표'를 충족해야 한다. 온실가스 감축기술은 원천적으로 온실가스를 줄이는 기술뿐만 아니라 이미 배출된 온실가스를 회수하는 것까지 포함한다. 기후변화 적응기술이란 기후변화로 발생하는 영향을 관리하는 모든 기술을 의미하는데, 기후변화 감시 및 관측, 리스크 평가, 피해저감기술 등을 예로 들 수 있다. 기후기술보증제도를 적용받으려면 기후기술 관련 중소기업으로 기술사업 평가등급이 B등급 이상이어야 하며, 우대 사항으로 0.2%의 보증료 감면이 있다.

기술보증기금은 2019년 자체적으로 '탄소가치평가모델KVCM'을 개발했는데 이는 기후환경기술의 사업화를 통해 발생할 것으로 예상되는 온실가스 감축량을 화폐 단위로 평가하여 금융을 지원하는 평가 모형이다. 중소벤처기업부에서는 2021년 1월 13일 '제26차 비상경제 중앙대책본부 회의 겸 제9차 한국판 뉴딜 관계장관회의'에서 기술보증기금의 탄소가치평가모델을 활용한 '탄소가치평가 기반 그린뉴딜 보증'을 2021년부터 본격 실시할 것이라고 발표했다. 이는 보증 지원 시 탄소가치를 핵심 심사기준으로 평가하여 탈탄소 경제전환을 지원하고자 함이다. 산업통상자원부와 중소벤처기업부의 업무 협조를 통해 연 500억 원의 전력산업 기반기금을 기술보증기금에 출연하고, 신재생에너지 관련 기업들에 연 3,500억 원 규모로 보증 지원을 제공할 예정이다. 또한 기술보증기금을 2021년부터 '그린 중소벤처기업 금융 지원 전문기관'으로 지정하여 연 1,000억 원 규모의 탄소중립 맞춤형 보증 프로그램을 실행할 계획이다.

3_ 한국수출입은행

우리나라의 수출·수입에 지대한 영향을 미치는 국가금융기관인 한국수출입은행은 2013년 2월에 미화 5억 달러 규모의 외화 Green Bond 를 발행했으며, 이는 국제기구가 아닌 민간·정책금융기관이 발행한 세계 최초의 사례다. Green Bond는 2008년 세계은행이 최초로 발행했으며 이후 유럽투자은행EIB, 아시아개발은행ADB, 아프리카개발은행AfDB 등 주요 국제기구만이 발행해왔다.

한국수출입은행은 현재 'ESG 금융 프로그램'을 운용 중이며, 이 중 기후금융과 관련된 상품은 '글로벌 Net-Zero 촉진 프로그램'과 '그린성장 촉진 프로그램'이 있다. '글로벌 Net-Zero 촉진 프로그램'은 정부의 「2050 탄소중립 정책」 등 글로벌 탄소중립에 기여하기 위한 프로그램으로 '에너지 전환 촉진'과 '저탄소 산업구조 촉진'이 있다. '저탄소 산업구조 촉진' 프로그램은 2021년 하반기 중 정식 출시를 예정으로 진행되었다.

[표 10-2] 한국수출입은행의 글로벌 Net-Zero 촉진 프로그램

구분	에너지 전환 촉진	저탄소 산업구조 촉진
개요	신재생에너지 발전 및 신재생에너지를 사용하기 위한 전력 계통 구축활동 지원	저탄소경제구조로의 전환을 위해 기업의 탄소배출량 저감에 기여하는 활동 지원
지원 대상	신재생에너지 발전 및 계통 관련 사업으로 전환 또는 영위하는 기업	·**국내 차주**: 온실가스 배출권 할당 대상 및 목표 관리 대상업체 ·**해외 차주**: 탄소배출 감축을 위한 활동을 통해 배출량을 감축한 기업
우대 사항	수수료 우대[인증(사전)비용에 상응하는 금액 범위 내]	탄소배출 감축 비율에 따라 금리 우대

자료: 한국수출입은행 홈페이지.

'그린성장 촉진 프로그램'은 우리나라 기업의 친환경 경영 촉진과 비즈니스를 통한 환경문제 개선에 기여하기 위한 프로그램으로 '환경성과 우수기업 우대 지원 프로그램'과 '그린론 프로그램'이 있다. '환경성과 우수기업 우대 지원 프로그램'도 2021년 하반기 중 정식 출시를 예정으로 진행되었다.

[표 10-3] 한국수출입은행의 그린성장 촉진 프로그램

구분	환경성과 우수기업 우대 지원	그린성장 촉진
개요	환경관리수준지표가 전년 대비 개선된 기업에 대한 지원	녹색여신원칙(Green Loan Principles)에 의거하여 환경성과를 창출하는 대상사업에 자금을 사용하는 기업에 대한 대출
지원 대상	enVinance 평가대상 기업 중 환경관리수준지표별 점수가 전년 대비 향상된 중소기업의 수출 및 수입 관련 대출	환경성과를 창출하는 사업에 자금을 조달하고자 하는 기업
우대 사항	지표 향상에 따라 금리 우대	수수료 우대(인증(사전)비용에 상응하는 금액 범위 내)

자료: 한국수출입은행 홈페이지.

환경성과 우수기업 우대 지원 프로그램은 한국환경산업기술원의 녹색경영기업 금융지원시스템enVinance의 기업 환경성 평가정보를 활용한다. 한국환경산업기술원은 정부가 보유한 19개 환경 DB에서 환경정보를 수집·분석하여 개별 기업에 AAA부터 C까지 9개의 등급을 부여하고 이를 금융권에 제공하며, 금융기관은 이를 여신업무에 활용한다. 2017년 1월부터 환경부에 의해 시행되고 있으며, 현재 10개 은행과 2개 보증보험사가 정보를 제공받고 있다. 우수등급을 받은 기업은 금융권

에 여신 신청 시 혜택을 받을 수 있다. 2020년 기준으로 38,340개 기업을 평가했다. [1]

우리나라 정부는 2020년 7월 14일, 사회 전반을 디지털 혁신 및 저탄소·친환경 구조로 대전환하기 위해 「한국판 뉴딜 종합계획」을 발표했다. 이를 지원하기 위해 한국수출입은행은 「K-뉴딜 금융 지원 프로그램」을 마련하고, K-뉴딜 7대 중점 분야를 선정하여 2021년부터 10년간 총 80조 원의 자금을 지원할 계획이다. 그린뉴딜에 해당하는 분야는 '2차전지·ESS', '태양광·풍력', '수소에너지', '미래 모빌리티' 등이다.

2차전지 산업은 충전하여 재사용이 가능하다는 특징이 있으며, 에너지 저장장치Energy Storage System 산업은 신재생에너지의 불규칙성을 보완하기 위해 필수적으로 요구되는 산업이다. 한국수출입은행은 이들 산업에 향후 10년간 총 12조 원을 지원할 계획이다. 태양광산업과 풍력산업은 탈석탄 이후의 대표적인 신재생에너지로서 향후 급성장이 기대된다. 특히 풍력발전의 경우에는 이산화탄소 배출이 없다는 점에서 매력적이며, 시장 규모의 확대 및 설비의 대형화에 따라 대규모 자금 지원이 요청되는 분야다. 한국수출입은행은 이들 산업에 향후 10년간 총 10.7조 원을 지원하려고 한다. 수소에너지 산업은 차세대 에너지원인 수소 관련 기술개발 및 시설투자 등을 지원하는 것을 목표로 하며, 향후 10년간 총 10.7조 원을 배정했다.

미래 모빌리티 산업은 전기차와 LNG 선박 등 친환경 이동수단 관련 기술개발, 해외투자 등을 지원하는 분야다. 휘발유나 경유 등 화석연료를 사용하는 내연기관 자동차와 벙커C유를 사용하는 선박에서 전기차와 LNG 선박 등 친환경 이동수단으로 급속히 전환되고 있다. 특히 유럽연합EU 주요 국가들은 2030년부터 내연기관 자동차에 대한 판매를 금지하고 있으며, 국제해사기구IMO는 선박에서 사용하는 연료유의 황 함유량을 대폭 강화하여 2020년부터 적용하고 있다. 한국수출입은행은 자율주행차, 전기차, LNG 추진 선박엔진, 친환경 선박의 건조 및 수출 등에 향후 10년간 총 17.5조 원을 지원하기로 결정했다.

2

민간금융기관

　자동차·제철·석유화학·조선업 등 탄소배출량이 많은 중후장대 제조업 중심의 국내 산업구조를 고려해보면, 아직 민간 분야에서 기후금융에 대한 본격적인 대응이 다소 미흡한 것은 충분히 이해할 수 있다. 하지만 전 세계적으로 탈석탄·탈탄소 등 친환경 산업구조로 재편해야 한다는 요구가 거센 현실에서 친환경 금융으로의 전환은 피할 수 없는 흐름이다. 국내 민간금융기관 중에는 신한금융지주와 KB금융지주에서 선도적인 역할을 담당하고 있다.

1_ 신한금융지주

　신한금융지주는 2018년 'ECO 트랜스포메이션 20·20'이라는 중장기

친환경 비전을 선포하고, 국내 금융기관 최초로 TCFD 권고안 지지기관에 서명했다. 이어 2019년 9월에는 UN 책임은행원칙United Nations Principles for Responsible Banking; UN PRB에 공식적으로 참여했는데, UN 책임은행원칙은 파리협정과 UN 지속가능개발목표UN Sustainable Development Goals; UN SGDs 이행에 필요한 금융업의 책임과 역할을 규정한 국제협약이다. 2019년 12월에는 국내 금융사 최초로 「기후변화 대응원칙」을 수립하고 선포했다.

신한금융지주는 'Finance for IMPACT'라는 원칙하에 5대 IMPACT 과제를 설정하여 금융의 긍정적 영향은 확대하고Positive IMPACT up 부정적 영향은 최소화하는Negative IMPACT down 것을 경영원칙으로 삼고 있다. IMPACT 1은 TCFD 권고안에 기반한 'Zero Carbon Drive'로 설정하여 그룹 자체의 탄소배출량은 2043년까지, 그룹자산 포트폴리오의 탄소배출량은 2050년까지 Net Zero를 달성하는 것을 목표로 하고 있다. 이를 위해 2018년 5월 국내 금융기관 최초로 '환경·사회 리스크 관리 모범규준'을 수립하고 국내 탄소배출권 할당 대상업체와 온실가스·에너지 목표 관리업체 1,042개 회사의 탄소배출량을 데이터베이스로 구축하여 관리하고 있다. 2020년 9월에는 한국산업은행에 이어 국내 두 번째로 적도원칙에 가입했고, 친환경 대출과 투자를 통해 2020년에 총 2조 6,160억 원을 신규 지원했으며, 2020년부터 2030년까지 총 30조 원을 투입할 계획에 있다. [2]

2_ KB금융지주

KB금융지주는 'KB GREEN WAVE 2030'이라는 전략목표하에 2030년 까지 그룹 탄소배출량을 2017년 대비 25% 감축하고, 2019년 현재 11조 10억 원이었던 친환경 상품·투자·대출 규모를 2030년까지 50조 원으로 확대하는 것을 목표로 하고 있다. 지난 2020년 9월에는 국내 금융기관 최초로 신규 석탄화력발전소 건설에 투자하지 않겠다는 '탈석탄 금융 선언문'을 발표하고 관련 PF 대출 및 채권 인수도 중지했다.

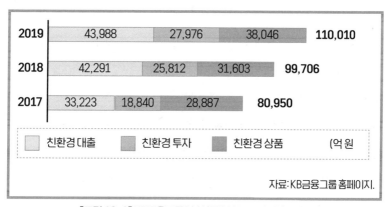

[그림 10-1] KB금융그룹의 친환경 상품·투자·대출 규모

KB금융그룹은 신재생에너지, 수자원 관리 등과 같은 분야에 집중하고 있으며, 2019년 말 현재 대표적인 친환경 상품·투자·대출은 다음과 같다.

[표 10-4] KB금융그룹의 친환경 상품·투자·대출

(단위: 억 원)

분류	세부 분류	주요 상품명	상품 설명	금액
상품	친환경 교통수단	한국투자글로벌전기차& 배터리증권투자신탁(주식)	국내외 전기차 및 배터리 관련 기업 주식 및 ETF 등에 투자	458
	신재생 에너지	신재생에너지 KB칠레Solar Energy 전문투자형 사모특별자산투자신탁	칠레 태양광에너지 발전소 설립을 위한 투자자금 조성	564
	지속가능한 수자원 관리	삼성글로벌Water증권자투자신탁 제1호(주식-재간접형)	하수처리, 인프라, 정화기술 등 수자원 및 물과 관련된 글로벌 기업 주식에 투자	23
투자	신재생 에너지	KB무안햇빛발전소전문투자형 사모특별자산투자신탁	무안 햇빛발전소 설립을 위한 투자자금 조성	910
		KB스페인태양광에너지전문투자형 사모특별자산투자신탁	스페인 태양광에너지 발전소 설립을 위한 투자자금 조성	898
		한화에너지 그린본드(RP)	친환경 프로젝트에 소요되는 자금 조달을 목적으로 한 외화채권(그린본드) 발행의 지급보증 참여	879
	지속가능한 수자원 관리	KB한반도BTL사모 특별자산투자신탁 제1호	효율적 수자원 활용을 위한 하수관거 정비사업 등 투자자금 조성	2,150
		KB국토사랑BTL 사모특별자산투자신탁 제1호	효율적 수자원 활용을 위한 하수관거 정비사업 등 투자자금 조성	2,072
대출	신재생 에너지	KB태양광발전사업자 우대대출	태양광발전사업을 영위하는 발전 사업자에게 한도 우대하여 전력판매 및 공급인증서 매매대금으로 상환하는 방식의 대출상품	959
	친환경 건물	그린 리모델링 협약대출	에너지 성능 개선을 위한 리모델링 시 대출이자 지원	229
	에너지 효율화	에너지이용 합리화자금	에너지절약합리화사업에 필요한 소요자금을 한국에너지공단에서 운용/관리하는 에너지이용합리화자금을 차입하여 지원하는 대출	3197
	환경오염 방지	환경산업육성자금/환경개선자금	오염방지시설 설치 등을 위해 한국환경산업기술원의 자금을 차입하여 지원	470

자료: KB금융그룹(2019), "KB금융그룹 지속가능경영보고서".

신한금융지주와 마찬가지로 KB금융지주 또한 UN 책임은행원칙에 가입하여 자가평가 보고서를 발행하고 있으며, 2021년 2월에는 적도 원칙에 가입하고 4월에는 탄소회계금융협의체Partnership for Carbon Accounting Financials; PCAF에 가입하여 대출과 투자상품 관련 온실가스 배출량을 측정·공시하는 방법론을 개발하기 위해 노력하고 있다. KB 금융그룹은 기후변화위험이 산업에 미치는 영향을 고려하여 시나리오 분석을 수행하고 그 결과를 바탕으로 고탄소 배출 산업군 6개를 식별하여 포트폴리오를 관리하고 있다.

[표 10-5] KB금융그룹의 고탄소 배출 산업군 분류

관리 수준	산업명	탄소리스크 영향도
집중관리 섹터	발전·에너지	·탄소배출 감축을 위해 신재생에너지 비중을 확대하여 대응 필요 ·파리협약 준수를 위해 석탄발전 이용률의 지속적인 감소 전망
유의 섹터	철강	·제조업 중 가장 많은 온실가스를 배출하는 산업 ·친환경 제품 개발, 미세먼지 저감설비 확대 등 온실가스의 적극적 관리 필요
	석유화학	·석유화학은 사업군이 넓고 24시간 가동이 불가피한 산업 ·탄소배출권 구입의 원가 반영, 배출권 시장의 전략적 참여로 탄소리스크 관리
관심 섹터	정유	원유 수요 감소에 따른 배터리 등 사업 다각화 시도 및 탄소저감장치 등 설비투자 필요
	시멘트	·시멘트 제조 공정상 배출이 60%를 차지하고 있어 개선이 어려움 ·탄소배출권 무상할당 업종 기준 변경으로 업계 부담 증가 전망
	폐기물 처리업	·탄소배출 감축목표 달성을 위해 상당한 재무적 영향 감내 필요 ·산업 내 중소법인 비중이 높아 대응 여력이 많지 않음

자료: KB금융그룹(2019), "KB금융그룹 지속가능경영보고서".

2017년 필립스의 ESG등급과 금리를 연동한 것을 계기로, 글로벌 금

융사들은 차주의 지속가능 성과목표 달성 여부를 금리와 연동한 지속 가능연계대출Sustainability-Linked Loan; SLL을 출시하여 운용하고 있는데, 이는 외부 평가기관의 평가 결과를 금리와 연동하는 방식이다. 우리나라에서는 국민은행이 2021년 4월 1일부터 'KB Green Wave_ESG 우수기업대출'을 판매하고 있다. 국민은행이 선정한 ESG 평가기준 충족 시 우대금리를 제공하는 상품으로, 한국수출입은행과 마찬가지로 한국환경산업기술원의 기업 환경성 평가정보 등급을 이용하며, BBB 등급 이상인 기업에는 우대금리 0.4%p가 적용된다.

3_ 우리금융그룹

우리금융그룹은 2020년 12월 13일 '2050 탄소중립 금융그룹'을 선언하고 그 시작으로 '탈석탄금융' 선언에 동참했다. 이에 따라 석탄발전소 건설 관련 신규 PF는 중단하고 기실행된 대출도 만기 시점에는 연장이나 리파이낸싱하지 않고 가급적 회수할 방침이다. 체계적인 ESG 경영을 위해 그룹사 CEO들로 구성된 '그룹ESG경영협의회'와 이사회 내에 'ESG경영위원회'를 신설하여 ESG 경영을 추진할 예정이다.

4_ 하나금융그룹

하나금융그룹은 2021년 3월 10일, 탄소중립 및 탈석탄금융을 선언하고 '하나금융그룹 지속가능금융체계Hana-Taxonomy'를 개발하여 여신 심사 등에 활용하기로 했다. 저탄소 경영체제 이행을 촉진하기 위한 중장기 ESG 추진목표로는 '2030&60'과 'ZERO&ZERO'를 설정했다. '2030&60' 목표는 2030년까지 녹색 및 지속가능 부문에서 60조 원의 실적을 달성하는 것이다 채권 25조 원, 여신 25조 원, 투자 10조 원. 2021년 6월 현재까지 3조 5,378억 원의 ESG 채권이 발행되었으며, 2021년 3월 1,000억 원 규모의 '그린론'을 국내 최초로 주선했다. 이러한 그린론은 국내 풍력발전 프로젝트에 사용된다. 'ZERO&ZERO' 목표는 현재 68,957톤의 사업장 탄소배출량과 여신약정금액 기준으로 4,488억 원에 달하는 석탄 PF 대출잔액을 2050년까지 제로 수준으로 감축하는 것이다. 하나금융지주는 2021년 중으로 '적도원칙'에도 가입하는 것을 목표로 하고 있다.

5_ 농협금융지주

농협금융지주는 2021년 2월 3일, ESG 경영체제로의 전환을 의미하는 'ESG Transformation 2025' 비전을 선포하고 동시에 석탄발전소 건설 관련 신규 PF 대출과 채권투자 등을 중단하겠다는 '탈석탄금융'을 선언했다. 조직 내에 '사회가치 및 녹색금융위원회'와 'ESG전략협의회'를 설치했으며, '그린 임팩트 금융'과 '농업 임팩트 금융' 등 2가지 전략으로 신재생에너지 투자와 친환경 농업 및 농식품기업을 지원할 계획이다. 농협은행은 2021년 3월 녹색성장에 기여하는 법인에 환경성평가등급,

친환경인증, 신용평가등급 등에 따라 대출한도 및 우대금리를 제공하는 대출상품인 'NH친환경기업우대론'을 출시했다. 이때 환경성평가등급은 한국수출입은행, 국민은행과 마찬가지로 한국환경산업기술원의 기업 환경성 평가정보 등급을 이용하며, 최대 연 1.5%p의 우대금리가 제공된다.

6_ BNK금융그룹

2011년 지방은행 최초로 금융지주회사로 출발한 BNK금융그룹은 금융지주는 물론 은행 이사회 내에도 ESG위원회를 설치했다. 이는 BNK금융그룹이 부산은행과 경남은행의 2개 은행으로 운영되기 때문으로 보인다. 우선 기후변화 대응을 위해 TCFD, CDP 가입 등을 고려하고 있다. 2021년 6월, 부산은행이 ESG우수기업대출이라는 대출상품을 출시하여 대출한도와 대출금리를 우대하고 있다(최대 연 0.8%). 앞서 언급한 금융기관들과 마찬가지로 한국환경산업기술원의 환경평가등급을 이용하며, BBB등급 이상인 기업들이 대상이다. 경남은행은 2021년 4월에 1,000억 원 규모의 ESG채권을 발행했다.

7_ 탈석탄금융과 보험산업

탈석탄 정책은 보험회사의 경영 정책에도 지대한 영향을 미친다.

2021년 6월 7일, 24개 기후·환경단체가 연대한 네트워크 '석탄을 넘어서'는 11개 주요 손해보험사들에게 석탄발전소 건설과 운영에 관한 보험을 계속 제공할 것인지 질의하고 공식 답변을 받았다.

2021년 6월 24일 기준으로 현대해상, 하나손해보험, DB손해보험, 한화손해보험, 흥국화재 등 5개 보험사는 신규 석탄발전소에 대해 건설은 물론 운영에 관한 보험까지 전면 중단을 선언했다. 삼성화재, 농협손해보험은 건설에 관한 보험만 중단한다고 답변했으며, KB손해보험, 메리츠화재, MG손해보험, 롯데손해보험은 아무런 답변을 하지 않았다. '석탄을 넘어서'는 현재 강원도 삼척에 건설 중인 석탄화력발전소 이후로 우리나라에 신규 석탄화력발전소의 건설계획은 없으므로 건설에 관한 보험인수 중단 선언은 큰 의미가 없다고 주장한다.

삼척 석탄화력발전소 1, 2호기는 포스코그룹 계열사인 (주)삼척블루파워에서 건설 중이며, NH투자증권이 1,000억 원 규모의 3년 만기 회사채 발행에 대한 주관업무를 맡고 있다. 회사채 발행금액은 전액 건설비용에 투입될 예정이었으나, 2021년 6월 17일 기관투자자를 대상으로 실시한 수요조사에서 단 한 곳도 매수 의사를 표시하지 않았다. 해당 회사채의 신용등급이 'AA-'로 양호함에도 불구하고 매각대상을 찾지 못한 것인데, 석탄화력발전소에서 배출할 대기오염물질에 대한 지역주민들의 반발과 탈석탄이라는 세계적인 추세에 위배되기 때문으로 보인다. 남은 모집 절차에서도 매각이 불발된다면 발행주관사인 NH투자증권과 5개 증권사 인수단KB증권, 미래에셋대우, 신한금융투자, 키움증권, 한국투자증권이 발행채권 전액을 인수해야 한다.

'석탄을 넘어서'의 캠페인 결과에 따르면, 국내 30대 자산운용사 중

26개사 전체 채권 규모의 88.6%에 해당가 삼척 석탄화력발전소에 투자하지 않을 예정이다. 총액인수확약에 따라 NH투자증권과 5개 증권사가 우선 회사채 전량을 인수한다 하더라도 향후 제3자 매각에 상당한 어려움이 있을 것으로 예상된다.

[표 10-6] 국내 손해보험사가 한전 자회사 석탄발전소에 제공하는 보험 규모

(단위: 억 원)

보험사	석탄발전소 보험제공 규모
삼성화재	150,390
DB손해보험	119,750
현대해상	106,330
KB손해보험	68,277
메리츠화재	47,713
한화손보	36,832
농협손보	20,375
롯데손해보험	14,903
흥국화재	13,667
하나손해보험	11,514
MG손해보험	2,260

자료: 더불어민주당 국회의원 이소영, 연합뉴스 탈석탄 단체
"손보사 4곳, 석탄발전 보험 전면 중단", 2021.6.22.

주석

머리글: 기후금융, 어떻게 준비할 것인가?

1) PCC (2021), "Summary for Policy Makers in Climate Change 2021: The Physical Science Basis".

2) WMO (2021), "WMO Atlas of Mortality and Economic Losses from Weather, Climate and Water Extremes (1970-2019)".

3) https://www.pnas.org/content/118/41/e2024792118

4) Tellman, B., Sullivan, J.A., Kuhn, C. et al. (2021), "Satellite imaging reveals increased proportion of population exposed to floods", Nature 596, 80-86, https://doi.org/10.1038/s41586-021-03695-w

5) William W.L. Cheung, Thomas L. Frölicher, Vicky W.Y. Lam, Muhammed A. Oyinlola, Gabriel Reygondeau, U. Rashid Sumaila, Travis C. Tai, Lydia C.L. Teh, Colette C.C. Wabnitz (2021), "Marine high temperature extremes amplify the impacts of climate change on fish and fisheries", Science Advance, Vol. 7 (40).

6) Erin L. Meyer-Gutbrod, Charles H. Greene, Kimberley T.A. Davies, David G. Johns (2021), "Ocean Regime Shift is Driving Collapse of the North Atlantic Right Whale Population", Oceanography, Vol. 34 (3) p. 22-31.

7) GCRMN (2021), "Status of Coral Reefs of the World: 2020-Executive Summary", p. 19.

8) Fabio Benedetti, Meike Vogt, Urs Hofmann Elizondo, Damiano Righetti, Niklaus E. Zimmermann & Nicolas Gruber (2021), "Major restructuring of marine plankton assemblages under global warming", Nature Communications, 12, 5226.

9) Maduna Simo Njabulo, Aars Jon, Fløystad Ida, Klütsch Cornelya F.C., Zeyl Fiskebeck Eve M.L., Wiig Øystein, Ehrich Dorothee, Andersen Magnus, Bachmann Lutz, Derocher Andrew E., Nyman Tommi, Eiken Hans Geir and Hagen Snorre B. (2021), "Sea ice reduction drives genetic

differentiation among Barents Sea polar bears", Proceedings for Royal Sciety B. Vol. 288.

10) https://news.joins.com/article/23409958

11) https://19january2017snapshot.epa.gov/climate-impacts/climate-impacts-human-health_.html

12) https://ko.wikipedia.org/wiki/생태학적_난민

13) https://ec.europa.eu/info/strategy/priorities-2019-2024/european-green-deal/finance-and-green-deal_en

14) https://www.bloomberg.com/news/articles/2020-12-15/getting-the-u-s-to-zero-carbon-would-cost-2-5-trillion-by-2030

15) https://www.scmp.com/economy/china-economy/article/3125904/chinas-carbon-neutral-transformation-could-cost-us64-trillion

16) 기획재정부(2021.7.13), "정부 합동「한국판 뉴딜 2.0 추진계획」발표", 보도자료.

17) OECD/IEA&IRENA(2017), "Perspective for the Energy Transition: Investment Needs for a Low-Carbon Energy System".

18) https://www.thegef.org/sites/default/files/events/Intro%20to%20Green%20Finance.pdf

19) The Economist Intelligence Unit (2015), "The cost of inaction: Recognising the value at risk from climate change".

20) 금융안정화위원회(Financial Stability Board, FSB): G20이 부여한 과제에 따라 금융 분야 규제·감독에 관한 국제기준 등을 조율·마련하고 금융당국 간의 협력을 강화하기 위한 국제기구.

21) https://www.fsb-tcfd.org/

22) https://www.mainstreamingclimate.org/ngfs/

1장_ 기후변화의 이해

1) IPCC(2014a), p.119.

2) 위키백과, "태양복사", 검색일: 2021.7.8; 위키백과, "태양", 검색일:

3) 기상청(2020a), p.5.

4) 정회성, 정회석(2016), pp.45-46.

5) 기상청(2020a), p.5.

6) 정회성, 정회석(2016), p.54, p.57.

7) 기상청(2020a), p.6., 정회성, 정회석(2016), p.57, p.59.

8) 기상청(2020a), p.6.

9) 전의찬 외(2016), pp18-19

10) 기상청(2020a), p.15.

11) 전의찬 외(2016), p.17, p35.

12) 이한성(2011), pp.15-16.

13) 전의찬 외(2016), p.23.

14) 정회성, 정회석(2016), pp.61-62.

15) 국립기상과학원(2020), p.70.

16) 기상청(2020a), p.8.

17) 기상청(2020a), p.52, p.54.

18) 기상청(2020a), p.7.

19) 정회성, 정회석(2016), p.63.

20) 최재천, 최용상 엮음(2011), p.32.

21) 기상청(2020b), p.9.

22) IPCC(2018), p.6.

23) 기상청(2020b), p.12.

24) IPCC(2014a), p.40.

25) 기상청(2020a), p.42.

26) 전의찬 외(2016), p.23.

27) 기상청(2020a), p.17, p.19.

28) 정회성, 정회석(2016), p.66.

29) Cripps Institution of Oceanography "The Keeling Curve", 검색일: 2021.7.13.

30) WMO(2021), p.8.

31) 나무위키, "지구온난화", 검색일: 2021.6.20.

32) 기상청(2020a), p.10.

33) 기상청(2020a), p.10.

34) 기상청(2020a), p.7.

35) IPCC(2014a), p.46.

36) UNEP(2020), p.5.

37) 국립기상과학원(2020), p.89.

38) 기상청(2020a), p.18.

39) IPCC(2014a), p.46.

40) UNEP(2020), p.5.

41) WMO(2021), p.12; 국립기상과학원(2020), p.92, 국립기상과학원(2021), p.102.

42) IPCC(2014a), p.46.

43) UNEP(2020), p.5.

44) 기상청(2020a), p.18.

45) 국립기상과학원(2020), p.94.

46) 국립기상과학원(2020), p.94, 국립기상과학원(2021), p.105.

47) 기상청(2020a), pp.48-50.

48) IPCC(2014a), p.42.

49) IPCC(2014a), p.51, p.130.

50) 최재천, 최용상 엮음(2011), p.33.

51) IPCC(2014a), p.42.

52) 기상청(2020a), p.50.

53) 관계부처합동(2021), p.41.

54) 전의찬 외(2016), pp. 53-54.

55) 연합뉴스, "세계 최대 빙산 남극서 떨어져나왔다", 검색일: 2021. 7. 13.

56) 주간조선, "남극서 분리된 세계 최대 빙산 A-76의 운명", 검색일: 2021. 7. 13.

57) 나무위키, "지구온난화", 검색일: 2021. 6. 20.

58) 정회성, 정회석(2016), p. 134, p. 136.

59) WMO(2021), p. 12.

60) 기상청(2020a), p. 43.

61) 기상청(2020b), p. 18; 정회성, 정회석(2016), p. 134, p. 136.

62) 기상청(2020a), pp. 41-42.

63) 정회성, 정회석(2016), p. 119, pp. 133-134.

64) 기상청(2020a), p. 44.

65) IPCC(2018), p. 37.

66) 기상청(2020a), p. 44.

67) IPCC(2018), p. 53.

68) 기상청(2020c), p. 3.

69) IPCC(2018), p. 53.

70) 기상청(2020c), p. 3.

71) IPCC(2014a), p. 53.

72) 관계부처합동(2021), p. 45, p. 47.

73) 관계부처합동(2021), p. 49.

74) 관계부처합동(2021), p. 53; 이데일리, "중국 홍수 이재민", 검색일: 2021. 6. 20.

75) 관계부처합동(2021), p. 55.

76) 관계부처합동(2021), pp. 58-59.

77) 관계부처합동(2021), pp. 14-37.

78) IPCC(2018), p. 7.

79) IPCC(2018), p. 6.

80) 기상청(2020b), p.16, p.18.

81) 기상청(2020b), p.21.

82) 정회성, 정회석(2016), p.102, p.105, p.209.

83) 정회성, 정회석(2016), pp.207-208.

84) 기상청(2020b), p.24.

85) 산업통상자원부, 한국에너지공단(2020), p.393, pp.906-907; 정회성, 정회석(2016), p.292.

86) 산업통상자원부, 한국에너지공단(2020), pp.884-914.

87) 네이버 지식백과, "수소", 검색일: 2021.7.5; 네이버 지식백과, "수소 생산 방식", 검색일: 2021.7.5; 네이버 지식백과, "수소 에너지", 검색일: 2021.7.5.

88) 대한민국정부(2020), p.64.

89) 전의찬 외(2016), pp.357-358.

90) 대한민국정부(2020), p.80.

91) IEA(2021), pp.196-197, p.199.

92) 대한민국정부(2020), pp.62-63.

93) 정회성, 정회석(2016), pp.217-219.

94) 대한민국정부(2020), p.62, pp.87-89.

95) 대한민국정부(2020), p.94.

96) 정회성, 정회석(2016), p.260.

97) UNFCCC, "What do adaption to climate change and climate resilience mean?", 검색일: 2021.7.5.

98) 정회성, 정회석(2016), p.262.

99) UNFCCC, "What do adaption to climate change and climate resilience mean?", 검색일: 2021.7.5.

100) 정회성, 정회석(2016), p.274.

101) C40 Cities Climate Leadership Group(2016), p.13, p.19.

102) 정회성, 정회석(2016), pp.274-278.

1) UNEP(2016), "UNEP Inquiry. Definitions and Concepts: Background Note", p. 11.

2) UNFCCC(2014), "Summary and recommendations by the Standing Committee on Finance on the 2014 biennial assessment and overview of climate finance flows", p. 2

3) https://www.investopedia.com/terms/c/climate-finance.asp

4) Thompson, S. (2021), "Green and Sustainable Finance; Principles and Practice", Kogan Page, p. 6.

5) Nannette Lindenberg (2014), "Definition of Green Finance", German Development Institute.

6) https://assets.bbhub.io/company/sites/60/2020/10/FINAL-2017-TCFD-Report-11052018.pdf, p. 5-7.

7) TCFD (2017), "Recommendations of the Task Force on Climate-related Financial Disclosures", p. 6-7.

8) Fawkes, S., Oung, K., Thorpe, D., (2016), "Best Practices and Case Studies for Industrial Energy Efficiency Improvement—An Introduction for Policy Makers", p. 31-32.

9) IRENA (2019), "Global energy transformation: A roadmap to 2050 (2019 edition)", International Renewable Energy Agency, Abu Dhabi. p. 11.

10) Batten, S. (2018), "Staff Working Paper No. 706: Climate change and the macro-economy: a critical review", Bank of England, p. 5.

11) New York Times, (2018), "U.S Climate Report Warns of Damaged Environment and Shrinking Economy", November, 23, 2018. 보고서 원문은 https://nca2018.globalchange.gov/downloads/NCA4_2018_FullReport.pdf 참조.

12) TCFD (2017), "Recommendations of the Task Force on Climate-related

Financial Disclosures", p.8 자세한 내용은 https://www.sasb.org/standards/materiality-map/ 참조.

13) NGFS (2019b), "Macroeconomic and Financial Stability: Implications of Climate Change, NGFS Technical Supplement to the First Comprehensive Report", July 2019.

14) Batten, S. (2018), "Staff Working Paper No. 706: Climate change and the macro-economy: a critical review", Bank of England, p.7.

15) TCFD (2017), "Recommendations of the Task Force on Climate-related Financial Disclosures", p. 9.

16) NGFS (2019a), "A Call for Action: climate change as a source of financial risk", p.13.

17) https://www.globenewswire.com/news-release/2018/02/12/1339285/0/en/Jupiter-Launches-Climate-Data-Analytics-and-Technology-Platform-to-Predict-and-Manage-Weather-and-Climate-Change-Risks.html

18) https://www.zillow.com/research/climate-change-underwater-homes-12890/

19) https://www.insurancejournal.com/news/southeast/2017/08/24/462204.htm

20) https://eiuperspectives.economist.com/sustainability/cost-inaction

21) https://www.munichre.com/topics-online/en/climate-change-and-natural-disasters/natural-disasters/the-natural-disasters-of-2018-in-figures.html

22) BIS (2020), "The green swan: Central banking and financial stability in the age of climate change", p.3.

23) McGlade, C. & Ekins, P. (2015), "The Geographical Distribution of Fossil Fuels Unused When Limiting Global Warming to 2℃", Nature 517 (7533): p.187-190.

24) NGFS (2019), "A call for action: Climate change as a source of financial risk", p.17.

25) DG Treasury, Banque de France, and ACPR. (2017), "Assessing Climate Change-related Risks in the Banking Sector", Directorate General of the Treasury.

26) NGFS (2019a), "A call for action: Climate change as a source of financial risk", p.4.

27) BIS (2020), "The green swan: Central banking and financial stability in the age of climate change", p.16.

28) https://unfccc.int/topics/climate-finance/the-big-picture/introduction-to-climate-finance

29) IPCC (2018), "Global Warming of 1.5℃, Summary for Policymakers", p.33.

30) European Commission (2018), "Action Plan: Financing Sustainable Growth", p.2.

31) OECD (2017), "Mobilising Bond Markets for a Low-Carbon Transition", p.16, https://read.oecd-ilibrary.org/environment/mobilising-bond-markets-for-a-low-carbon-transition_9789264272323-en#page16

32) https://www.banktrack.org/download/banking_on_climate_change_2019_fossil_fuel_finance_report_card/banking_on_climate_change_2019.pdf

33) https://www.ft.com/content/b2470d0b-8e38-3643-bf1e-da042f382057

34) https://www.bankofengland.co.uk/speech/2015/breaking-the-tragedy-of-the-horizon-climate-change-and-financial-stability

35) https://news.un.org/en/story/2021/06/1094762

36) Zhang, Chenghui, Simon Zadek, Ning Chen, and Mark Halle (2015), "Greening China's Financial System", DRC FInance Research Institute and IISD. October 19 2019.

37) UNDP (2011), "Catalyzing Climate Finance: A Guidebook on Policy and Financing Options to Support Green, Low-Emission and Climate-Resilient Development—Version 1.0".

38) UNDP (2011), "Catalyzing Climate Finance: A Guidebook on Policy and Financing Options to Support Green, Low-Emission and Climate-Resilient Development—Version 1.0", p.27.

39) Gallagher, K.S. & Xuan, X. (2018), "Titans of the Climate: Explaining Policy Process in the United States and China", American and Comparative Environmental Policy, Cambridge, Massachusetts: The MIT Press.

40) https://en.wikipedia.org/wiki/Iranian_subsidy_reform_plan

41) CBI (2021), "CLIMATE INVESTMENT OPPORTUNITIES: CLIMATE-ALIGNED BONDS & ISSUERS 2020", p.5.

42) https://www.cdp.net/en/info/about-us/20th-anniversary#34e2d1989a1d bf75cd631596133ee5ee

43) https://assets.publishing.service.gov.uk/government/uploads/system/uploads/attachment_data/file/537293/gib-annual-report-2015-16-web.pdf

3장_ 기후금융의 배경과 동향

1) Nicholas Stern (2006), *The Stern Review: The Economics of Climate Change*, Cambridge University Press.

2) Nicholas Stern (2009), *Blueprint for a Safer Planet: How to Manage Climate Change and Create a New Era of Progress and Prosperity*, Bodley Head.

3) Nicholas Stern (2009), *The Global Deal: Climate Change and the Creation of a New Era of Progress and Prosperity*, PublicAffairs.

4) Network of Greening the Financial System (2020), *NFGS Climate Scenarios for Central Banks and Supervisors*, NGFS.

5) International Monetary Fund (2019), *Fiscal Monitor: How to Mitigate*

Climate Change.

6) Bank for International Settlements (2020), *The green swan: Central Banking and Financial Stability in the Age of Climate Change*.

7) UNEP Finance Initiative, Institute for Sustainability Leadership of University of Cambridge (2014), *Stability and Sustainability in Banking Reform: Are Environmental Risks Missing in Basel III?*

8) BASEL Phase 510, "Must appropriately monitor the risk of environmental liability arising in respect of the collateral, such as the presence of toxic material on a property".

9) Bank of England (2016), *Staff Working Paper No. 603, Let's Talk about the Weather: the Impact of Climate Change on Central Banks.*

10) Financial Stability Board (2017), *Recommendations of the Task Force on Climate-related Financial Disclosures.*

11) Network for Greening the Financial System (2019), *A Call for Action: Climate Change as a Source of Financial Risk.*

12) Network for Greening the Financial System (2020), *Guide for Supervisors: Integrating Climate-related and Environmental Risks into Prudential Supervision.*

4장_ 녹색경제활동 분류체계

1) D. Schoenmaker & W. Schramade (2019), "Principles of Sustainable Finance", p.1

2) D. Schoenmaker & W. Schramade (2019), "Principles of Sustainable Finance", p.29

3) WEF, "The Global Risks Report 2021", p.8.

4) ICMA (2020), "Sustainable Finance High-level definitions", p.5.

5) World Bank Group (2020), "Developing A National Green Taxonomy; A World Bank Guide", p.15.

6) 분류체계의 접근방법에 관해서는 Network for Greening the Financial System (NGFS) (2020), A Status Report on Financial Institutions' Experiences, from working with green, non green and brown financial assets and a potential risk differential 참조.

7) World Bank Group (2020), "Developing A National Green Taxonomy; A World Bank Guide", p. 17~23

8) World Bank Group (2020), "Developing A National Green Taxonomy; A World Bank Guide", p.25.

9) EU (2020), "Taxonomy: Final Report of the Technical Expert Group on Sustainable Finance" 참조.

10) 한국형 녹색분류체계(K-Taxonomy) 가이드라인, 2021. 12. 환경부, 9면

11) Minimum safeguards:

1. The minimum safeguards referred to in point (c) of Article 3 shall be procedures implemented by an undertaking that is carrying out an economic activity to ensure the alignment with the OECD Guidelines for Multinational Enterprises and the UN Guiding Principles on Business and Human Rights, including the principles and rights set out in the eight fundamental conventions identified in the Declaration of the International Labour Organisation on Fundamental Principles and Rights at Work and the International Bill of Human Rights.

2. When implementing the procedures referred to in paragraph 1 of this Article, undertakings shall adhere to the principle of 'do no significant harm' referred to in point (17) of Article 2 of Regulation (EU) 2019/2088.

12) 한국형 녹색분류체계(K-Taxonomy) 가이드라인, 9면

13) 한국형 녹색분류체계(K-Taxonomy) 가이드라인, 10,11면; 4월 가이드 (안)의 10대 분야 81개 경제활동이 6월 가이드(안)에서는 8대 부분 51개 경제활동으로 변경되었고, 10월 기준에서는 총 57개 경제활동으로 변경 되었다가, 최종 가이드라인에서는 64개 활동으로 확정되었다.

14) 한국형 녹색분류체계(K-Taxonomy) 가이드라인, 13면

15) 한국형 녹색분류체계(K-Taxonomy) 가이드라인, 22면

16) 한국형 녹색분류체계(K-Taxonomy) 가이드라인, 37면

17) 한국형 녹색분류체계(K-Taxonomy) 가이드라인, 109면

18) 한국형 녹색분류체계(K-Taxonomy) 가이드라인, 113면

19) 한국형 녹색분류체계(K-Taxonomy) 가이드라인, 115면

20) 한국형 녹색분류체계(K-Taxonomy) 가이드라인, 116면

21) 한국형 녹색분류체계(K-Taxonomy) 가이드라인, 117 내지 120면

22) 한국형 녹색분류체계(K-Taxonomy) 가이드라인, 7면

23) 한국형 녹색분류체계(K-Taxonomy) 가이드라인, 12면

24) TCFD, Final Report "Recommendations of the Task Force on Climate-related Financial Disclosures", 2017.6, 1면

25) TCFD, 위의 책, 2017.6, 2면.

26) Taxonomy: Final report of the Technical Expert Group on Sustainable Finance March 2020, 44면; KDB 산업은행 미래전략연구소, Weekly KDB Report, 2020. 8. 18. EU 분류체계(Taxonomy) 현황과 시사점, 7면

27) European Parliament, amending Directive 2013/34/EU as regards disclosure of non-financial and diversity information by certain large undertakings and groups, 2014.11.15.

28) KITA, EU의 ESG 관련 입법 동향과 시사점, KITA Market Report, 2021. 4. 27, 4면

29) 한국형 녹색분류체계(K-Taxonomy) 가이드라인, 16면

30) 한국형 녹색분류체계(K-Taxonomy) 가이드라인, 16면

5장_ 기후변화 관련 재무공시

1) https://www.ipcc.ch/sr15/

2) World Economic Forum, The Global Risks Report 2021, 2021. 1. 19.

3) https://www.cdp.net/en/research/global-reports/global-climate-change-report-2018

4) https://www.lse.ac.uk/granthaminstitute/news/us2-5-trillion-of-the-worlds-financial-assets-would-be-at-risk-from-the-impacts-of-climate-change-if-global-mean-surface-temperature-rises-by-2-5c/

5) https://www.cnbc.com/video/2020/01/14/blackrock-ceo-larry-fink-climate-change-investing-squawk-box-part-two.html

6) 2017년 12월 설립된 기후 및 환경 관련 금융리스크 관리를 위한 중앙은행 및 감독기구의 자발적 논의체로, 우리나라에서는 한국은행(2019. 11), 금융위원회와 금융감독원(2021. 5)이 가입했다.

7) NGFS, NGFS Climate Scenarios for central banks and supervisors, 2021. 6.

8) https://unfccc.int/news/climate-smart-growth-could-deliver-26-trillion-usd-to-2030-finds-global-commission

9) https://www.climateaction100.org/

10) https://www.ngfs.net/en

11) The Companies Act 2006 (Strategic Report and Directors' Report), Regulations 2013, https://www.legislation.gov.uk/ukdsi/2013/9780111540169/part/3

12) SEC, 2010, 「Commission Guidance Regarding Disclosure Related to Climate Change」 Release Nos. 33-9106; 34-61469; FR.

13) 위의 책.

14) https://ec.europa.eu/commission/presscorner/detail/en/QANDA_21_1806

15) 위의 글.

16) 한국법제연구원, 기후변화리스크 공시시스템의 도입에 관한 연구, 서완

석, 2013. 9. 30.

17) 위의 책.

18) 한국법제연구원, 기후변화 대응을 위한 기후변화영향 평가에 관한 법제 연구, 박기령, 2014.

19) 위의 책.

20) The Companies Act 2006 (Strategic Report and Directors' Report) Regulations 2013, https://www.legislation.gov.uk/ukdsi/2013/9780111540169/part/3

21) Large and Medium-sized Companies and Groups (Accounts and Reports) Regulations 2008, https://www.legislation.gov.uk/uksi/2008/410/contents/made

22) 회사법 2006(전략 보고서 및 이사 보고서) 규정 2013으로 기존의 연차 보고서에 '전략 보고서' 항목이 새롭게 만들어졌고, 회사들은 전략 보고서에서 환경에 대한 회사의 영향을 보고해야 함.

23) The Companies (Directors' Report) and Limited Liability Partnerships (Energy and Carbon Report) Regulations 2018, https://www.legislation.gov.uk/ukdsi/2018/9780111171356

24) 영국 정부, *Environmental Reporting Guidelines: Including streamlined energy and carbon reporting guidance*, 2019. 3.

25) 2021년 7월 기준, CDP 홈페이지(https://www.cdp.net/en/info/about-us/what-we-do) 자료 참고.

26) 위의 글.

27) https://www.kosif.org/

28) https://kosif.azurewebsites.net/cdp/cdp-2/

29) Avery Fellow, "Investors Demand Climate Risk Disclosure", Bloomberg, 2013. 2.

30) TCFD, Final Report: Recommendations of the Task Force on Climate-related Financial Disclosures, 2017. 6.

31) 지속가능성회계기준위원회, SASB Climate Risk Technical Bulletin#:

TB001-10182016, 2016.10.

32) 2009년 4월 설립된 글로벌 금융규제 협의체로, G20의 요청에 따라 글로벌 금융시스템의 안정성을 제고하기 위한 금융규제 국제기준 및 권고안을 개발하고 있다. 2021년 현재, 총 24개 회원국 및 EU 중앙은행, 국제기구(BCBS, IOSCO, IAIS, IMF, WB 등)가 회원기관으로 참여하고 있다. 한국의 경우 금융위원회와 한국은행이 참여하고 있다.

33) https://assets.bbhub.io/company/sites/60/2020/10/FINAL-2017-TCFD-Report-11052018.pdf

34) https://assets.bbhub.io/company/sites/60/2020/10/FINAL-TCFD-Annex-Amended-121517.pdf

35) https://assets.bbhub.io/company/sites/60/2021/03/FINAL-TCFD-Technical-Supplement-062917.pdf

36) https://assets.bbhub.io/company/sites/60/2020/09/2020-TCFD_Guidance-Scenario-Analysis-Guidance.pdf

37) https://assets.bbhub.io/company/sites/60/2020/09/2020-TCFD_Guidance-Risk-Management-Integration-and-Disclosure.pdf

38) https://assets.bbhub.io/company/sites/60/2021/07/2021-Metrics_Targets_Guidance-1.pdf

39) https://assets.bbhub.io/company/sites/60/2021/05/2021-TCFD-Portfolio_Alignment_Technical_Supplement.pdf

40) https://assets.bbhub.io/company/sites/60/2021/07/2021-TCFD-Implementing_Guidance.pdf

41) https://www.fsb-tcfd.org/supporters/

42) https://www.tcfdhub.org/

43) https://www.reuters.com/business/environment/g7-backs-making-climate-risk-disclosure-mandatory-2021-06-05/

44) 유럽위원회, *Consultation Document on the update of the non-binding guidelines on non-financial reporting*, 2019.6.

45) TCFD, *Final Report: Recommendations of the Task Force on Climate-related Financial Disclosures*, 2017.6.

46) 위의 책.

47) 위의 책.

48) Defining 'Material' Climate Risks, MIT Sloan Management Review, 2017.3.16.

49) Breaking the Tragedy of the Horizon—climate change and financial stability, 마크 카니 연설, 2015.9.29.

50) https://eur-lex.europa.eu/legal-content/EN/TXT/?uri=CELEX:52017XC0705(01)

51) https://nextlevelsustainability.com/reporting-tcfd-recommendations/

52) Group of Five는 탄소정보공개프로젝트(Climate Disclosure Project; CDP), 탄소정보공개기준위원회(Carbon Disclosure Standards Board; CDSB), 국제보고이니셔티브(Global Reporting Initiative; GRI), 국제통합보고위원회(International Integrated Reporting Council; IIRC), 지속가능성회계기준위원회(Sustainability Accounting Standards Board; SASB)를 말한다.

53) https://tnfd.info/news/g7-backs-new-taskforce-on-nature-related-financial-disclosures/

54) https://tcfd-consortium.jp/pdf/en/news/20081201/TCFD_Guidance_2_0-e.pdf

55) https://corporatereportingdialogue.com/

56) https://corporatereportingdialogue.com/wp-content/uploads/2016/03/Statement-of-Common-Principles-of-Materiality.pdf

57) https://corporatereportingdialogue.com/wp-content/uploads/2019/09/CRD_BAP_Report_2019.pdf

58) https://www.tcfdhub.org/Downloads/pdfs/E18%20-%20Fundamental%20principles.pdf

59) 위의 글.

60) https://assets.bbhub.io/company/sites/60/2021/07/2021-TCFD-Status_Report.pdf

61) 위의 글.

62) 위의 글.

63) https://www.ey.com/en_gl/climate-change-sustainability-services/risk-barometer-survey-2021

64) 위의 글.

65) https://www.esgtoday.com/swiss-financial-regulator-sets-mandatory-climate-disclosure-for-banks-and-insurers/

66) https://environment.govt.nz/what-government-is-doing/areas-of-work/climate-change/mandatory-climate-related-financial-disclosures/

67) https://www.bankofengland.co.uk/speech/2015/breaking-the-tragedy-of-the-horizon-climate-change-and-financial-stability

68) https://assets.publishing.service.gov.uk/government/uploads/system/uploads/attachment_data/file/933782/FINAL_TCFD_REPORT.pdf

69) https://assets.publishing.service.gov.uk/government/uploads/system/uploads/attachment_data/file/972422/Consultation_on_BEIS_mandatory_climate-related_disclosure_requirements.pdf

70) https://www.sec.gov/news/public-statement/lee-climate-change-disclosures

71) https://www.sec.gov/news/speech/gensler-pri-2021-07-28

72) EUROPEANCOMMISSION,COMMUNICATION FROM THE COMMISSION, Guidelines on non-financial reporting: Supplement on reporting climate-related information, (2019/C209/01).

73) NFRD는 공시에 Comply or Explain(원칙적 준수, 예외적 설명) 원칙을 적용했는데 CSRD에서는 이 원칙이 미적용되었으며 공시 내용이 질적·양적으로 대폭 확대되었고, 의무공시 적용 기업의 범위도 확대되었다. 보고해야 하는 항목은 환경과 사회, 그리고 지배구조로 구분되었고 환경 부분은

기후변화 완화 및 적응 이슈를 포함하여 총 6가지 항목으로 세분되었다.

74) 법무법인 광장, EU의 ESG 규제 주요 내용과 시사점, 2021. 6.

75) https://www. ifrs. org/projects/work-plan/sustainability-reporting/ consultation-paper-and-comment-letters/

76) https://www. iosco. org/news/pdf/IOSCONEWS599. pdf

77) https://www. ifac. org/news-events/2021-03/ifac-supports-next-steps-and-strategic-direction-ifrs-foundation-s-work-sustainability

78) https://www. efrag. org/Assets/Download?assetUrl=%2Fsites%2Fwebpub lishing%2FSiteAssets%2FEFRAG%2520GRI%2520COOPERATION%2520 PR. pdf

79) https://www. tcfdhub. org/resource/reporting-on-enterprise-value-illustrated-with-a-prototype-climate-related-financial-disclosure-standard/

80) 위의 글.

81) https://www. valuereportingfoundation. org/

6장_ 탄소회계: PCAF를 중심으로

1) 제조업 또는 서비스업종(Scope 1 및 2)의 GHG Protocol 기업표준은 2016년까지 미국 경제 전문지 포춘(Fortune) 선정 글로벌 500대 기업 중 CDP(탄소정보공개프로젝트) 평가를 받은 기업의 92%가 GHG Protocol 을 직간접적으로 사용하고 있음을 보고할 정도로 광범위하게 사용되었지만 앞서 언급한 다양한 문제점들로 인해 금융기관들은 투자 부분의 Scope 3을 거의 사용하지 않았다.

2) 10개의 금융기관 중에 은행으로는 ABN AMRO, ASN Bank, de Volksbank, Triodos Bank, 자산 소유자는 PME과 PMT, 자산관리자는 ACTIAM, APG, MN, PGGM, 개발은행은 FMO가 포함되었다.

3) PCAF의 역할은 단순히 금융기관의 탄소배출량을 계산하고 공시하는

기준을 마련하는 것에 그치지 않았다. 2015년 11월 파리에서 열린 파리 기후회의(COP21)에서 PCAF에 동참하는 기업들은 네덜란드 탄소서약 (Dutch Carbon Pledge)을 통해 탄소배출량을 계산하고 적절하게 배출량 목표를 설정하기로 약속했다.

4) 국제핵심그룹에 속하는 기관은 Banco Pichincha, ABN AMRO, FirstRand, VISION Banco, Produbanco, ROBECO, Amalgamated bank, FMO, Access Bank, L, Triodos Bank, KCB, ECOFI, Morgan Stanley, Boston Common, Bank of America 등이 있다.

5) PCAF의 SEC 코멘트에서 금융기관의 탄소배출량을 계산하면 Scope별 목표달성 상황을 추적할 수 있음을 보고했다.

6) SFDR은 EU의 지속가능금융 공시제도로서 금융기관의 투자·금융상품 등을 공시할 때 지속가능성정보를 공시하도록 의무화하는 의무공시제도다. EU는 2021년 3월 10일부터 EU의 금융기관을 대상으로 SFDR을 처음 시행했다. 기후변화와 관련한 기업정보를 투자자에게 제공하고 나아가 금융기관에 책임을 부과하기 위한 조치다. SFDR에 따라 EU의 금융기관은 모든 금융상품에 대해 지속가능성 위험고려 여부 및 방법 등을 공시해야 한다. 나아가 2022년부터 SFDR의 기술적 세부규칙(RTS)을 적용할 예정이다.

7) 데이터 점수 요구표는 다음 절에서 설명한다.

8) 일부 조달자금에 대해서는 PCAF에 의해 자산분류가 확정되지 않았다.

9) 통상적으로 PCAF에서는 검증된 제3의 공급업체로 획득한 정보를 이용하는 첫 번째 방법을 가장 우수한 방법으로 인정한다. 따라서 검증된 제3의 공급업체에 속한 기관들은 PCAF를 지지하고 의무화에 적극적이다.

10) EXIOBASE, GTAP, WIOD에서는 지역별(혹은 국가별)로 제품을 생산 및 소비 시(input) 배출되는 탄소배출량(output)과 같은 환경에 미치는 다양한 정보를 제공하고 있다. 기관별 데이터베이스를 제공하는 사이트는 다음과 같다. EXIOBASE, www.exiobase.eu; GTAP, www.gtap.agecon. purdue.edu; WIOD, www.wiod.org.

11) 데이터 품질을 계산하는 방법은 각 자산별로 상이하다. 데이터 품질 측정에 대한 자세한 방법은 부록 2에 기술한다.

12) 보고 권장 사항 및 요구 사항의 전문은 부록 2에서 제시한다.

13) 금융기관의 사업목표에 부합한다면, Scope 1과 2를 분리하여 Scope 3도 대출 및 투자별로 분리하여 공시해야 한다.

14) 배출강도는 투자자산 대비 탄소배출량으로 계산된다.

15) 프로젝트 자금조달, 상업용 부동산, 담보대출, 자동차대출의 측정 부분은 PCAF-Global-GHG-Standard를 참고한다.

7장_ 기후 관련 금융리스크 관리

1) World Economic Forum(2021).

2) "How Climate change Affects Poverty"(Mercy Corp, 2018).

3) 2008년 글로벌 금융위기를 계기로 금융산업은 전체 고용의 4%만 책임지고 GDP의 7%만 담당하면서 전체 기업수익의 25%를 가져가는 등 실물경제 대비 금융산업이 너무 비대하여 금융중개보다는 금융회사 보유 고유자산을 통한 차익추구에만 몰두하고 있다는 비판도 있다. 그렇다고 하더라도 금융은 인체의 혈맥과 같은 역할을 하므로 금융의 발달 없이 오늘날의 변영은 불가하다(makers and takers).

4) 유럽시스템리스크위원회(European Systemic Risk Board; ESRB)는 2016년 보고서에서 기후변화에 따른 시스템 리스크가 주요 에너지원의 급작스러운 변화에 따른 거시경제적 영향, 탄소집약적 자산의 가치 재평가 및 자연재해 발생의 증가라는 3가지 경로를 통해 나타날 수 있음을 제시했다. "Too late, too sudden: Transition to a low-carbon economy and systemic risk"(A group of the ESRB Advisory Scientific Committee, 2016).

5) Mercer(2015).

6) 보험연구원(2018).

7) 일부 지구과학자들로 구성된 단체(Friends of Science)는 CO_2가 지구온난화에 미치는 영향이 0.14% 정도로 미미하며, 태양이 지구온난화의 주범이라고 주장한다. 이에 대한 근거로 18세기 산업혁명 당시에는 지금보다 더 많은 CO_2가 배출되었지만 당시 기온이 현재보다 낮았다는 사실 등을 주장한다.

8) 협의의 주요 리스크는 BIS자기자본비율 및 유동성비율 등 금융감독 당국이 제시하는 규제자본 산출대상 리스크를 의미하지만 광의의 주요 리스크는 금융회사의 내부 의사결정에 따라 규제자본과 상관없이 경제적 자본 관리를 위한 우선순위상의 상위 리스크를 말한다. 본 장에서의 주요 리스크는 협의의 리스크로서 은행의 BIS비율 산출대상인 신용, 시장, 운영리스크와 유동성 리스크 정도를 의미한다.

9) VaR는 리스크 요소(주가, 금리, 환율, 일반상품 등)의 변동성을 통계적으로 측정하여 특정 보유기간 및 신뢰 수준하에서 발생할 수 있는 자산가치의 최대 손실이다.

10) 예를 들어, 유럽부흥개발은행(European Bank for Reconstruction and Development; EBRD)과 기후적응개선센터(Global Centre for Excellence on Climate Adaptation; GCECA)는 2018년 5월에 'Advancing TCFD Guidance on Physical Climate Risk and Opportunities' 가이드라인을 발표했다.

11) "The green swan: Central banking and financial stability in the age of climate change".

12) 바젤Ⅲ는 2014년에 자본규제 개편을 시작으로 2023년 1월부터 시장·신용·운영리스크 관련 위험가중자산의 산출 관련 기준을 시행한다.

13) PRA 및 일부 학자(Batten et al., 2016)는 보험회사를 감안하여 기후리스크를 물리적 리스크, 이행리스크 및 배상책임 리스크(liability risk)로 구분하기도 한다. PRA(2015)가 제시하는 배상책임 리스크란 기후변화로 특정 주체의 배상책임이 커짐에 따라 발생하는 리스크로서 온실가스 저감 관련 배상책임, 야외 작업이 많은 기업 직원에 대한 배상책임 등이 해당

한다. 다만 이 책에서는 논의의 편의를 위해 기후리스크를 물리적 리스크와 이행리스크로만 구분한다.

14) "Tailand's devastating floods are hitting PC hard drive supplies, warn analysts", 2011. 10. 25, The Gardian.

15) 그러나 모든 기업이 이행리스크에 부정적인 영향을 받는 것은 아니다. 기후변화의 영향으로 기업 간 승자와 패자가 생겨날 수 있기 때문에 경우에 따라서는 기업 혹은 부문별 매각·합병 등의 산업 구조조정이 성행할 수 있다. 따라서 기업은 저탄소 대체재의 이용가능성 등을 면밀히 준비해야 한다.

16) 글로벌 시가총액 상위 500대 기업인 FT500 글로벌 인덱스 기업을 대상으로 기업의 CO_2 감축에 대한 대응을 평가하는 협의회 성격의 기구다.

17) UNEP FI and ACCLIMATISE (2018), "Navigating a New Climate".

18) UNEP FI, Oliver Wyman, and Mercer (2018), "Extending Our Horizons".

19) UNEP FI와 Carbon Delta(2019)는 투자회사들이 투자 포트폴리오의 물리적 리스크와 이행리스크 및 기회 요인을 평가하는 방법을 테스트했다. 또한 ClimateWise는 이행리스크 관점에서 인프라 투자에 대한 기회 요인을 검토하기 위한 시나리오 분석을 소개했다. 관심 있는 독자들은 해당 방법론들을 참고하기 바란다.

20) Soline RALITE and Jakob THOMÄ(2019).

21) 거시 스트레스 테스트에서 사용하는 거시경제 시나리오는 '극단적이지만 일어날 수 있는(extreme but plausible)' 가상의 거시경제 환경을 가정했을 때 금융회사의 자본적정성 등이 어떤 영향을 받는지 등을 평가하는 데 이용된다. 여기서 '극단적이지만 발생 가능한'이란 의미는 미래 거시경제 상황에 대해 정확히 예측하기보다는 발생 확률은 낮지만 실현될 경우 엄청나게 큰 부정적인 경제적 효과를 발생시킬 수 있는 가상적인 상황이라고 볼 수 있다.

22) 본 장에서 제시하는 있는 내용들은 기후 관련 금융리스크의 이해를 목표로 현재까지 발표된 방법론들을 정리하여 전달한다. 따라서 분석대상 리

스크를 신용리스크로 국한한다. 이는 현재 BCBS 등의 글로벌 감독규제 제정기구들의 국제적 논의가 진행 중임에 따라 표준화된 방법론을 제시하기 어렵다는 현실적인 고민을 반영한 것이다.

23) "탄소 감축목표, 8개월 전보다 67% 높였다"(조선일보, 2021. 8. 20).

24) 관련 내용은 UNEP FI 및 Acclimatise(2018)와 Pierre Monnin(2018)을 참조했다.

25) 특히 규제자본의 경우 BCBS는 현재 기후리스크의 신용리스크 및 시장리스크 반영 작업을 논의 중이다. 5년 단위로 국가별 NDC 제출 등을 고려할 때, 2023년 1월부터 시행되는 바젤Ⅲ 기준을 변경하여 기준서를 발표하기보다는 바젤Ⅲ 시행 이후 별도의 기준서 수정안(Amendment)으로 발표될 가능성이 높다. 아울러 필자가 2019년 관련 워킹그룹에 참여할 당시, 대다수 바젤 회원국은 최저자기자본비율 산출 등의 Pillar I 보다는 금융감독 당국별 재량을 담은 Pillar II 로의 반영을 선호했다.

26) 기후변화의 거시경제적 영향, 정부의 미래 정책 및 규제 변화, 보험시장의 향후 변화 양상 및 적응과 회복에 대한 투자의 규모 등과 같은 요소들은 매우 불확실하며, 계량화가 쉽지 않다. 따라서 이러한 요소들은 다소 질적 평가에 의존할 수밖에 없으나 이 또한 은행에 가치 있는 작업이 될 수 있다. 이 분야에서의 평가 방법의 개발은 지속적인 개선이 진행 중이다.

27) Nelson, G. C. et al. (2014).

28) 이행리스크 시나리오는 이행리스크 요인을 감안한 휘발유 및 전기가격 변화 관련 데이터를 제공한다. 그러나 이들 데이터는 물리적 리스크 분석에 적합하지 않을 수 있다. 물리적 리스크는 전력 생산을 위한 냉각수의 이용가능성과 같은 물리적 리스크 요인이 가격 변화에 영향을 미치기 때문이다.

29) "Drought Stress Testing Tool"(UNEP FI, 2018).

30) Lamond, J. (2009).

31) Gibson, M., Mullins, J. T. & Hill, A. (2018).

32) Athukorala , W., Martin, W., Neelawala, P., Rajapaksa, D. & Wilson, C. (2016).

33) Gibson M., Mullins, J. T. and Hill, A. (2018).

34) Athukorala, W., Martin, W., Neelawala, P., Rajapaksa, D. & Wilson, C. (2016).

35) Lamond, J., Proverbs, D. & Antwi, A. (2005).

36) "Australian businesses under-insured: Swiss Re"(insuranceNEWS.com.au, 2016).

37) "Mitigating infrastructure risk with parametric insurance"(QIC, 2017).

38) "Climate change likely to increase risk of costly storms"(Association of British Insurers, 2017).

39) 일부 보험은 보험금액이 보험가액보다 적은 보험으로서 완전한 무보험 (completely uninsured), 특정 위험에 대해서만 보상, 제한적인 보험약관 에 따른 보상, 자산의 과소평가 보상으로 분류된다(보험연구원).

40) UNEP FI, Oliver Wyman, and Mercer (2018), "Extending Our Horizons".

41) 통합평가모형은 기후변화의 피해 및 관련 대응 노력의 효과 등을 검토하 고 분석하기 위해 기후변화와 인간의 경제 행위를 통합한 분석 모형으로 서 GCAM, MESSAGEix-GLOBIOM 및 REMIND-MAgPIE 등의 3가지 평 가 모형이 국제적으로 적합도를 인정받고 있다. 한편, 이번 절에서 주로 인용할 UNEP FI(2018)의 이행리스크에 대한 시나리오 분석은 REMIND-MAgPIE와 MESSAGEix-GLOBIOM의 통합평가모형에 근거한 시나리오 를 이용했다.

42) 기준점과 해당 부문의 포트폴리오에 속한 모든 기업의 예상부도율(PD) 에 대한 추정 자료를 비교하여 그 오차를 최소 제곱법 최적화(least squares optimization) 등을 이용하여 최소화하는 방식으로 a_k 를 도출한다.

43) 예상부도율(PD)과 부도 시 손실률(LGD) 간의 과거 데이터에 기반한 상 호연관성의 강도 등을 실증적으로 검증해야 한다.

44) 재난 모형(Catastrophe modeling)은 허리케인 혹은 지진과 같은 대재난 에 기인한 손실을 추정하는 방법으로서 특히 보험산업이 노출된 리스크 추정에 적합하다.

45) 영국의 금융회사는 영국 기업법(UK Companies Act)에 따라 주요 리스크

를 기업의 전략 보고서에 포함하여 공시하고 있다.

8장_ 그린뉴딜과 2050 탄소중립

1) 대한민국 정책브리핑 https://www.korea.kr/special/policyCurationView. do?newsId=148874860

2) 기획재정부, 2020.7.14, 「한국판 뉴딜 종합계획」 발표—선도국가로 도약 하는 대한민국으로 대전환.

3) 대한민국 정책브리핑 https://www.korea.kr/special/policyCurationView. do?newsId=148874860

4) 대한민국 정책브리핑 https://www.korea.kr/special/policyCurationView. do?newsId=148874860

5) 대한민국 정책브리핑 https://www.korea.kr/special/policyCurationView. do?newsId=148874860

6) 산업통산자원부, 2020.7.16, 탄소중립 사회를 향한 그린뉴딜 첫걸음— 2020~2025년 기간 73.4조 원 투자, 일자리 65.9만 개 창출.

7) '00~'17년 기간 중 온실가스 배출량 연평균 2% 증가.

8) 부가가치당 에너지 소비(toe/백만$): (한)104, (독)72.5, (일)84, (영)57.4.

9) 산업통산자원부, 2020.7.16, 탄소중립 사회를 향한 그린뉴딜 첫걸음— 2020~2025년 기간 73.4조 원 투자, 일자리 65.9만 개 창출.

10) 산업통산자원부, 2020.7.16, 탄소중립 사회를 향한 그린뉴딜 첫걸음— 2020~2025년 기간 73.4조 원 투자, 일자리 65.9만 개 창출.

11) 기획재정부, 2020.7.14, 「한국판 뉴딜 종합계획」 발표—선도국가로 도약 하는 대한민국으로 대전환.

12) 산업통산자원부, 2020.7.16, 탄소중립 사회를 향한 그린뉴딜 첫걸음— 2020~2025년 기간 73.4조 원 투자, 일자리 65.9만 개 창출.

13) 기획재정부, 2020.12.7, 탄소중립 사회로의 전환을 위한 「2050 탄소중립

추진전략」발표.

14) 기획재정부, 2020.12.7, 탄소중립 사회로의 전환을 위한 「2050 탄소중립 추진전략」발표.

15) 2050 탄소중립 목표 기후동맹('19년 기후변화당사국총회 의장국인 칠레 주도 설립).

16) EU('19.12), 中(9.22), 日(10.26), 韓(10.28), 美 바이든 당선자도 공약으로 탄소중립 제시.

17) 온실가스 배출규제가 약한 국가의 상품을 규제가 강한 국가로 수출 시 세금 부과.

18) 기업 사용전력의 100%를 재생에너지로 충당하겠다는 자발적 캠페인(現 260여 개).

19) 전 세계 ESG(환경·사회·지배구조) 투자 규모(달러, GSIA): ('14)18조 → ('16)23조 → ('18)30조.

20) 발전용량전망(GW, IEA): (석탄)2,131('20) → 2,079('25p), (태양광·풍력)1,398('20) → 2,349('25p).

21) 세계 리튬이온전지 시장수요(GWh, SNE리서치): ('19)198 → ('30p)3,392.

22) (EU) 그린딜 下 10년간 1조 유로 투자계획, (美 바이든) 10년간 1.7조 달러 투자계획.

23) 기획재정부, 2020.12.7, 탄소중립 사회로의 전환을 위한 「2050 탄소중립 추진전략」발표.

24) 온실가스 배출 추이(백만 톤): ('16)692.6 → ('17)709.1 → ('18)727.6 → ('19)702.8(잠정).

25) 탄소중립까지 소요기간: EU 60년, 일본 37년, 한국 32년, 중국 30년.

26) 국별 제조업 비중/에너지 多소비업종(%, '19): (韓)28.4/8.4, (EU)16.4/5.0, (美)11.0/3.7.

27) 주요국 석탄발전 비중(%,'19): (美)24, (日)32, (獨)30, (英)2, (佛)1.

28) 기획재정부, 2020.12.7, 탄소중립 사회로의 전환을 위한 「2050 탄소중립 추진전략」발표.

29) 기획재정부, 2020.12.7, 탄소중립 사회로의 전환을 위한 「2050 탄소중립 추진전략」 발표.

30) 기획재정부, 2020.12.7, 탄소중립 사회로의 전환을 위한 「2050 탄소중립 추진전략」 발표.

31) 기획재정부, 2020.12.7, 탄소중립 사회로의 전환을 위한 「2050 탄소중립 추진전략」 발표.

32) 환경부, 2020.12.15, 기후위기 대응을 위한 미래 청사진, 2050 탄소중립 비전 확정.

33) 환경부, 2020.12.15, 기후위기 대응을 위한 미래 청사진, 2050 탄소중립 비전 확정.

34) 인간의 활동에 의한 온실가스 배출을 최대한 줄이고 남은 온실가스는 흡수(산림 등), 제거(CCUS)해서 실질적인 온실가스 배출량이 0(zero)이 되는 것.

35) 환경부, 2020.12.15, 기후위기 대응을 위한 미래 청사진, 2050 탄소중립 비전 확정.

36) 우리나라는 2030년 배출전망치 대비 37%를 감축목표로 제출(2015년 6월).

9장_ 우리나라 기후금융 정책

1) 우리나라에서는 기후금융 대신 녹색금융(green finance)이라는 용어를 사용하고 있다. 기후금융과 녹색금융의 차이에 대해서는 제2장에서 소개하고 있다

2) 금융위 녹색금융 교육 유튜브, 2021.

3) 금융위원회, 2021.1.25, 「2021년 녹색금융 추진계획(안)」

4) 코로나 대응 과정에서 급증한 시중유동성을 경제구조전환에 긴요한 생산적 분야로 유도.

5) 불확실성이 크고 투자 회수기간이 장기인 산업특성 감안 시, 녹색 분야

활성화를 위한 금융의 역할 증대 필요.

6) 기업의 환경리스크, 관리시스템, 대응계획 등에 대한 정보 요구.

7) 금융위원회, 2020.8.13, 녹색금융 추진 전담팀(TF) 첫 회의(Kick-off) 개최.

8) 금융위원회, 2020.8.13, 녹색금융 추진 전담팀(TF) 첫 회의(Kick-off) 개최.

9) United Nations Environment Programme Financial Initiative.

10) Green Climate Fund.

11) 예견된 정상범주를 벗어나서 발생하는 기후현상[☞ BIS, 기후변화로 인한 금융위기 가능성을 경고하는 「그린스완 보고서(The Green Swan)」 발간('20.1)].

12) 금융위원회, 2020.8.13, 녹색금융 추진 전담팀(TF) 첫 회의(Kick-off) 개최.

13) Green Washing: Green과 White washing의 합성어로, 기업들이 실질적 친환경 경영과는 거리가 멀지만 녹색경영을 표방하는 것처럼 홍보.

14) 환경부, 2020.12.30, 녹색채권 안내서 발간 … 녹색채권 시장 활성화 유도.

15) 금융위원회, 2021.1.12, 「2021년 금융위원회 업무계획」

16) 금융위원회, 2021.1.12, 「2021년 금융위원회 업무계획」

17) 금융위원회, 2021.1.12, 「2021년 금융위원회 업무계획」

18) 녹색에 해당되는 산업·기업을 규정하여 녹색범주에 대한 불확실성 제거.

19) 예: 녹색특별대출, 녹색기업 우대보증, 특별온렌딩 등.

20) 예: 산업구조 고도화 지원 프로그램 및 사업재편기업 우대보증 운용, 기업구조혁신펀드 확대.

21) 물리적 리스크: 기후변화에 따른 실물 부문 물적 피해로 인한 시장·신용 리스크 등.
이행리스크: 저탄소 사회로의 전환 과정에서 고탄소 기업가치 하락 등으로 인한 리스크.

22) 주요 내용: 녹색분류체계 정비, 금융회사 내 녹색투자 의사결정체계 수립 등.

23) 최근 英·日은 스튜어드십 코드를 개정하여 기관투자자의 ESG 수탁자 책임을 강화.

24) 금융위원회, 2021.1.25, 「2021년 녹색금융 추진계획(안)」

25) 금융위원회, 2021.1.25, 「2021년 녹색금융 추진계획(안)」

26) 금융위원회, 2021.1.25, 「2021년 녹색금융 추진계획(안)」

27) 금융감독원, 2021.5.13, 금융권 「기후리스크 포럼」 구성 및 Kick-off 회의 개최.

28) 금융감독원, 2021.5.13, 금융권 「기후리스크 포럼」 구성 및 Kick-off 회의 개최.

29) 금융감독원, 2021.5.13, 금융권 「기후리스크 포럼」 구성 및 Kick-off 회의 개최.

30) 금융위원회, 2021.5.21, 녹색금융협의체(NGFS) 가입을 통해 녹색금융 국제논의에 적극적으로 참여하겠습니다.

31) 금융위원회, 2021.5.24, 「기후변화 관련 재무정보 공개 협의체(TCFD)」에 대한 지지 선언과 정책금융기관 간 「그린금융협의회」 출범으로 녹색금융 추진에 더욱 박차를 가하겠습니다.

32) 금융위원회, 2021.5.24, 「기후변화 관련 재무정보 공개 협의체(TCFD)」에 대한 지지 선언과 정책금융기관 간 「그린금융협의회」 출범으로 녹색금융 추진에 더욱 박차를 가하겠습니다.

33) 금융위원회, 2021.5.24, 「기후변화 관련 재무정보 공개 협의체(TCFD)」에 대한 지지 선언과 정책금융기관 간 「그린금융협의회」 출범으로 녹색금융 추진에 더욱 박차를 가하겠습니다.

10장_ 국내 금융기관의 기후금융 현황

1) 한스경제. "ESG는 단순한 경영이 아닌 투자의 문제", 2021.5.26.

2) 2020 신한금융그룹 ESG 보고서.